21世纪高等教育经管类经典书系

本版优秀畅销书

经典

U0648960

投资项目评估

（第七版）

INVESTMENT
PROJECT APPRAISAL

周惠珍 徐澂 编著

东北财经大学出版社·大连

Dongbei University of Finance & Economics Press

图书在版编目（CIP）数据

投资项目评估/周惠珍，徐溦编著.—7版.—大连：东北财经大学出版社，2023.2

（21世纪高等教育经管类经典书系）

ISBN 978-7-5654-4783-9

Ⅰ.投… Ⅱ.①周… ②徐… Ⅲ.投资项目–项目评价–高等学校–教材 Ⅳ.F830.59

中国国家版本馆CIP数据核字（2023）第021107号

东北财经大学出版社出版

（大连市黑石礁尖山街217号 邮政编码 116025）

网 址：http：//www.dufep.cn

读者信箱：dufep@dufe.edu.cn

大连永盛印业有限公司印刷 东北财经大学出版社发行

幅面尺寸：185mm×260mm 字数：348千字 印张：15.5 插页：1

2023年2月第7版 2023年2月第1次印刷

责任编辑：郭 洁 周 晗 责任校对：王 莹

封面设计：张智波 版式设计：原 皓

定价：45.00元

传承之美

——《投资项目评估》第七版再版寄语

1998年春，我第一次在北京见到周惠珍教授。

彼时，她刚刚从教学一线退下来，在我眼中，她毫无暮气，依然精力充沛、才思敏锐，充满学者魅力，也是亲切和蔼、平易近人的长者，我习惯地称她周老师而非周教授。对于本书的编修一事她毫不迟疑，更无障碍，所以我们一拍即合，由此便结下了忘年之交。这时，本书的初版面世对于周老师而言已经是陈年旧事了。

从那时至今，又20多年过去了，作为出版社经管类图书的主打品种之一，历经修订不断更新的本书一直行销不衰，鼎盛时期的年销量可以达到三四万册甚至更多。除了我社在图书套系建设和跟进市场修订更新上肯花功夫，以及经济繁荣市场活跃的加持之外，在很大程度上要归功于周老师一直以严谨律己和积极热诚的态度对待本书的更新与完善，使读者总能透过本书得到最适用的资料信息，也最大限度地满足了教学工作对与时俱进的教材的需求。

随着时代的发展，市场与教学对本书的内容与形式都提出了新的要求，周老师则配合出版社做了很多相关工作，其中最重要的一项工作就是"传承"。

早在本书第三版面世之后，为了制作教学课件，周老师就将徐微老师介绍给了我。徐老师当时还是教学一线的骨干，既有相关专业功底又富责任心，而且她当时就已经在课堂上使用并向有需要的高校师生大力推荐这本教材了。其后迄今，为本书制作教学资源的工作都是由徐老师来承担的，又得益于长期在课堂教学中以本书作为教材，使徐老师对本书的结构体系、内容安排、知识要点，以及需要除旧布新之处等都非常熟悉，及至周老师因年事原因持续地独立修订本书已力不从心之时，徐老师自然成了"接棒者"。

写作一本书好像养育一个孩子，如果不是高度的信任与宽广的胸怀，没有人甘心把自己的"孩子"托付他人；同样，没有深厚的积累和足够的信心，也没有人能够承担起这本书的更新工作。20多年来，国家有关项目投资的政策环境不断变化，评估标准不断调整，实务操作新式频出，适应这种变化，本书每次的修订都与政策标准调整的步伐一致并力求具有前瞻性，特别在进行第六版修订时，周老师更是对书的结构体系进行了大刀阔斧的调整，给出了几乎全新的精简式架构，而其中许多新鲜具体的内容的组织与填补都是由徐老师完成的。所以，没有她们两位各自的奉献与合作，这本书的持续几乎是不可能的。

现在，第七版的修订历时3年终于完成了，作为本书更新换代的策划者与组稿人，我很了解两位老师的心路与工作，深知传承之路的不易与美好，特借此处向她们表示由衷的钦佩和谢意。盼望读者在学习阅读本书时也能体会到两位作者继往开来之气度、和而不同之风格。并祝本书一如既往地赢得读者的喜爱。谢谢。

2022年冬月于东财墨香楼

郭　洁

第七版前言

时光荏苒白驹过隙，倏忽间我国已于中国特色社会主义新时代行进了10年。2022年10月中国共产党又带领十四亿人民开启了"全面建成社会主义现代化强国、实现第二个百年奋斗目标，以中国式现代化全面推进中华民族伟大复兴"[①]的新征程。"未来五年是全面建设社会主义现代化国家开局起步的关键时期，主要目标任务是：经济高质量发展取得新突破，科技自立自强能力显著提升，构建新发展格局和建设现代化经济体系取得重大进展……"[②]同时，"我国发展进入战略机遇和风险挑战并存、不确定难预料因素增多的时期，各种'黑天鹅''灰犀牛'事件随时可能发生。"因此在伟大的新征程上，"必须增强忧患意识，坚持底线思维，做到居安思危、未雨绸缪，准备经受风高浪急甚至惊涛骇浪的重大考验。"[③]我国的投融资体制际遇此新征程的节点，将继续担负着对供给结构的关键性引领责任，而投资项目评估则恰是未雨绸缪的投资决策重要手段。为适应新征程的需要，必须努力追求《投资项目评估》教材在理论和操作上的与时俱进，故此对其进行全面修订和完善尤显必要。

《投资项目评估》最初是由中国人民银行根据"全国普通高等学校金融类专业'八五'期间统编教材选题规划"统一组织编写和审定的相关专业本科教材，于1993年由东北财经大学出版社出版印发。随后，分别于1999年、2005年、2010年、2013年和2018年出版了第二、三、四、五、六版。截至2022年11月，本教材已经累计印刷39次。《投资项目评估》教材跟随着改革开放的40多年脚踪，为提高投资决策科学化、民主化水平，切实做出了些许贡献，作者深感欣慰。

本次修订是在周惠珍教授的总体策划下进行的。教材保持了第六版的结构，并按照党的二十大制定的方针目标以及《国家发展改革委投资咨询评估管理办法》（发改投资规〔2022〕632号）的要求，修改和增补了一些新的必要的内容。

本书主要供全国普通高校财经类相关专业、工程管理专业和工程造价专业的本科生和研究生使用，同时也适用于各级政府部门、企事业单位、金融机构、投资公司和工程咨询机构中从事项目投资决策、银行信贷和咨询评估工作的专业人员参考，还可作为工程设计规划部门的技术人员和经济管理干部的专业培训教材。

为本书的写作与历次修订做出过巨大贡献的有周惠珍、涂武生、周迎旭、孙大丰、舒高勇、王星、杨继勇、龚明华、沈继本、孙天六、姚云、周迎春、刘慧姝、刘泊鹭、

① 习近平.高举中国特色社会主义伟大旗帜 为全面建设社会主义现代化国家而团结奋斗——在中国共产党第二十次全国代表大会上的报告 [Z/OL].[2022-10-16]. http://politics.people.com.cn/n1/2022/1026/c1024-32551597.html.
② 同①.
③ 同①.

徐溦等。

徐溦承担了此次修订的具体工作。

在本书的编写、出版、修订中,东北财经大学出版社始终倾力支持,连续多年授予本书本版"畅销教材奖"的荣誉,并将其列入"21世纪高等教育经管类经典书系",使作者备受鼓舞和激励。本书策划编辑郭洁,多年来为此书的出版和修订提出了许多积极的、富有建设性的建议,并对书稿的撰写和修订提供了大量帮助。在本书的修订和出版过程中,也得到了相关单位和同行们的热情支持和协助,提供了不少资料和有益的修改意见。同时,我们修订这部教材时,也参考和引用了相关的资料和文件,吸收了某些必要的、合理的建议,在此一并表示深深的谢意!

本书虽努力追求与时俱进,适应发展新征程的需要,但由于个人能力、水平和条件所限,书中难免存在不足之处,还望专家和读者不吝批评指正!

作　者

2022年10月

其他版次前言

目 录

第一章

导 论

内容提要

本章勾勒了投资项目评估这门学科的总体结构框架，帮助读者掌握投资项目评估的基本概念，了解投资项目评估的作用、目的、基本内容和工作程序；通过详尽讲解项目评估与项目可行性研究的关系，使读者正确理解投资项目评估在项目决策中的重要地位。

第一节　项目评估概述

项目评估是在可行性研究工作的基础上，对项目建设的必要性、建设生产条件的可行性、技术上的先进适用性和经济上的合理有效性等诸多方面进行全面的综合审查和再评价。项目评估是实现投资决策科学化和民主化的重要手段。

投资项目评估按照评估的时间及所处阶段可分为项目前评估、中评估和后评估。

（1）项目前评估，系指在项目投资决策时期对项目建议书、可行性研究报告和项目申请报告进行的评估，是项目立项决策、审批决策和政府核准的科学依据，具有一定的预测性、不确定性和风险性。

（2）项目中评估，系指在项目实施建设过程中进行的评估，是对实施建设全过程中的施工准备、工程进度、工程质量、资金使用、生产准备及试运行状况等工作进行监测、检查和评估。

（3）项目后评估，系指在投资项目建成投产并正常运营（使用）一段时间（2~3年）后进行的评估，它是对项目的立项决策、实施建设、投产使用和生产经营的全过程进行全面系统的综合分析，并对项目在生产运营中产生的财务、经济、社会和环境等方面的效益、影响及可持续性进行客观全面的再评价。

本章主要介绍在项目投资决策时的前期评估，其中包括对投资项目建议书、项目可行性研究报告和项目申请报告的评估。

一、投资项目建议书评估

项目建议书是在项目初选阶段，由项目业主根据国家社会经济发展的规划、方针、政策和市场需求，提出项目投资的大致设想，初步分析项目建设的必要性、可行性和获利性。项目建议书获得批准即为立项，就是对投资项目做出初步决策，以便列入各级次的前期工作计划。因此，对项目建议书的评估就是对投资项目的立项评估，它着重研究项目对国家宏观经济的作用和建设的必要性与可行性，作为国家对投资项目进行初步决策的依据。

二、项目可行性研究报告评估

项目可行性研究报告评估（即项目可行性研究评估），是由国家行政主管部门、银行或有关机构，根据国家颁布的政策、法规、方法、参数以及有关条例，对上报的建设项目的可行性研究报告，从项目（企业）、国民经济、社会角度出发，对其建设的必要性、产品市场需求、建设和生产条件、工程技术、财务效益、经济效益、社会效益与影响、资源利用、生态环境以及投资风险等各方面进行全面审核、分析和再评价。其目的是判断项目可行性研究的可靠性、真实性和客观性，为项目行政主管部门的审批决策和银行的贷款决策提供重要依据。

三、项目申请报告评估

当企业投资建设的项目属于《政府核准的投资项目目录》时，应按要求编制论证报告上报政府核准，方可建设。该论证报告即是项目申请报告。

项目申请报告评估是政府投资主管部门根据需要委托工程咨询单位，对项目的外部影响进行评估，是对项目申请报告的真实性和可靠性进行核实，侧重从维护经济安全、合理开发利用资源、保护生态环境、优化重大布局、保障公共利益、防止出现垄断和不正当竞争等方面进行评估。其评估结论是政府核准企业投资项目的重要参考依据。

第二节　　　　　　　　　　　项目评估的内容

一、项目建议书评估的内容

在项目建议书的评估阶段，因所收集的资料有限，故只能对投资项目进行粗略的初步分析，其评估内容涉及面较广，评估重点放在项目投资建设的必要性方面，且着重对以下四个方面进行分析：

（1）项目是否符合国家建设的方针、长期规划、产业结构调整的方向和范围。

（2）项目产品是否符合市场需要，是否属于短缺产品，能否外销、创汇或节汇。

（3）项目建设地点是否合适，有无不合理的重复建设，需进行厂址选择的技术经济论证。

（4）粗略估算项目的财务效益、经济效益和偿还能力。

二、项目可行性研究报告评估的内容

一般投资项目的可行性研究报告评估主要包括以下内容：

第一章　导　论

1.项目申报单位（企业资信）评估

项目申报单位（企业资信）评估主要是对项目申报单位的经济地位和经营机制、管理者和职工素质、经济管理和经营效益、信用与发展前景等进行调查分析，判别项目申报单位投资能力和借款资格，为项目审批和核准机关提供依据，据以判断项目申报单位是否具备承担拟建项目的资格，是否符合有关的市场准入条件等。

2.市场分析和项目建设必要性评估

（1）市场分析包括市场现状调查、产品供应预测、产品价格预测、目标市场分析、市场竞争能力分析、市场风险分析、营销策略研究，以及市场趋势综合分析等，其目的在于揭示项目产品的市场结构及市场需求状况，这是项目可行性研究的基础工作，亦是决定项目建设必要性和项目建设内容的重要环节。

（2）项目建设必要性评估主要从宏观和微观两方面进行：

①宏观必要性评估是从国民经济的整体角度，衡量评估项目对国民经济总量平衡、结构优化、产业政策、区域规划及行业规划等方面的影响。

②微观必要性评估是从企业发展的角度，衡量评估项目对市场需求、企业发展、科技进步和投资效益等方面的必要性。此外，要对项目提出的背景材料进行可靠性评估，还应对投资建设理由和投资意向进行合理性分析，并判断项目建议书审批决策的正确性。

3.项目建设方案评估

（1）工业投资项目建设方案评估包括项目产品方案和建设规模方案评估、生产工艺技术和设备选型方案评估、项目选址和总图运输方案评估、土建工程和公用辅助设施及外部协作配套工程方案评估、建设实施与生产运营所需的原材料和燃料动力通信供应方案评估，也包括资源利用与节约、生态环境保护和影响、劳动安全卫生与消防等措施方案的评估，可根据行业与项目特点，对各类方案内容进行适当调整和简化。

（2）通过对项目各种建设方案的评估，选择合理的建设规模、优化组合的产品方案、先进适用的工艺技术和性能可靠的生产设备；选择适宜的厂址、布局合理的总图布置设计、达标的工程设计方案；制订明确的原材料、燃料、动力、通信等资源供应和运输方案；拟订切合实际又符合项目目标要求的实施进度计划、生产组织机构以及人力资源配置方案。

4.项目资源利用评估

（1）资源优化配置和资源利用的合理性分析。依据自然资源的有限性和资源分布的不平衡性的特点，需要对有限资源进行优化配置，把有限和稀缺的资源适当分配到各类投资项目中，使其发挥最大的效能和取得最佳投资效益。为此，必须从国民经济和社会发展的整体角度出发，在资源利用总体规划指导下，对各类投资项目所需使用的土地、矿产、能源和水资源等各类资源的利用进行合理性评估。

（2）对于资源开发项目需进行资源条件评估。主要是对资源开发利用的治理性、可利用量、自然品质、赋存条件和开发利用价值进行评估，并提出资源有效利用的途径。

（3）对项目建设方案资源节约的评估。主要是对项目建设方案中作为原材料的各类金属、非金属矿和能源节约方案，以及对水资源节约和项目用地节约的主要措施方案进行评估。通过分析项目资源消耗指标、资源利用经济效益指标，以及资源利用生态效益分析指标，阐述项目建设方案是否符合资源节约和综合利用政策及相关专项规划的要求，并对项目提出的节约措施的效果进行评估。

5.生态环境保护和环境影响评估

（1）生态环境保护评估，就是对项目建设地区的生态环境质量进行现状调查分析，确定项目产生的污染物和污染源，并着重对项目产生的污染物和破坏因素进行分析研究，提出恰当的治理措施，这些措施是项目建设方案设计和项目可行性研究的有机组成部分。还应对生态环境保护方案进行比选和优化，对治理措施方案的可行性和治理效果进行评估。

（2）生态环境保护评估主要审查投资项目能否满足区域规划和生态环境保护的要求，建设项目的"三废"（即废水、废气、废渣）能否得到有效治理并符合保护生态环境的要求，项目的环境保护方案是否获得了环境保护部门的批准文件。

（3）环境影响评估是指"对规划和建设项目实施后可能造成的环境影响进行分析、预测和评估，提出预防或减轻（缓）不良环境影响的对策和措施并进行跟踪监测的方法与制度"。环境影响评估侧重于对当地环境容量的分析，以及对项目带来的环境影响的评估，主要评估治理措施是否可行，经治理后项目对环境影响是否满足总量控制和有关标准的要求，进而做出环境影响评估结论。总之，环境影响评估应包括当地环境对项目建设所产生的影响和项目建设及投产后对环境的污染与破坏的评估。

6.劳动安全卫生与消防评估

（1）劳动安全卫生与消防评估是以实现工程项目安全为目的，应用安全工程原理和方法，对工程项目中存在的危险有害因素进行识别、分析，判断工程项目发生事故和职业危害的可能性及严重程度，并对制订的安全措施方案与消防设施方案进行评估。

（2）根据项目周期中的决策、实施和投产等不同阶段，项目劳动安全卫生与消防评估可分为安全预评估、安全验收评估、安全现状综合评估与专项评估。

7.项目经济效益评估

（1）基础数据评估，要对项目经济效益评估中所必需的各项基础经济数据（如投资、生产成本、利润、收入、税金、折旧和利率等）进行认真、细致和科学的计算核实，分析这些数据是否合理，有无高估冒算、任意提高标准、扩大规模计算定额和费率等现象，有无漏项、少算、压价等情况，数据的测算是否符合国家现行财税制度和国家政策。

（2）项目融资方案评估，是在项目投资估算的基础上，通过对项目的资金来源渠道、融资方式、融资结构、融资成本和融资风险等方面的合理性、可靠性进行分析论证，经过多方案比较，选择资金获取方便、资金来源可靠、融资结构合理、融资方式合适、融资成本最低和融资风险最小的项目融资方案。

（3）财务效益评估。从项目本身出发，采用国家现行财税制度和现行价格，测算项目投产后企业的成本与效益，分析项目企业的生存能力、财务净效益、盈利能力和偿还贷款能力，检验财务效益指标的计算是否正确，是否能达到国家或行业投资收益率和贷款偿还期的判断基准，以确定项目在财务上的可行性。

（4）国民经济效益评估。从国家宏观角度出发，分析项目对国民经济和社会福利的贡献，判定项目在国民经济上的合理性。检验经济效益指标（如经济净现值、经济内部收益率等）的计算是否正确，审查项目投入产出物采用的影子价格和国家制定的通用经济参数是否科学合理，审查项目是否符合国家规定的评价标准。

（5）项目经济影响评估，是对投资项目所耗费的社会资源及其产生的经济效益进行分析论证，对项目在行业发展、区域经济和宏观经济方面的影响做出评估，从而可以判断投资项目的经济合理性。

8.项目社会效益和影响评估

投资项目社会效益和影响评估是以各项社会政策为基础，遵循以人为本的原则，分析项目为实现国家和地方的各项社会发展目标所做的贡献，分析项目与社会的适应性和项目的被接受程度，据此判断项目的社会可行性。

9.项目不确定性分析和风险评估

在项目进行了财务和经济效益评估的基础上进行抗风险能力的不确定性分析。对项目的各种效益进行盈亏平衡分析、敏感性分析和概率分析，以确定项目在财务上和经济上的抗风险能力，以期提高项目投资决策的可靠性、有效性和科学性。

10.项目总评估

在全面评估了上述各方面内容的基础上，对项目进行总结性评估，即汇总各方面的分析论证结果，进行综合研究，提出关于可否批准项目可行性研究报告或者能否予以贷款等结论性意见和建议，为项目投资决策提供科学依据。

三、项目申请报告评估的内容

对企业投资项目申请报告的评估，是系统分析和论证项目是否具备各项核准条件。通常应包括下列内容：

（1）申报单位及项目概况评估。

（2）发展规划、产业政策和行业准入评估。

（3）资源开发及综合利用评估。

（4）节能方案评估。

（5）建设用地、征地拆迁及移民安置评估。

（6）环境和生态影响评估。

（7）经济影响评估。

（8）社会影响评估。

（9）主要风险及应对措施评估。

（10）主要结论和建议。

对项目申请报告评估的内容及详略，可结合项目的具体情况确定。对于需要特别关注的行业，其核准内容不受上述限制，为反映行业的特殊要求，可根据需要设立专门章节进行评估。编制评估报告时应重视有关附件、附图及附表，这亦是评估报告的重要组成部分。

第三节　　　　　　　　　项目评估的依据

一、项目建议书评估的依据

（1）项目建议书及初步可行性研究报告。

（2）报送单位请求审批项目建议书的报告文件。

（3）主管部门的初步意见。

（4）主要原材料、燃料、动力等供应和有关基础配套设施的意向性协议文件。

（5）资金来源筹措和融资的意向性协议文件。

（6）土地管理部门同意征地、环保部门同意建设的意向性协议文件。

（7）外汇管理部门同意使用外汇的意向性协议文件。

二、项目可行性研究报告评估的依据

（1）项目建议书及其批准文件。

（2）可行性研究报告。

（3）报送单位的申请报告及主管部门的初审意见。

（4）项目（公司）章程、合同及批复文件。

（5）关于资源、原材料、燃料、水、电、交通、通信、资金（含外汇）及征地等项目建设与生产条件落实的有关批件或协议文件。

（6）项目资本金落实文件及各投资者出具的本年度资本金安排承诺函。

（7）项目长期负债和短期借款等落实或审批文件，以及借款人出具的用综合效益偿还项目贷款的函件。

（8）必备的其他文件和资料。

对于项目贷款机构来说，还须补充下列文件资料：

（1）借款人近三年的利润表、资产负债表和财务状况变动表。

（2）项目各投资者近三年的利润表、资产负债表和财务状况变动表。

（3）保证人近三年的利润表、资产负债表和财务状况变动表。

（4）银行评审所需要的其他文件。

三、项目申请报告评估的依据

（1）项目可行性研究报告。

（2）项目申请报告。

（3）报送单位的申请报告及主管部门的初步意见。

（4）城市规划行政主管部门出具的城市规划意见。

（5）国土资源行政主管部门出具的项目用地预审意见。

（6）省级或国家环境保护行政主管部门出具的环境影响评估文件的审批意见。

（7）银行出具的融资意向书。

（8）以国有资产或土地使用权出资的，需要有关主管部门出具的确认文件。

（9）根据有关法律法规应提交的其他文件和信息数据。

第四节　　　　项目评估的工作程序

下面以项目可行性研究报告评估为例陈述项目评估的工作程序。通常，工程咨询机构或项目贷款机构是按下列评估程序开展工作的（参见图1-1）：

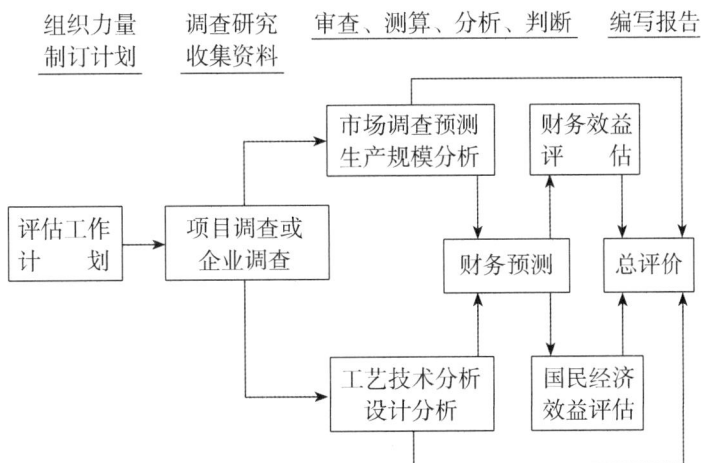

组织力量　　　调查研究　　审查、测算、分析、判断　　编写报告
制订计划　　　收集资料

图1-1　项目评估工作程序

一、评估前准备工作

工程咨询机构或项目贷款机构在确定了项目评估任务后，应及时组织力量进行有关调查、文件编制和预审等工作，为开展评估工作做好准备；及时了解和分析建设单位（项目业主）或项目主管部门对项目产品方案、拟建规模、建设地点及资金来源等方面的要求，以及对项目投资和效益等方面的要求，确定评估重点、目标，以利于有针对性地开展评估工作，提高评估的效率和质量。

二、制订工作计划

根据项目特点及复杂程度，采取不同的评估方式，成立项目评估小组（或专家组），确定项目负责人。评估小组应包括经济、技术与市场分析等专业人员，并明确分工。评估小组应制订评估工作计划，进行工作安排，提出具体实施意见，以保证评估质量。在评估工作计划中应明确评估目的、任务、内容、时间进度、人员分工等内容。

三、调查研究收集整理资料

通过事前调查收集评估资料，是项目评估的一项基础工作。

1.评估单位应认真审阅委托单位提供的文件资料

评估单位应认真审阅委托单位提供的可行性研究报告和主管部门的审查意见等文件资料，加以查证核实，做进一步分析研究，须检查与核实：文件资料是否齐全，有无漏缺；办理这些文件的手续是否完备；提供的文件是否合法，内容是否有效；资金、资源、原材料的供应是否落实可靠。如果发现有不符合国家有关规定和评估要求的，可要求委托单位提出补充或修改的文件资料。

2.根据具体项目评估内容和要求进行进一步的调查

根据具体项目评估内容和要求进行项目申报单位调查和项目调查,进一步收集必要的数据和资料,核实和补充评估工作中所需的情况、数据和资料。

(1)项目申报单位调查是调查该单位的历史情况、生产规模、近年生产经营情况和财务情况,以及存在的问题。要求项目申报单位提供近期的会计、统计报表和评估所需的调查表等书面资料。

(2)项目调查是向项目主管部门、商业和外贸部门,以及与项目有关的其他单位和设计咨询机构,调查和收集有关项目产品的国内外市场、工艺技术、设备选型、产品价格和成本、原材料供应等方面的资料。对于利用外资和合资的项目,还应对投资双方进行调查,着重对投资者的资信状况进行评估。

对于调查中收集的资料要查证核实、加工整理、汇总归类,使之可靠、真实、正确、完整。

四、审查分析综合判断

评估单位收集到必要的文件资料并达到要求后,可正式开展评审分析和论证工作。在审查分析工作过程中,如发现原有资料不足,应继续调查和收集必要的补充资料。

按照项目评估的内容和要求对项目可行性研究报告进行各方面的审查分析,并归纳分析结果,说明项目建设的必要性、技术的可行性、财务和经济上的合理性,提出项目投资建设的总结性意见与建议,为投资决策提供依据。

五、编写评估报告

在完成各项评估工作后,应编写评估报告。评估报告中应推荐最佳(或次优)的投资建设方案,应对拟建项目的投资结构、技术及经济等因素进行综合分析,做出综合评估结论,并提出合理可行的建议。

银行等金融机构对于贷款项目评估报告的要求,应侧重反映评估贷款项目的投资估算与资金来源、财务经济效益与偿还能力、银行效益与风险防范能力,并对项目的借款人进行资信评估。

第五节　项目评估与可行性研究的关系

一、项目评估与可行性研究的共同点

1.两者同处于项目投资的前期

项目评估与可行性研究同处于项目投资的前期,都是在投资决策前为项目实施所进行的技术经济分析论证工作。两者都是前期工作中不可缺少的重要准备工作,是关系到项目的生命力及未来市场竞争力的重要前提,是决定项目的先天素质和投资成败的重要环节。

2.两者的目的都是要提高投资项目决策前的技术经济分析水平

项目评估与可行性研究都是要提高投资项目决策前的技术经济分析水平,为实现决策的科学化、民主化和规范化服务,从而减少项目投资风险和避免投资决策失误,促使项目

投资效益的提高。

3.两项工作的基本原理、内容和方法是相同的

项目评估与可行性研究都是运用国家现行的评价方法、经济参数、技术标准和定额资料，采用同一衡量尺度和判别基准来实施的。

二、项目评估与可行性研究的区别

1.概念与作用不同

项目评估是对项目可行性研究报告进行的全面再评价工作，要审查与判断项目可行性研究报告的可靠性、真实性和客观性，并提出拟建项目的投资与否及最佳投资方案的评估意见，作为项目投资最终审批决策的主要依据。评估报告为决策部门提供结论性意见，具有一定的权威性和法律性作用。

可行性研究是在投资决策前对建设项目从技术、经济和社会各方面进行全面的分析论证，作为其成果的可行性研究报告是项目投资决策的基础，为项目投资决策提供可靠的科学依据。

2.执行单位不同

项目评估是由政府决策机构或贷款决策机构（如银行）组织实施，或授权给专门咨询机构，代表国家和地方政府对可行性研究报告进行评估。受委托的机构在执行过程中应体现国家和地区发展规划的目标与政策，明确宏观调控意见，向投资或贷款的决策机构负责。

可行性研究是由投资主体（项目业主）及其主管部门来主持，并委托给工程咨询公司或设计单位等去执行，而受托单位或机构的工作主要体现投资者的意见和建设目的，是为决策部门和投资主体服务的，并对项目业主负责。

3.研究的角度和侧重点不同

项目评估如果由国家投资决策部门和国家开发银行（管理政策性投资项目）主持，由于它们担负着国家宏观调控的职能，因此，必须站在国家的立场上，依据国家、部门、地区和行业等各方面的规划和政策，对项目可行性研究报告的内容和质量（如数据的正确性、计算的理论依据和结论的客观公正性）进行评估，综合考察可行性研究的社会经济整体效益，侧重于项目投资的宏观效益。与此同时，由商业性的专业投资银行所做的项目评估，由于受贷款风险机制的约束，考虑到项目投资贷款的安全性和提高贷款资金的利用效率，因此，其对项目投资的评估除了应符合国家宏观经济发展的需要外，还必须讲求项目投资效益中的银行收益，就是要重视借款企业的财务效益和偿还借款的能力。

可行性研究主要是从企业角度，侧重于产品市场预测，对建设必要性、建设条件及技术的可行性和财务效益的合理性进行研究分析，估量项目的盈利能力，判断项目的取舍，因此它注重的是项目投资的微观效益。

4.报告撰写内容格式和成果形式不同

项目评估报告主要包括对项目建设的必要性、建设与生产条件、技术方案、经济效益的评估和项目总评估五个方面，以及对可行性研究报告的全部情况进行全面审核。此外，还要分析各种参数、基础数据、定额费率和效果指标的测算选择是否正确，而且在报告中

必须附有关于企业资信、产品销售、物资供应、建设条件、技术方案专利与生产协作、资金来源等一系列的证明和协议文件，以判断和证实项目可行性研究的可靠性、真实性和客观性，以有利于决策机构对项目投资提出决策性建议。

可行性研究报告主要包括总论、产品市场预测、建设规模分析、建设条件和技术方案论证、项目经济效益分析评价、结论与建议等方面的内容。报告中还应附有研究工作依据、市场调查报告、场址选择报告、资源信息量报告、环境影响报告、贷款意向书等技术性和政策性文件。

5.在项目管理工作中所处阶段和地位不同

项目评估处在前期工作的项目审批决策阶段，是对项目可行性研究报告提出评审意见，最终确定项目投资与否，并选择最佳投资方案。项目评估是投资决策的必备条件，为决策者提供直接的、最终的决策依据，具有可行性研究工作所不能取代的更高的权威性。

可行性研究工作处于投资前期的项目准备阶段，它是根据国民经济长期规划、地区与行业规划的要求，对拟建项目进行投资方案规划、工程技术论证、社会与经济效益预测和组织机构分析，经过多方案的分析比选，为项目决策提供可靠的科学依据和建议，属于项目规划和预测工作，而且是项目决策活动中不可忽略的重要步骤，是投资决策的首要环节，给项目决策提供了必要的基础。

三、项目评估与可行性研究的联系

可行性研究与项目评估是投资决策过程中的两大基本步骤，它们之间是相辅相成、一先一后、彼此呼应、缺一不可的。具体联系体现在：

（1）可行性研究是项目评估的对象和基础，项目评估应在可行性研究的基础上进行。

（2）项目评估是使可行性研究的结果得以实现的前提。也就是说，可行性研究的内容和成果必须通过项目评估的抉择性建议来实现。因此，项目评估的客观评审结论是实现可行性研究所做的投资规划的前提。

（3）项目评估是可行性研究的延伸和再评价。由于项目评估是对可行性研究报告的各方面情况做进一步的论证和审核，因此它是可行性研究工作的自然延伸和再研究。

复习思考题

1.何谓项目评估？它在投资决策中的作用是什么？

2.项目评估与可行性研究有哪些共同点和差异？两者之间的相互关系如何？

3.简述项目申请报告的性质、作用、内容与重点。

4.试述项目申请报告的核准程序与规定。

5.如何对项目申请报告进行评估？应以什么为评估依据？应包括哪些评估内容？

第二章

项目申报单位评估

内容提要

本章讲述了对承担投资项目资金筹措、建设实施、经营管理和资产负债管理的项目申报单位所进行的评估，其是投资项目评估的重要组成部分之一。本章的学习目的在于：明确项目申报单位评估的概念、对象、任务和目的；学习重点是掌握项目申报单位评估的基本内容、方法，了解项目申报单位信用等级划分与评定的操作过程。

第一节　　　　　　项目申报单位评估概述

一、项目申报单位评估的概念

项目申报单位评估是指对其资质和信用度进行科学、客观、全面的评价。资质是项目申报单位的基本条件，包括经济技术实力、经营管理能力和经营状况等；信用度是其在经济活动中履行承诺、讲求信誉的程度。

二、评估的对象

根据国家1996年颁布的《关于实行建设项目法人责任制的暂行规定》，国有经营性基本建设大中型建设项目必须组建项目法人，实行项目法人责任制，对项目策划、资金筹措、建设实施、生产经营、债务偿还和资产保值增值等实行全过程负责。项目建议书、可行性研究报告要由项目法人提出。不能依托现有项目申报单位进行建设的项目，其项目建议书、可行性研究报告可由政府部门、有关单位或项目发起人提出。本书将项目法人或提出项目建议书的有关企事业单位或项目发起人统归为项目申报单位，此即项目申报单位评估的对象。由于项目投资除了投资主体按规定应缴纳一定比例的资本金以外，其余需向银行或金融机构进行借贷，因此，就银行而言，项目申报单位即是借款单位了。

对承担投资项目的资金筹措、建设实施、经营管理和资产负债管理的项目申报单位进行评估,是投资项目评估的重要组成部分,而银行为保证金融资产安全对借款单位进行评估亦显得更为重要。

三、评估的任务和目的

项目申报单位评估的主要任务是全面审查分析其法定代表人的素质、领导班子的整体素质、经营机制、经济地位、经济技术实力、生产经营效益、资产负债状况、偿债能力、信用程度和发展前景等,银行或金融机构经过综合论证后据以判断其借款资格并评定其信用等级。项目申报单位评估的目的是优化信贷资产结构,提高信贷资产质量和效益,防范和减少贷款风险,以此保障信贷资金的效益性、安全性和流动性。

第二节　项目申报单位评估的内容

一般来说,工业项目申报单位评估的内容主要包括素质、经营管理、经营效益、信用和发展前景等五个方面。

一、项目申报单位素质评估

项目申报单位素质评估是对项目法人根本条件的评估。投资项目成功与否,很大程度上依赖于承办项目单位的素质优劣。项目申报单位素质主要包括法人和领导班子的整体素质,也包括产品素质、技术装备素质、资产素质、经营管理素质和项目申报单位行为等。

（1）法人和领导班子的整体素质评估,主要评估法人代表及主要领导班子成员的学识、信用、工作能力及历史业绩,分析其经营管理水平。

（2）产品素质评估,主要评估产品的品质、市场销售竞争能力和市场寿命期。

（3）技术装备素质评估,评估生产工艺技术和设备的先进性与适用性、生产规模的合理性和有效性、生产能力的协调性和平衡性等因素。

（4）资产素质评估,是对项目申报单位拥有的资产数量、质量和结构进行评估。

（5）经营管理素质评估,是对项目申报单位的组织、协调、控制等方面进行评估。

（6）行为评估,是对行为目标、行为规模、社会责任感及企业文化等因素进行评估。

二、项目申报单位经营管理评估

项目申报单位经营管理评估包括其经济地位评估、经营机制评估和生产经营管理评估。

（1）项目申报单位的经济地位评估,主要是调查其行政隶属关系及历史沿革;分析其所在行业或区域的经济现状、发展前景,明确所申报项目对行业和区域经济发展的作用。

（2）项目申报单位经营机制评估,主要是了解其法人性质、产权构成、主营业务和经营管理制度建立健全情况等。对于新组建的项目法人,应重点审核其是否符合现代企业制度及《中华人民共和国公司法》的要求,审核其产权构成及各股东的基本情况。

（3）项目申报单位生产经营管理评估,主要考察其现有主要产品的质量、生产能力、销售情况及全部流动资金的周转情况,计算分析近三年来各年新产品开发计划完成率、产品销售增长率、一级品率、产品销售率、成品库存适销率及全部流动资金周转加速率等指标。

第二章　项目申报单位评估

三、项目申报单位经营效益评估

项目申报单位经营效益评估包括其经济实力、生产经营、资产负债及偿债能力的评估。

（1）经济实力评估，主要是评估借款单位的总资产、净资产、固定资产净值及资产结构等情况，借以评估的指标有：总资产、净资产、固定资产与无形资产净值率、长期资产与长期负债比率、存货周转率和应收账款周转率等。

（2）生产经营评估，是调查现有产品的质量和生产能力，分析近三年来各年主要产品的产量、销售收入、销售税金和利润总额的变动情况；通过计算生产能力利用率、销售收入利润率、利润增长率、资金利税率、资本金利润率、资产报酬率、资本保值增值率、社会贡献率和社会积累率等评估指标，考核项目申报单位的经营水平、经营效果和获利能力并预测变化趋势。

（3）资产负债及偿债能力评估，主要是评估近三年来各年年末的资产、负债、所有者权益总额指标及其增长情况，分析资产负债率、流动比率、速动比率等评估指标并预测其变化趋势。

四、项目申报单位信用评估

项目申报单位信用评估是对其债务偿付能力和财务实力的评价，主要用于投资者或贸易伙伴判断该单位的综合信用水平，而非偿付某一项债务的能力保证。这项评估考核的是项目申报单位在一定资产结构条件下所表现的信用状况，通常采用借贷资金信用评估的方法来进行，需对项目申报单位资金占用、使用和偿还情况做出评估，亦需评估该单位的信誉状况。具体操作方法是：通过计算分析全部资金自有率、定额流动资金自有率、呆滞资金占压率、流动资金贷款偿还率和贷款按期偿还率等指标，了解该单位历年来对银行贷款和其他借款的偿还情况。

项目申报单位信誉评估则是对该单位在经济社会活动中遵守监管法规、履行各种经济合同等各方面情况的评估。它强调的是项目申报单位的信誉评价，着重评价该单位过去的行为表现，主要包括经济合同履约评估和产品信誉评估。

（1）经济合同履约评估，主要了解该单位与其他单位经济活动往来的信誉状况，可通过计算经济合同履约率指标来进行定量分析，按下列公式计算：

$$合同履约率 = \frac{当期实际履行（或按期完成）合同份数}{当期应完成（履行）合同总份数} \times 100\%$$

该指标可反映项目申报单位的管理水平和履行合同的信用程度，其比值大于95%时，说明履约能力较强。

（2）产品信誉评估，主要是评估该单位产品的优质率和合格率、产品的市场占有率和竞争能力，不仅要重视产品的主体质量，还要注重产品的包装质量和售后服务质量。

五、项目申报单位发展前景评估

项目申报单位发展前景评估主要考察该单位近远期的发展规划、目标与措施、产品地位与市场竞争能力、应变能力及发展趋势。从市场预测、发展规划及管理手段三个方面着手，通过计算分析销售收入增长率、利润增长率、资本保值增值率、权益增长率和固定资产净值率等定量指标与其他定性指标，评估其未来的发展前景。

第三节　　项目申报单位评估的程序和方法

一、项目申报单位评估的程序

凡是在市场监督管理部门登记注册，具有法人资格，有三年以上的完整财务会计资料，并在银行开设了基本账户的项目申报单位，均可按下列步骤申请项目申报单位评估：

（一）申请或委托项目申报单位评估

具备评估条件的项目申报单位，可向银行各级评估委员会申请或委托社会上的专业评估事务所对其进行评估，并索取"项目申报单位信用等级评估申报表"或"委托书"，按项目申报单位实际情况填写并报送经办单位。同时，还要提供评估所需的有关资料，主要包括营业执照、公司章程、股东和董事会名册、主要负责人资料、产品质量评定资料，近三年的资产负债表、利润表、财务状况变动表、利润分配表，财政、税收、物价大检查结果及审计结论，以及内部管理的有关文件和其他资料。

（二）收集和核查信息资料

评估机构组织评估小组对项目申报单位提供的各类资料进行调查和核实，并且根据评估内容的要求补充收集项目申报单位的历史资料等，应注意资料的真实性、准确性和完整性，同时也需要收集宏观经济形势、产业政策、行业状况、项目申报单位公开信息和报道等。

（三）计算指标，编制报表

项目申报单位评估是一种规范化的社会行为。在进行资料收集核实后，应按照一定的社会规范和方法进行整理，并对其提供的财务报表和以往的资料进行分析研究，从中寻找评估所需的数据进行指标计算，填制项目申报单位信用等级评估计分表（以下简称计分表，参见表2-4）。

（四）综合评估，确定信用等级

评估小组对项目申报单位评估的结果应以信用等级表示。因此，根据上面的指标计算结果进行综合分析和权衡，将计分表中各项指标的实际计算值与标准参照值相比较，得出相应的分值；然后，根据实际得分总值对照信用等级表（详见表2-1、表2-2）及其具体的计分标准确定该单位的相应信用等级，得出初步评估意见并编写评估报告，上报评估机构的评委会。

（五）编写评估报告，审定颁发证书

评估机构的评委会根据报上来的材料进一步审查复核，确认各种资料是否真实可靠，计算无误后，修改上报的评估报告。修改后的评估报告要针对计分表上未反映出来的情况做全面、完整的阐述，给出项目申报单位信用等级意见。根据该评估报告和计分表，评委会组织会议进行评审，对"报告"的主要观点进行质询，再一次提出修改意见，并投票表决确定信用等级，填写评审得分，做出确定项目申报单位信用等级的最终结论。最后，由

评估单位（如银行或事务所）向项目申报单位出具评级报告，颁发项目申报单位信用等级证书。

项目申报单位评估报告的内容应包括：单位性质、注册资金数额与来源、资产结构及运行情况、在同行业中所处地位等；内部管理体制、经营方式、机构设置、人员结构、知识层次和隶属关系等情况；法定代表人和领导班子的学历结构、年龄结构、经营管理能力、政绩、社会关系、个人品德等；履约守信记录及信誉；发展前景以及其他应说明的情况等。

二、项目申报单位评估的方法

为了能够客观、公正、全面、科学地评估项目申报单位的信用等级，应采取定量分析与定性分析相结合、静态分析与动态分析相结合、历史资料分析与未来预测分析相结合的"三结合"综合分析方法进行评估。具体应按下列方法进行评估：

（一）定量分析与定性分析相结合

对项目申报单位的资产结构、资金信用、经营管理和经济效益等有关财务质量的分析评估，一般均可按照资产负债、贷款偿还、盈利能力、产品销售、资金周转等财务比率评价指标进行定量分析，这是项目申报单位评估的重要方法。但是，绝大部分项目申报单位的无形资产一般难以用定量指标从账面上反映出来，因此，除了定量分析外，还应从其他方面做定性分析，特别是对于项目申报单位的人员素质、产品素质、管理素质、筹资投向、履约能力和发展前景等方面内容难以进行量化分析，只能以定性分析为主，尽量做到定性因素定量化处理，这样便可使定量分析与定性分析两者交叉结合，最终做出较为科学、全面、系统的分析评估。

（二）静态分析与动态分析相结合

对项目申报单位的经济技术实力、经营管理能力及经济效益的评估，是采用静态分析得出其历史基本情况的定量分析结果，再据此衡量其经营和信用状况。由于项目申报单位自身能力和管理要求的提高，加之社会经济环境的不断变化，仅仅通过静态分析确定该单位信用等级已远不能适应和满足客观需要，还必须采用动态分析法对与其前景相关的动态因素及影响因素进行分析。比如，可以从项目申报单位在区域经济规划中的地位、行业的发展趋势、市场预测、发展战略及规划的可实施性方面入手进行动态分析，以检验其筹资能力、应变能力、市场竞争能力和履约能力等，从而正确评定项目申报单位的信用等级。

（三）综合分析评估法

在对项目申报单位素质、信用、经营管理、经济效益与发展前景等方面进行了定量和定性指标的计算分析后，还应对这几方面的静态分析与动态分析指标、历史因素指标和预测指标、定量指标与定性指标进行综合分析，可以采用专家评分法（德尔菲法）、加权平均法、模糊数学法和数学规划法等现代数学方法，得出实际总分值，再与标准参照值进行对比，套用相应的信用等级评估计分表，即可评定出该项目申报单位的信用等级。

第四节　　项目申报单位评估指标的计算

一、项目申报单位资产结构、素质评估指标

（一）资产负债率

$$资产负债率=\frac{负债总额}{资产总额}\times100\%（<70\%）$$

资产负债率是项目申报单位资产结构的主要指标，参照值通常为70%。如果实际值低于70%，则该单位的资产结构较为理想；而高于或等于70%，则反映其资产负债比率不合理，投资风险较大。

（二）固定资产净值率

$$固定资产净值率=\frac{固定资产净值}{固定资产原值}\times100\%（>65\%）$$

固定资产净值率是反映项目申报单位固定资产新旧程度和折旧计提情况的指标。对于一个经济效益好又有发展潜力的项目申报单位而言，该项指标应在65%以上。

（三）流动比率

$$流动比率=\frac{流动资产}{流动负债}\times100\%（130\%\sim200\%）$$

$$=\frac{定额流动资产+发出产品+货币资金+应收票据+应收预付货款+其他应收款}{流动资金借款+短期融资债券+应付票据+应付预收货款+欠缴利税+其他应付款}\times100\%$$

流动比率是衡量项目申报单位流动资产流动性大小的主要评估指标，反映了项目申报单位流动资产在短期债务到期前可以变现用于偿还流动负债的能力，又称偿债能力比率。该比率一般应维持在130%~200%的水平，该比率越高，表明项目申报单位偿付流动负债的能力越强。

（四）速动比率

$$速动比率=\frac{流动资产-存货}{流动负债}\times100\%（\geqslant100\%）$$

速动比率是速动资产（即流动资产中扣除存货部分）与流动负债的比率值，反映项目申报单位偿付流动负债的快慢，衡量在流动资产中可以立即用于偿还流动负债的部分的比重，又反映了项目申报单位流动资产的总体变现能力或近期偿债能力，它比流动比率更能精确地衡量一个项目申报单位的短期偿债能力。速动比率通常保持在1∶1左右。

（五）长期资产与长期负债比率

$$长期资产与长期负债比率=\frac{长期资产}{长期负债}\times100\%（\geqslant150\%）$$

长期资产与长期负债比率是反映项目申报单位长期偿债能力的指标，主要衡量固定资产等长期资产投资偿还长期负债的程度。此项指标要求达到150%以上。

（六）存货周转率

$$存货周转率=\frac{销货成本}{平均存货}\times100\%$$

$$平均存货=\frac{存货年初数+存货年末数}{2}$$

存货周转率反映了项目申报单位的产品销售能力和存货的周转速度，即在一定时期（一年）内存货周转或变现的次数。比率越高，周转的频率越快，说明销售一定产品所需的库存越少，或一定库存所实现的商品销售越多，存货的流动性越强。这样，项目申报单位存货转化为应收账款与货币资金的速度也越快，表明项目申报单位的偿债能力也越强；否则，反之。

（七）应收账款周转率

$$应收账款周转率=\frac{销货收入或劳务收入}{平均应收账款}×100\%（>400\%）$$

$$平均应收账款=\frac{应收账款年初数+应收账款年末数}{2}$$

应收账款及时回收不仅可以增强项目申报单位的短期偿债能力，也反映出项目申报单位良好的管理效率。应收账款周转率反映了在流动资产中应收账款转化为货币资金的变化速度（即周转次数），反映了应收账款的流动速度。周转速度越快，说明项目申报单位销售一定产品所平均保持的应收账款越少，则项目申报单位的短期偿债能力就越强。对于有经验的项目申报单位来说，此项指标能达到400%以上。

二、项目申报单位信用程度评估指标

（一）全部资金自有率

$$全部资金自有率=\frac{固定资金+流动资金+其他单位资金+股金}{全部资金平均余额}×100\%（>60\%）$$

这项指标反映了项目申报单位自有资金占项目全部投资资金的百分比，应按照国家规定的资本金制度进行考核。

（二）定额流动资金自有率

$$定额流动资金自有率=\frac{流动资金+\frac{其他单位投入}{流动资金}+\frac{股金}{（流动部分）}}{定额流动资金平均余额}×100\%（>30\%）$$

该项指标体现了自有流动资金占定额流动资金平均余额的百分比，按照现行规定不应低于30%。

（三）流动资金贷款偿还率

$$流动资金贷款偿还率=（1-\frac{逾期流动资金贷款额}{流动资金贷款总余额}）×100\%（=100\%）$$

这项指标反映了流动资金贷款偿还能力，应接近于100%较为理想。

（四）呆滞资金占压率

$$呆滞资金占压率=\frac{积压物资+待核销财产损失+逾期未收款+未补亏款+应摊未摊费用+挤占挪用资金}{期末全部资金占用}×100\%（<5\%）$$

呆滞资金占压率是项目申报单位积压物资、财产损失、未收款等呆滞资金占全部资金的比率，它反映项目申报单位资金的流动性、占用、使用情况与经营管理水平。该项比率越低越好，最好不要超过5%。

（五）货款支付率（或称应付款清付率）

$$货款支付率=\frac{期初应付货款+本期外购货款-期末应付货款}{期初应付货款+本期外购货款}\times100\%（>95\%）$$

货款支付率反映项目申报单位对外购货物的支付能力和支付信誉，是说明其应付其他单位或个人的货款清付情况的指标。应付款包括应付票据、应付账款、预收账款和其他应付款等。该项比率大于95%为好。

（六）贷款按期偿还率

$$贷款按期偿还率=\frac{报告期止按期实际偿还贷款额}{报告期止应偿还贷款总额}\times100\%（=100\%）$$

这项指标是指项目申报单位按期实际偿还银行的贷款额与同期到期应偿还银行贷款总额的比值。它反映了项目申报单位偿还贷款的能力。该指标接近于1较为理想。

（七）合同履约率

$$合同履约率=\frac{当期实际履行(或按期完成)合同份数}{当期应完成(履行)合同总份数}\times100\%（>95\%）$$

这项指标是指项目申报单位按期完成（履行）的合同份数与同期应完成的合同总份数的比值，反映了项目申报单位的管理水平和履行合同的信用程度。其值大于95%为好，说明履约能力较强。

三、项目申报单位经营管理评估指标

（一）产品销售增长率（或称销售收入增长率）

$$产品销售增长率=\frac{本期产品销售收入总额-上期产品销售收入总额}{上期产品销售收入总额}\times100\%（>10\%）$$

这项指标反映了项目申报单位产品销售收入的变化情况，表明它的生产经营规模扩大或缩小的程度，同时也表明它的产品市场竞争能力。如果此增长率能保持在10%以上，说明该单位经营管理能力较强。

（二）一级品率

$$一级品率=\frac{一级品产品产值}{全部产品产值}\times100\%（>国家目标值）$$

这项指标反映了项目申报单位的产品质量和经营管理的整体素质，一级品率如能达到或超过国家（行业部门）规定的目标值，说明该单位的产品质量（优良品率与合格品率）较高，且经营管理素质好，也能增强其产品在市场上的竞争能力和社会对其产品的信任度。

（三）新产品开发计划完成率

$$新产品开发计划完成率=\frac{新产品实际值}{新产品计划值}\times100\%（=100\%）$$

这项指标反映项目申报单位开发新产品和经营管理的能力，指标值接近于1为好。

（四）产品销售率

$$产品销售率=\frac{产品销售工厂成本}{全部产品工厂成本}\times100\%（>95\%）$$

此项指标说明项目申报单位的产品销售能力和产品在市场上的竞争能力，该指标值高

于95%为好。

（五）成品库存适销率

$$成品库存适销率=\left(1-\frac{呆滞积压产品}{期末成品资金}\right)\times100\%\quad(>95\%)$$

该指标反映产品库存积压呆滞程度，也反映项目申报单位的经营管理能力和产品适销程度。其值应大于95%为好。

（六）全部流动资金周转加速率

$$全部流动资金周转加速率=\left(1-\frac{本期全部流动资金周转天数}{上期全部流动资金周转天数}\right)\times100\%\quad(>4\%)$$

该指标反映了项目申报单位全部流动资金的周期加速度，也体现了该单位经营管理水平和流动资金的运用效率。其值能达到4%以上就很不错了。

四、项目申报单位经济效益评估指标

能反映项目申报单位经济效益的指标有很多，我们主要从利税角度提出以下指标来评估：

（一）资金利税率

$$资金利税率=\frac{项目申报单位全年利税总额}{固定资金平均余额+全部流动资金平均余额}\times100\%\quad(>15\%)$$

这项指标体现了项目申报单位的全面经济效益和对国家财政所做的贡献，如能达到15%以上就很好。

（二）销售收入利润率

$$销售收入利润率=\frac{项目申报单位全年实现利润总额}{项目申报单位全年销售收入}\times100\%\quad(>15\%)$$

销售收入利润率不仅反映了总的利润水平和经济效益，也体现了项目申报单位的经营管理水平。销售收入应与利润同步同方向增长，而且利润的增长速度应高于销售收入的增长率，这样才能证明项目申报单位经营效益良好。销售收入利润率达到15%以上为佳。

（三）利润增长率

$$利润增长率=\frac{本期利润总额-上期利润总额}{上期利润总额}\times100\%\quad(>5\%)$$

该指标反映了项目申报单位实现利润总额的变化情况和经济效益增长或降低的程度，最好能保持在5%以上。

（四）资产报酬率

$$资产报酬率=\frac{利润总额+利息支出}{平均资产总额}\times100\%\quad(>部门（行业）规定的目标值)$$

$$平均资产总额=\frac{期初资产总额+期末资产总额}{2}$$

该项指标反映项目申报单位资产利用的综合效果，指标值越高，表明该单位资产的利用效果越好，说明该单位在增收节支和节约资金使用等方面取得了良好的效果，因此，它用来衡量项目申报单位运用全部资产获利的能力。

（五）资本收益率（亦称资本金利润率）

$$资本收益率（资本金利润率）=\frac{利润总额}{资本金总额}\times100\%$$

$$=\frac{净利润}{实收资本}\times100\%（>15\%）$$

该指标是衡量投资者投入资本的利用效果和项目申报单位经营管理水平高低的综合指标，反映了项目申报单位运用投资者投入资本获得效益的能力，该指标值最好能达到15%以上。

（六）资本保值增值率（亦称权益增长率）

$$资本保值增值率=\frac{期末所有者权益总额}{期初所有者权益总额}\times100\%（\geq100\%）$$

这项指标主要反映投资者投入项目申报单位的资本完整性和保全性，也反映了项目申报单位使投资者投入的资本增值的能力。如资本保值增值率为100%，说明资本保值；如大于100%，则资本增值。它是考核项目申报单位经营者对投资者的投资责任心和经营能力的一项重要指标。

（七）社会贡献率

$$社会贡献率=\frac{项目申报单位社会贡献总额}{平均资产总额}\times100\%$$

项目申报单位社会贡献总额即项目申报单位为国家（或社会）创造（或支付）的价值总额，它包括工资（含奖金、津贴等工资性收入）、劳保退休统筹及其他社会福利支出、利息支出净额、应交增值税、所得税及相关税费和净利润等。社会贡献率用以衡量项目申报单位运用全部资产为国家（或社会）创造（或支付）价值的能力。

（八）社会积累率

$$社会积累率=\frac{上交国家财政总额}{项目申报单位社会贡献总额}\times100\%$$

项目申报单位上交国家的财政总额应包括：应交增值税、所得税及相关税费等。这项指标用以衡量在项目申报单位社会贡献总额中有多少是用于上交国家财政进行国民经济积累的份额。这部分用于上交国家的财政积累是推动国民经济发展和社会进步的主要动力源泉。

第五节　项目申报单位评估信用等级的划分与评定

一、项目申报单位评估信用等级的划分

本书中项目申报单位的评估等级以"信用等级"或"资信等级"来表达。按照国际惯例，结合我国的实际情况，一般采取三类九级制（见表2-1）的评定法。但在评估机构的实际工作中，目前只给评估得分达到60分以上的客户定级，因此，实际上采用的是四级评定的办法，具体的评定标准见表2-2。由于不同系统对项目申报单位的评估要求不同，因此对四级信用等级的具体标准解释也各自相异，可参考表2-3中所示的部分评估机构对项目申报单位信用级别的设置与说明。

第二章 项目申报单位评估

表 2-1 　　　　　　　　　　　　　**项目申报单位信用等级表**

级位等级与次序		计分标准		级别说明
		下限	上限	
一等	AAA	90	100	信用极好
	AA	80	89	信用优良
	A	70	79	信用较好
二等	BBB	60	69	信用一般
	BB	50	59	信用欠佳
	B	40	49	信用较差
三等	CCC	30	39	信用很差
	CC	20	29	信用太差
	C	0	19	没有信用

表 2-2 　　　　　　　　**常用项目申报单位信用级别及说明（评定标准）**

级位次序	计分标准		级别含义	说明（评定标准）
	下限	上限		
AAA	90	100	信用极好	项目申报单位资金实力雄厚，资产质量优良，各项指标先进，经营管理状况良好，经济效益显著，清偿支付能力强
AA	80	89	信用优良	项目申报单位资金实力较强，资产质量较好，各项指标先进，经营管理状况良好，经济效益稳定，有较强的清偿与支付能力
A	70	79	信用较好	项目申报单位资金有一定实力，资产质量一般，经济效益不够稳定，清偿与支付能力有一定限度，但不至于发生危机
BBB	60	69	信用一般	项目申报单位资产、财务、信用状况较差，各项指标处于中等水平，经营管理不佳，经济实力不强，清偿与支付能力差，有一定风险性

表2-3　　　　　　　　部分评估机构对项目申报单位信用级别的设置与说明

信用等级	中国工商银行系统	中国建设银行系统	中国农业银行系统	大连市信誉评级委员会	西安市资信评级委员会	重庆市企业资信评级委员会	南宁市企业资信评级委员会	沈阳市企业信用评级委员会	天津市信誉评级委员会
AAA	特级信用程度极好	一级优良	特级极好	特级信用极好	信用程度可靠 经济效益高 很有发展前途 经营管理好	特级信用程度极好	信用可靠 很有发展前途	特级信用极好	信誉良好
AA	一级信用程度优良	二级可靠	一级良好	一级信用优良	信用程度比较可靠 经济效益较高 有发展前途 经营管理较好	一级信用程度优良	信用优良 有发展前途	一级信用优良	信誉较好
A	二级信用程度较好	三级较好	二级一般	二级信用较好	信用程度尚可 获利水平一般 发展前途欠好 经营管理较差	二级信用程度较好	信用一般 经济效益一般	二级信用较好	信誉一般
BBB	三级信用程度一般	四级及格	三级较差	三级信用一般	信用程度一般 获利水平低 无发展前途 经营管理差	三级信用程度一般	信用较低	三级信用一般	信誉欠佳
BB									信誉较差
B									
CCC									
CC									
C									

二、项目申报单位评估信用等级的评定

现以工业企业为例，说明项目申报单位评估信用等级的评定。在评估中，经过一系列的定量指标与定性指标的计算分析后，填列工业企业信用评级计分标准表，也就是信用等级评估计分表（详见表2-4和表2-5），按照表中企业的信用实际得分再参照表2-1和表2-2中规定的等级评分标准确定相应的信用等级。项目申报单位评估等级不仅反映了项目申报单位的信用状况，而且为项目投资者和主管部门提供了投资决策的依据。

表2-4   **工业企业信用评级计分标准表**

指标名称	指标内容和计算公式	满分(分)	标准值	实际值	评分方式			
					实际占标准(%)	得分(分)	计分标准说明	
一、企业素质	主要包括：领导群体素质和综合能力及职工队伍素质，产品、资产和管理素质，企业行为等	6					优良满分，较好5分，一般4分，差2分	
二、资金信用		31						
1.全部资金自有率	$\dfrac{固定资金+流动资金+其他单位资金+股金}{全部资金平均余额}\times100\%$	8	60%以上				达到标准值以上给满分，达不到按实际比率乘满分为应得分值	
2.定额流动资金自有率	$\dfrac{流动资金+其他单位投入流动资金+股金(流动部分)}{定额流动资金平均余额}\times100\%$	4	30%以上				达到标准值以上给满分，每降1个百分点扣0.2分	
3.流动比率	$\dfrac{定额流动资产+发出产品+货币资金+应收票据+应收预付货款+其他应收款}{流动资金+短期融资+应付票据+应付预收货款+其他应付款+欠缴金借款+资债券+应付收货款+应付款+利税}\times100\%$	8	130%~200%				达到标准以上给满分，每降1个百分点扣0.1分	
4.呆滞资金占压率	$\dfrac{积压物资+待核销财产损失+未补亏款+应摊未摊费用+逾期未收款+挤占挪用资金}{期末全部资金占用}\times100\%$	4	5%以下				在5%以下满分，每超1个百分点扣0.3分，如虽未超但比历史水平上升适当扣分	
5.流动资金贷款偿还率	$\left(1-\dfrac{逾期流动资金贷款额}{流动资金贷款总余额}\right)\times100\%$	4	100%				达到标准以上给满分，每降1个百分点扣0.2分	
6.货款支付率	$\dfrac{期初应付货款+本期外购货款-期末应付货款}{期初应付货款+本期外购货款}\times100\%$	3	95%以上				达到标准值以上给满分，每降1个百分点扣0.15分	
三、经营管理		36						
7.产品销售增长率	$\dfrac{\dfrac{本期产品销售收入总额}{}-\dfrac{上期产品销售收入总额}{}}{上期产品销售收入总额}\times100\%$	6	10%以上（或主管部门计划）				达到标准值以上给满分，未达到按实际比率乘满分为应得分值	

续表

指标名称	指标内容和计算公式	满分(分)	标准值	实际值	评分方式			
					实际占标准(%)	得分(分)	计分标准说明	
8.一级品率	$\dfrac{\text{一级品产品产值}}{\text{全部产品产值}} \times 100\%$	5	国家目标				达到国家目标给满分，每降1个百分点扣0.2分	
9.新产品开发计划完成率	$\dfrac{\text{新产品实际值}}{\text{新产品计划值}} \times 100\%$	4	100%				达到标准值以上给满分，每降1个百分点扣0.2分	
10.合同履约率	$\left(1-\dfrac{\text{未履行销售合同份数}}{\text{应履行销售合同份数}}\right) \times 100\%$	4	95%~100%				本企业应履行销售合同达100%给满分，每降1个百分点扣0.2分	
11.产品销售率	$\dfrac{\text{产品销售工厂成本}}{\text{全部产品工厂成本}} \times 100\%$	5	95%以上				达到标准值以上给满分，每降1个百分点扣0.25分	
12.成品库存适销率	$\left(1-\dfrac{\text{呆滞积压产品}}{\text{期末成品资金}}\right) \times 100\%$	4	95%以上				达到标准值以上给满分，每降1个百分点扣0.2分	
13.全部流动资金周转加速率	$\left(1-\dfrac{\text{本期全部流动资金周转天数}}{\text{上期全部流动资金周转天数}}\right) \times 100\%$	8	4%以上(或主管部门计划)				达到标准值以上给满分，每降1个百分点扣1分	
四、经济效益		22						
14.销售收入利润率	$\dfrac{\text{企业全年实现利润总额}}{\text{企业全年销售收入}} \times 100\%$	11	15%以上				达到标准值以上给满分，每降1个百分点扣1分	
15.利润增长率	$\dfrac{\text{本期利润总额}-\text{上期利润总额}}{\text{上期利润总额}} \times 100\%$	11	5%以上(或主管部门计划)				达到标准值以上给满分，达不到按实际比率乘满分为应得分值	
五、发展前景		5						
16.市场预测	产品地位、竞争能力和应变能力及发展趋势	2					优者满分，良者1.5分，一般1分	
17.发展规划及措施	有远、近期规划，有目标，有措施	2					优者满分，良者1.5分，一般1分	
18.管理手段	管理手段是否先进，是否适应发展需要	1					优者满分，一般的适当扣分	
合 计		100						

第二章 项目申报单位评估

表2-5 　　　　　　　　　　　　**工业企业资信评级计分标准表**

序号	指标名称	满分（分）	标准值	实际值	得分（分）	计分标准说明
一、	企业素质	5～15				优良满分，较好__分，一般__分，差__分
1	领导群体素质和全体职工素质					
2	产品素质					
3	技术装备素质					
4	资产素质					
（1）	固定资产净值率	1	>65%			标准值以上满分，标准值以下的实际值下降5%扣1分
（2）	资产负债率	4	<70%			标准值以下，每下降2.5%扣1分，扣完为止
（3）	长期资产与长期负债比率	2	≥150%			每下降10%扣1分
（4）	存货周转率	2				每下降50%扣1分
（5）	应收账款周转率	2	>400%			每下降60%扣1分
5	管理素质					
6	企业行为					
二、	企业信用	30～35				
1	全部资金自有率	8	>60%			达到标准值以上满分，未达到按实际比率乘满分为应得分值
2	定额资金自有率	4	>30%			达标满分，每降1%扣0.2分
3	流动比率	8	>130%			达标满分，每降1%扣0.1分
4	速动比率	4	≥100%			达标满分，每下降60%扣1分
5	呆滞资金占压率	4	<5%			5%以下满分，每超1%扣0.3分
6	流动资金贷款偿还率	7	100%			达标满分，每降1%扣0.2分
7	货款支付率	3（4）	95%（100%）			达标满分，每降1%扣0.15分
8	贷款按期偿还率	7	100%			达标满分，每下降2%扣1分
9	贷款利息偿付率	7	100%			达标满分，每下降1%扣1分
三、	经营管理	35～40				
1	产品销售增长率	6	>10%			达标满分，未达标按"实际值÷标准值×满分"计算得分
2	一级品率	5	国家目标			达到国家目标满分，每降1%扣0.2分
3	新产品开发计划完成率	4	100%			达标满分，每降1%扣0.2分
4	合同履约率	4	100%			达标满分，每降1%扣0.2分
5	产品销售率	5	>95%			达标满分，每降1%扣0.25分

续表

序号	指标名称	满分（分）	标准值	实际值	得分（分）	计分标准说明
6	成品库存适销率	4	>95%			达标满分，每降1%扣0.2分
7	全部流动资金周转加速率	8	>4%			达标满分，每降1%扣1分
四、	经济效益	25~30				
1	资金利税率	8	>15%			达标满分，未达标按"实际值÷标准值×满分"计算得分
2	销售收入利润率	7（4）	>15%（20%）			同上，下降5%扣1分
3	利润增长率	7（4）	>5%（10%）			达标满分，未达标按"实际值÷标准值×满分"计算得分，每下降2.5%扣1分
4	资产报酬率（总投资收益率）	6	行业目标（>12%）			达标满分，每降2%扣1分
5	资本收益率（资本金净利润率）	4	>15%			达标满分，每降2%扣1分
6	资本保值增值率（权益增长率）	3	≥100%			达标满分，每降6%扣1分
7	社会贡献率					
8	社会积累率					
五、	发展前景	5				
1	竞争能力，市场预测	2				优者满分，良者1.5分，一般1分
2	发展规划及措施	2				优者满分，良者1.5分，一般1分
3	管理手段	1				优者满分，一般的适度扣分

复习思考题

1.何谓项目申报单位评估？银行对项目申报单位进行评估的目的是什么？应包括哪些主要内容？

2.项目申报单位素质评估和项目申报单位信用评估应包括哪些内容和指标？两者有何区别？

3.项目申报单位经营管理评估和经营效益评估分别包括哪些内容？两者有何联系？

4.简述项目申报单位发展前景评估的内容和指标。

5.项目申报单位评估程序包括哪些步骤？

6.项目申报单位评估的方法有哪些？

7.项目申报单位评估指标有哪些？如何进行计算？

8.如何划分和评定项目申报单位评估信用等级？

第三章

发展规划、产业政策、行业准入评估

内容提要

本章阐明了发展规划、产业政策、行业准入评估的背景、概念以及定位；介绍了我国产业政策的新动态及市场准入负面清单制度。学习本章的目的在于：首先，了解发展规划、产业政策、行业准入评估的概念以及定位，明确经济发展规划、产业政策和市场准入对项目建设必要性的重大影响和作用；其次，掌握国家经济发展的最新动态和牵一发而动全身的市场准入负面清单制度。

第一节　发展规划、产业政策、行业准入评估概述

一、我国投资体制深化改革的指导思想与目标

自2004年国务院发布《国务院关于投资体制改革的决定》（国发〔2004〕20号）开始，我国的投资体制已经发生了重大变革。十几年以来，投资体制一直沿着该文件设立的指导思想进行着更深入的改革和发展：按照完善社会主义市场经济体制的要求，在国家宏观调控下充分发挥市场配置资源的基础性作用，确立企业在投资活动中的主体地位，规范政府投资行为，保护投资者的合法权益，营造有利于各类投资主体公平、有序竞争的市场环境，促进生产要素的合理流动和有效配置，优化投资结构，提高投资效益，推动经济协调发展和社会全面进步。[①]国发〔2004〕20号文件设立的投资体制改革目标是：改革政府对企业投资的管理制度，按照"谁投资、谁决策、谁受益、谁承担风险"的原则，落实企业投资自主权；合理界定政府投资职能，提高投资决策的科学化、民主化水平，建立投资决策责任追究制度；进一步拓宽项目融资渠道，发展多种融资方式；培育规范的投资中介服务组织，加强行业自律，促进公平竞争；健全投资宏观调控体系，改进调控方式，完善

---

① 国务院. 国务院关于投资体制改革的决定（国发〔2004〕20号）. 2004.

调控手段；加快投资领域的立法进程；加强投资监管，维护规范的投资和建设市场秩序。通过深化改革和扩大开放，最终建立起市场引导投资、企业自主决策、银行独立审贷、融资方式多样、中介服务规范、宏观调控有效的新型投资体制。随着市场准入负面清单制度于2015年12月1日至2017年12月31日先行在天津、上海、福建、广东四个省、直辖市进行试点，到市场准入负面清单制度全面实施，这些目标正在逐步变为现实，党的十九大报告提出的我国现代化经济体系已具雏形。

二、现行企业投资项目管理办法

现行企业投资项目管理办法实行了核准制和备案制，即对于企业不使用政府投资建设的项目，区别不同情况实行核准制和备案制，企业投资自主权得到了落实。政府实行核准管理的仅针对关系国家安全、涉及全国重大生产力布局、战略性资源重大项目开发和重大公共利益等项目，其他项目无论规模大小，均改为备案制。有关项目的市场前景、经济效益、资金来源和产品技术方案等问题均由企业自主决策、自担风险；在环境保护、土地使用、资源利用、安全生产、城市规划等方面，必须依法办理许可手续和减免税确认手续。

实行政府核准制的项目范围有严格的限定，其由国务院投资主管部门会同有关部门研究提出《政府核准的投资项目目录》，报国务院批准后方能实施，并且根据逐年变化的情况做出适时的调整。

党的十九大部署了全面实施市场准入负面清单制度，而实行这一制度乃是一项系统工程。2015年，国务院发布了《关于实行市场准入负面清单制度的意见》（国发〔2015〕55号），提出了要建立健全与市场准入负面清单制度相适应的准入机制、审批体制、监管机制、社会信用体系和激励惩戒机制、信息公示制度和信息共享制度、法律法规体系等一系列要求。明确了市场准入负面清单制度的实施步骤是：按照先行先试、逐步推开的原则，从2015年底至2017年12月31日，在部分地区试行市场准入负面清单制度，积累经验、逐步完善，探索形成全国统一的市场准入负面清单及相应的体制机制，并从2018年起正式实行全国统一的市场准入负面清单制度。[①]目前，市场准入负面清单制度已全面实施。2022年3月12日，《国家发展改革委和商务部关于印发〈市场准入负面清单（2022年版）〉的通知》（发改体改规〔2022〕397号）发布，自发布之日起印发实施。

市场准入负面清单、权力清单和责任清单构成了一个完整的政府责任清单体系。

全面实施市场准入负面清单制度将带来投资项目管理办法的更大变革，我们将持续关注并在以后的版本中加以反映。

三、发展规划、产业政策、行业准入评估的概念

1.发展规划评估

通过分析与拟建项目有关的国民经济和社会发展总体规划、区域规划和专项规划等各类规划的相关内容，评估拟建项目是否符合各类规划要求，提出拟建项目与有关规划内容

---

① 国务院. 关于实行市场准入负面清单制度的意见（国发〔2015〕55号）. 2015.

的衔接性及目标的一致性等评估结论。

2.产业政策评估

分析有关产业结构调整、产业空间布局、产品发展方向、产业技术创新等政策对项目方案的要求，评估拟建项目的工程技术方案、产品方案等是否符合有关产业政策、法律法规等的规定。

3.行业准入评估

分析有关行业准入的法律、法规、规章和国家有关规定对拟建项目的要求，评估拟建项目和项目建设单位是否符合有关行业准入标准及市场准入负面清单的规定。

四、发展规划、产业政策、行业准入评估的定位

相对于曾经"不分投资主体、不分资金来源、不分项目性质，一律按投资规模大小分别由各级政府及有关部门审批"的企业投资管理办法，项目评估的工作重心已经发生了转移。2017年国家发改委发布了《企业投资项目核准和备案管理办法》（中华人民共和国国家发展和改革委员会令2017年第2号）和《关于发布项目申请报告通用文本的通知》（发改投资〔2017〕684号）；而2014年已经发布了《外商投资项目核准和备案管理办法》（中华人民共和国国家发展和改革委员会令2014年第12号）；更早前的2008年，国家发改委发布的中华人民共和国国家发展和改革委员会公告第37号文件中，包括《关于企业投资项目咨询评估报告的若干要求》和《企业投资项目咨询评估报告编写大纲》。这些陆续出台的一系列文件，均要求企业投资建设《政府核准的投资项目目录》内的项目时，应编写项目申请报告，并报送项目核准机关申请核准。项目核准机关根据项目具体情况，决定是否需要委托工程咨询机构进行评估。显然，企业投资项目咨询评估，即针对项目申请报告的评估工作日趋繁多，其成为投资项目评估工作的重心也是必然的。

编写项目申请报告时，需要研究拟建项目与国民经济和社会发展总体规划、主体功能区规划、专项规划、区域规划等相关规划的衔接和协调情况，分析有关产业政策、技术标准和行业准入对拟建项目的要求。因此，发展规划、产业政策和行业准入评估成为企业投资项目咨询评估报告的一项重要内容。

第二节　　发展规划评估

一、经济社会发展规划的概念

经济社会发展规划是政府有关部门组织编制，用于未来一定时期内对某一地区或某一领域的国民经济和社会发展进行战略部署及具体安排的指导，也是政府部门加强和改善宏观调控的重要手段，并依据其履行经济调节、市场监督、社会管理和公共服务的职能。就经济社会发展规划而言，应满足思维的战略性、视野的宏观性、目标的恰当性、布局的均衡性、体系的衔接性、内容的完整性、过程的参与性、方案的可行性和实施的可靠性等要求。只有如此，国民经济和社会发展规划才能成为全国或者某一地区经济、社会发展的总体纲领，才能作为具有战略意义的指导性文件，才能统筹安排和指导全国或某一地区的社会、经济、文化建设工作。

　　针对国家或省市县范围的纲领性、综合性的规划称为总体规划；针对特定领域范围的规划称为专项规划；针对特定区域范围的综合规划称为区域规划。

二、发展规划在项目投资中的引领地位

　　目前我国正在实施的《中华人民共和国国民经济和社会发展第十四个五年规划和2035年远景目标纲要》第十九篇第十六章第一节"强化国家发展规划的统领作用"表明，为了更好发挥国家发展规划战略导向作用，强化空间规划、专项规划、区域规划对本规划实施的支撑。按照第十四个五年规划确定的国土空间开发保护要求和重点任务，制定实施国家级空间规划，为重大战略任务落地提供空间保障。聚焦第十四个五年规划确定的战略重点和主要任务，在科技创新、数字经济、绿色生态、民生保障等领域，制定实施一批国家级重点专项规划，明确细化落实发展任务的时间表和路线图。根据第十四个五年规划确定的区域发展战略任务，制定实施一批国家级区域规划实施方案。加强地方规划对第十四个五年规划提出的发展战略、主要目标、重点任务、重大工程项目的贯彻落实。由此可见，发展规划作为一种战略性、前瞻性、导向性的公共政策，在项目投资中具有十分重要的引领地位，投资项目是发展规划战略导向作用的具体着力点。分析拟建项目是否符合有关的国民经济和社会发展总体规划、区域规划、专项规划等各类规划的要求，是确定投资项目建设必要性的前提。

三、发展规划评估步骤

　　从发展规划的层面对投资项目建设的必要性进行评估，即对项目申请报告阐述的拟建项目与发展规划密切相关的内容做出再分析。拟建项目是否符合相关规划的要求、项目建设与相关规划的目标及内容等是否衔接协调，这些问题都关系到项目有无投资建设的必要。发展规划评估的步骤如下：

　　(1) 收集资料，即收集相关领域、区域经济社会发展状况等宏观背景资料。

　　(2) 调研，根据拟建项目所涉及的不同规划内容和规划主体特点，对相关地区、领域、部门和企业进行调研。

　　(3) 分析拟建项目与相关规划的关系，遵循拟建项目的建设方案应服从相关规划要求的原则，判定拟建项目与相关规划的衔接性和目标的一致性。

　　(4) 全方位分析，从全面、协调、可持续发展的角度出发，分析拟建项目的实施对区域经济、产业经济、社会发展、资源利用、环境保护、公共利益等各方面的影响。

　　(5) 提出建议，即提出协调社会经济发展和保护生态环境等方面的措施建议。

第三节　　　　　　　　　　产业政策评估

一、产业政策的概念

　　产业政策是政府有关部门为实现一定的经济社会发展目标而对产业的形成和发展进行干预的各种政策的总和。干预的含义包括规划、引导、促进、调整、保护、扶持、限制等等。产业政策主要具有弥补市场缺陷、有效配置资源、熨平经济震荡、发挥后发优势、增强适应能力及保护幼稚产业发展等功能。

产业政策的主要内容包括产业结构政策、产业组织政策和产业布局政策。

1.产业结构政策

产业结构是指国民经济各产业部门之间以及各产业部门内部的构成，又称国民经济的部门结构，也可以用农业、工业和服务业在一国经济结构中所占的比重来诠释。通过对产业结构的调整可以调整供给结构，从而协调需求结构与供给结构的矛盾。

2.产业组织政策

产业组织是指同一产业内部各企业间在进行经济活动时所形成的相互联系及其组合形式。产业组织政策是产业结构政策不可缺少的配套政策。实施产业组织政策可以使产业组织合理化，为形成有效的公平的市场竞争创造条件。这一政策通过选择能有效使用资源、合理配置资源的产业组织形式，保证供给的有效增加，使供求总量的矛盾得以协调。

3.产业布局政策

产业布局是指产业在一国或一地区范围内的空间分布和组合的经济现象，一般可理解为产业规划。产业布局政策是有关产业空间配置格局的政策，它利用生产相对集中所引起的"积聚效益"，尽可能缩小由于各区域间经济活动的密度和产业结构的不同所引起的各区域间经济发展水平的差距。

产业政策着重解决产业结构调整问题，以实现国民经济各产业在发展中的协调与平衡，实现资源在各部门之间的有效配置。

二、我国产业政策的表现形式

我国的产业政策主要表现为"规划""目录""纲要""决定""通知""复函"等形式，如《产业结构调整指导目录（2019年本）》、《外商投资产业指导目录》（2017年修订）、《汽车行业调整和振兴规划》等。

《产业结构调整指导目录》将各类产业分为鼓励、限制和淘汰三类。

（1）鼓励类产业。对经济社会发展有重要的促进作用，有利于节约资源、保护环境、优化升级产业结构；一些关键技术、装备及产品需要采取政策措施予以鼓励和支持的，也在此列。

（2）限制类产业。包括工艺技术落后、不符合行业准入条件及有关规定，不利于产业结构优化升级、需要督促改造等的产业；禁止新建的生产能力、工艺技术、装备及产品也属于限制类产业。

（3）淘汰类产业主要包括：

①危及生产和人身安全，不具备安全生产条件的。

②严重污染环境或严重破坏生态环境的。

③产品质量低于国家规定或行业规定的最低标准的。

④严重浪费资源、能源的。

⑤法律、行政法规规定的其他情形。

不属于上述三类，且符合国家有关法律、法规和政策规定的产业，归为允许类。在我国境内，各类企业要投资兴建项目，均须遵守《产业结构调整指导目录》的相关规定。

三、我国产业政策的新形势

2017年下半年召开了党的十九大、中央政治局会议（12月8日）和中央经济工作会议，这三次重要会议分别对第二个百年奋斗目标的实现进行了总体布局，对未来三年的产业重点任务进行了部署，开启了中国特色社会主义新时期，从而我国的社会经济发展也进入了新时代，其基本特征就是我国经济已由高速增长阶段转向高质量发展阶段。

现阶段，在我国经济发展的实践中形成了以新发展理念为主要内容的习近平新时代中国特色社会主义经济思想。新发展理念中的"协调发展"理念，强调了整体发展观，提高了发展的整体性，这与我国社会主要矛盾的转化是一致的。当今我国社会的主要矛盾已经转化为人民日益增长的美好生活需要和不平衡不充分的发展之间的矛盾。不平衡、不充分的发展是最大的短板，要补齐短板，就要提高发展的整体性。

习近平新时代中国特色社会主义经济思想，给予高质量发展阶段以"以结构调整为主线"的新的内涵，具体包括两个部分：一是以促进产业结构调整、培育新动能为主线；二是以补短板、提高发展的整体性为主线。

2017年，中央经济工作会议按照十九大提出的强国要求，提出要深化供给侧结构性改革，促进"三个转变"。具体就是，推进中国制造向中国创造转变、中国速度向中国质量转变、制造大国向制造强国转变。因此，要求以深化要素市场化配置改革为重点，继续深化"三去一降一补"，突出"破""立""降"。

"破"：是淘汰低效供给，破除无效供给，处置"僵尸企业"，推动化解过剩产能。

"立"：是大力培育新动能，强化科技创新，推动传统产业优化升级。

"降"：一是大力降低实体经济成本；二是降低制度性交易成本，继续清理涉企收费，加大对乱收费的查处和整治力度；三是深化电力、石油天然气、铁路等行业改革，降低用能、物流成本。

综观我国社会经济发展的新形势不难发现，新时代、新阶段的产业政策已经发生了六大变动：

1. 乡村振兴战略：带来智能精准农业、农产品电商和农业综合休闲旅游发展机遇。

2. 中国制造向中国创造转变：智能制造尤其是满足消费升级需求的智能汽车、智能机器人和高端医疗器械制造将快速兴起。

3. 环保严监管：清洁产业发展带动环保设备升级。

4. "房住不炒"时代"租购并举"模式：带来房企开发模式的转变和长租产业链兴起。

5. "医养结合"：带来医疗机构和养老机构的业务模式创新，民间资本的进入带来产业扩围。

6. 金融规范化管理：出现鼓励性领域——绿色金融和租赁金融。

四、产业政策评估步骤

投资项目必须落实产业政策。各类产业政策是研究论证及审核批准各类投资项目建设的重要依据。因此，必须分析与项目相关的产业结构调整、产业发展方向、产业空间布局、产业技术政策等内容，判断项目的工程技术方案、产品方案等是否符合有关产业政策的要求，贯彻国家技术装备政策，提高自主创新能力等。产业政策评估步骤如下：

（1）收集相关产业政策的宏观背景资料。

（2）根据项目涉及不同产业政策的内容和特点，对相关行业进行调研。

（3）分析拟建项目与相关产业政策的关系，判定拟建项目与产业政策的符合性和目标的一致性。

第四节　市场准入负面清单制度与行业准入评估

制定"行业准入条件"和全面实施"市场准入负面清单制度"是管理产业发展的方式。行业准入政策是产业政策的重要内容和具体体现。在土地、环保、节能、技术、安全等方面制定建设项目的准入标准，是把好新上项目市场准入关的重要举措，当然，把关更有赖于严格执行标准。按照各种产业准入条件的标准和市场准入负面清单制度的要求进行项目建设必要性评估，分析有关行业准入的法律、法规、规章和国家有关规定对拟建项目的要求，评估拟建项目和项目建设单位是否符合有关行业准入标准的规定，有利于更好地贯彻各项宏观调控措施和产业政策，增强导向性和规范化管理。

一、行业准入条件标准

目前我国已经发布的行业准入条件标准有：《新能源汽车生产企业及产品准入管理规定》《焦化行业规范条件》《电石行业准入条件》《船舶生产企业生产条件基本要求及评价方法》《铜冶炼行业准入条件》《铁合金行业准入条件》《铝行业准入条件》《铸造行业准入条件》《玻璃纤维行业准入条件》《氯碱（烧碱、聚氯乙烯）行业准入条件》等等。这些行业准入条件的执行，对防止低水平重复建设和无序竞争，防范和化解产业布局、原料供应及安全环保等方面可能出现的风险，能够发挥重要作用。

各种行业准入条件标准是宏观调控走向制度化、规范化和稳定化的表征，是政府部门对投资项目管理职能转变的一种重要体现。

二、市场准入负面清单制度

（一）市场准入负面清单制度的概念

党的十九大报告非常明确地告诉我们："实现'两个一百年'奋斗目标、实现中华民族伟大复兴的中国梦，不断提高人民生活水平，必须坚定不移地把发展作为党执政兴国的第一要务，坚持解放和发展社会生产力，坚持社会主义市场经济改革方向，推动经济持续健康发展。""我国经济已由高速增长阶段转向高质量发展阶段，正处在转变发展方式、优化经济结构、转换增长动力的攻关期，建设现代化经济体系是跨越关口的迫切要求和我国发展的战略目标。"为此，党的十九大对建设现代化经济体系做出了一系列重要的部署，全面实施市场准入负面清单制度正是其中的一项重要任务。

市场准入负面清单制度是指国务院以清单方式明确列出在中国境内禁止和限制投资经营的行业、领域、业务等，各级政府依法采取相应管理措施的一系列制度安排。市场准入负面清单以外的行业、领域、业务等，各类市场主体皆可依法平等进入。

（二）实施市场准入负面清单制度的意义

实施市场准入负面清单制度是一项纲举目张的重要改革，其涉及经济体制改革和行政体制改革，需要处理好政府和市场间的关系这一核心问题。这一制度的实施具体落实了"着力构建市场机制有效、微观主体有活力、宏观调控有度的经济体制，不断增强我国经济创新力和竞争力"，为持续推进政府职能转变和供给侧结构性改革发挥了重要作用。

（三）实行市场准入负面清单制度的总体要求

实行市场准入负面清单制度的总体要求是：坚持社会主义市场经济改革方向，把发挥市场在资源配置中的决定性作用与更好发挥政府作用统一起来，把转变政府职能与创新管理方式结合起来，把激发市场活力与加强市场监管统筹起来，放宽和规范市场准入，精简和优化行政审批，强化和创新市场监管，加快构建市场开放公平、规范有序、企业自主决策、平等竞争，政府权责清晰、监管有力的市场准入管理新体制。

（四）市场准入负面清单制度的内容

按照国发〔2015〕55号文件的要求，制定市场准入负面清单，国务院以清单方式明确列出禁止和限制投资经营的行业、领域、业务等，清单以外的，各类市场主体皆可依法平等进入。国家发改委和商务部已经发布的2018年第18号令和第19号令与市场准入负面清单一起，构成完整的市场准入管理体系。

如前所述，《市场准入负面清单（2022年版）》已于2022年3月12日印发实施。市场准入负面清单制度的"一张清单"包括了两层含义：

1.全覆盖：强调市场准入负面清单要全覆盖。要求全面梳理禁止和限制市场主体投资经营的行业、领域、业务等。市场准入负面清单以外的事项由市场主体依法自主决定。

2.统一性：强调市场准入负面清单制度的统一性。该清单由国务院统一制定发布，做到全国一张单子。

《市场准入负面清单（2022年版）》包含禁止和许可两类事项。对禁止准入事项，市场主体不得进入，行政机关不予审批、核准，不得办理有关手续；对许可准入事项，包括有关资格的要求和程序、技术标准及许可要求等，由市场主体提出申请，行政机关依法依规做出是否予以准入的决定，或由市场主体依照政府规定的准入条件和准入方式合规进入；对市场准入负面清单以外的行业、领域、业务等，各类市场主体皆可依法平等进入。

《产业结构调整指导目录》《政府核准的投资项目目录》纳入市场准入负面清单，地方对两个目录有细化规定的，从其规定。地方国家重点生态功能区和农产品主产区产业准入负面清单（或禁止限制目录）及地方按照党中央、国务院要求制定的地方性产业结构禁止准入目录，统一纳入市场准入负面清单。表3-1是《市场准入负面清单（2022年版）》的部分内容，窥一斑而知全豹。

第三章　发展规划、产业政策、行业准入评估

表3-1 　　　　　　　　**市场准入负面清单（2022年版）（节选）**

项目号	禁止或许可事项	事项编码	禁止或许可准入措施描述	主管部门	地方性许可事项
一、禁止准入类					
1	法律、法规、国务院决定等明确设立且与市场准入相关的禁止性规定	100001	法律、法规、国务院决定等明确设立，且与市场准入相关的禁止性规定（见附件）		
2	国家产业政策明令淘汰和限制的产品、技术、工艺、设备及行为	100002	《产业结构调整指导目录》中的淘汰类项目，禁止投资；限制类项目，禁止新建 禁止投资建设《汽车产业投资管理规定》所列的汽车投资禁止类事项		
3	不符合主体功能区建设要求的各类开发活动	100003	地方国家重点生态功能区产业准入负面清单（或禁止限制目标），农产品主产区产业准入负面清单（或禁止限制目录）所列有关事项		
4	禁止违规开展金融相关经营活动	100004	非金融机构、不从事金融活动的企业，在注册名称和经营范围中不得使用"银行""保险（保险公司、保险资产管理公司、保险集团公司、自保公司、相互保险组织）""证券公司""基金管理公司（注：指从事公募基金管理业务的基金管理公司）""信托公司""金融控股""金融集团""财务公司""理财""财富管理""股权众筹""金融""金融租赁""汽车金融""货币经纪""消费金融""融资担保""典当""征信""交易中心""交易所"等与金融相关的字样，法律、行政法规和国家另有规定的除外	人民银行银保监会证监会市场监管总局国家网信办	

复习思考题

1.发展规划、产业政策和行业准入评估的含义是什么?

2.市场准入负面清单制度的含义是什么?

3.全面实行市场准入负面清单制度的意义是什么?

第四章

项目建设必要性评估

内容提要

项目建设必要性评估是投资项目评估的首要环节。只有项目建设具有必要性，评估工作才能继续进行下去。本章阐明了项目建设必要性评估的基本概念、内容、作用和方法。学习本章的目的：了解项目建设必要性评估的基本概念以及主要内容；了解项目概况评估，学习项目建设背景评估；学习从宏观和微观两个层面上评估项目投资建设的必要性。重点掌握项目建设必要性评估的概念、作用和主要内容。

第一节 项目建设必要性评估概述

一、项目建设必要性评估的概念

项目建设必要性评估是在项目概况评估包括项目建设背景评估的重要前提下，从宏观和微观两个层面对项目投资建设的必要性进行重新审查和再分析。

通过项目建设背景评估，投资方可以判断项目兴建的理由是否充分与合理，所处投资环境是否有利于项目的建设实施，项目审批程序是否符合有关政策规定，项目的设想是否能实现及能否达到项目的预期目标。从国民经济和社会发展的宏观角度出发，分析论证项目建设是否符合国家的长期发展规划、产业政策、技术政策、行业与地区规划，是否符合生产力布局的要求，是否符合经济和社会发展的需要。从项目微观角度出发，论证项目建设是否符合市场需求的投资方向，项目产品是否有竞争能力；项目建设规模的确定是否经济合理，能否与生产所需的原材料、能源及协作配套条件相适应，是否具备对资源综合利用的可能性条件。归结上述，项目建设的必要性问题已清晰显明。

二、项目建设必要性评估的作用

项目建设必要性评估具有以下主要作用：

（1）保证投资项目规划和投资决策的正确性，以确保项目投资安全；

（2）为项目增强产品竞争能力、提高投资效益和降低投资风险提供可靠的依据，可进一步提高项目未来产品市场占有率和投资效益；

（3）确定合理的项目建设规模，防止盲目建设和重复建设；

（4）根据国家政策方针和建设条件，择优选择投资项目，有利于引导投资者和贷款机构选择正确的投资方向。

三、项目建设必要性评估的内容

（一）项目概况评估

在项目申请报告及企业投资项目咨询评估报告中，阐述拟建项目的概况或情况具有十分重要的作用。拟建项目情况包括：拟建项目的建设背景、建设地点、主要建设内容、建设（开发）规模与产品方案、工程技术方案、主要设备选型、配套公用辅助工程、投资规模和资金筹措方案等；拟建项目与国民经济和社会发展总体规划、主体功能区规划、专项规划、区域规划等相关规划衔接和协调情况，拟建项目的产业政策、技术标准和行业准入分析；拟建项目取得规划选址、土地利用等前置性要件的情况。拟建项目的这些基本情况是项目核准机关对拟建项目进行核准咨询评估以决定是否准予的基础。项目概况评估（包括项目建设背景评估）是项目建设必要性评估的重要前提。

本书将在本章第二节专述项目建设背景评估，而拟建项目与国民经济和社会发展总体规划、主体功能区规划、专项规划、区域规划等相关规划衔接和协调情况，以及拟建项目的产业政策、技术标准和行业准入分析，可参见第三章相关内容。其他主要项目情况在评估时需要审查核实并做出评估，判断其可靠性、真实性和准确性。

（二）项目建设背景及项目发展概况评估

项目建设背景评估主要是分析：

（1）项目提出的背景材料的可靠性；

（2）投资建设的理由和投资意向的合理性；

（3）项目设想的由来及其发展前景与本部门（行业）、地区经济发展和经济结构的适应性；

（4）可行性研究之前已开展工作的情况和工作成果，如项目建议书决策过程和审批决策的准确性；

（5）拟建项目实现产品（或服务）目标和建设条件的可能性。

（三）项目宏观必要性评估

项目宏观必要性评估，就是从国民经济的整体角度衡量项目对国民经济总量平衡、结构优化和产业政策，以及区域规划和行业规划等方面的影响。

（四）项目微观必要性评估

项目微观必要性评估，主要是从企业发展的角度衡量项目对市场需求、企业发展、科技进步和投资效益等微观方面的影响，对项目建设做出必要性评估。

| 第二节 | 项目建设背景评估 |

每个项目建设都有其特定的背景，包括兴建的理由、项目设想、预期目标、投资环境、项目审批程序和发展概况等基本情况，因此，项目发起时的主观意向和客观条件可以统称为项目背景材料，见表4-1。

表4-1　　　　　　　　　　　　　项目背景材料

序号	建设纲要	国家、地区、部门发展规划	项目提出单位意向	项目建议书结论	建议书审批意见	可行性研究报告结论	报告审批意见	备注
1	产品或产品方案							
2	建设规模							
3	建设地点							
4	原材料来源							
5	总投资估算							
6	资金来源							
7	建设进度							
8	产品销售方向							
⋮	⋮							

项目建设背景评估是项目投资必要性评估的重要前提和基础，属于项目概况评估的内容。

项目建设背景评估应着重研究项目的总体面貌和目的。

一、项目兴建理由的评估

（一）项目兴建的理由

一般项目投资兴建的理由有：

（1）新建或扩大企业的生产能力，为社会提供所需产品或服务，以满足社会需求和提高企业经济效益的需要；

（2）优化国家资源配置，合理开发和综合利用当地丰富资源，增加社会财富，实施可持续发展的需要；

（3）为提高产品质量，扩大需求面，增加产品附加值，填补本地区的空白或可替代进口，或可出口创汇满足国际市场需要；

（4）新建基础设施，或充分利用现有的基础设施、优越的社会协作条件和政府的优惠政策，改善交通运输等投资环境，提高人民的生产和生活条件，促进地区经济和社会发展的需要；

（5）发展教育、文化和卫生等公益事业，满足人民不断增长的物质文化生活的需要；

（6）增强国防和社会安全能力的需要等等。

（二）项目兴建理由的具体评估

对项目兴建理由进行评估，以判定项目建设的必要性。项目兴建理由评估应从国民经济和项目本身两个层次进行。

1.国民经济层次分析

对于受宏观经济条件制约较大的项目，如影响国计民生和规模较大的大中型建设项目（包括资源开发、交通运输、利用外资等），应进行国民经济分析，主要内容包括：

（1）分析项目建设是否符合社会经济发展规划、投资政策、产业政策和技术政策等宏观经济要求；是否符合合理配置和有效利用资源的要求；是否符合区域规划、行业发展规划、城市规划、水利流域开发规划、交通路网规划的要求；是否符合环境保护、生态平衡和可持续发展的要求等。

（2）分析项目在规划中所处的地位和作用，安排投资的时机，论证项目建设内容与规划的符合程度及其影响等。

这些都是投资项目提出的宏观依据。

2.项目层次分析

项目层次分析是从项目本身出发，考察项目的微观依据，应着重从项目产品和投资效益的角度分析项目兴建的理由是否充分与合理。

项目层次分析应对项目申报单位概况进行评估：通过对其主要经营范围、基本财务指标、股东构成、股权结构比例、以往投资相关项目情况、已有生产能力等的核查分析，认定项目申报单位的申报资格，据以判定其能否承担项目建设并保证项目顺利实施，这是关系到拟建项目成败的关键。

二、项目预期目标的评估

对项目可行性研究报告提出的项目建设总体轮廓和预期达到的目标应进行评估，其主要内容是：

（1）项目建设内容和建设规模；

（2）产品性能和档次；

（3）项目技术装备水平；

（4）项目收益和成本费用等经济目标；

（5）项目建成后在国内外同行业中所处的地位，或者在经济和社会发展中的作用等。

研究分析项目的总体面貌和目的是否必要和合理，是否与企业长期发展规划相符合，判断预期目标的可实现性。通过评估，判别项目预期目标与项目兴建的理由是否相吻合；预期目标是否具有合理性与现实性，以确定项目建设的必要性。

三、项目设想的评估

（1）项目设想首先应明确项目建设地点，即项目所在的省（自治区、直辖市）、市、县及具体位置，与市中心的距离，交通条件和占地面积。

（2）明确承担项目的建设单位及项目业主的隶属关系。

（3）项目的市场条件和生产建设条件。分析项目投产后产品面向的市场、销售对象及未来市场条件变化对项目产品的影响，对原材料供应条件和质量、交通运输情况、环境保护等各项生产建设条件进行评估。

（4）项目的总投资和资金来源。初步测算项目建设的总投资，并对项目所需投资资金的不同来源和筹资方案进行评估。

（5）项目投产后的效益情况。在项目设想中应初步分析当项目投产后的销售收入、税金、成本和利润等情况，以说明项目未来的投资效益。

（6）明确项目发展前景对本部门（行业）和地区经济发展与经济结构的影响。

四、项目审批程序和进展概况的评估

1.项目审批程序评估

项目审批程序评估主要是评估项目审批程序是否符合国家有关政策的规定。

2.项目进展概况评估

项目进展概况评估在项目可行性研究报告评估前和项目进展过程中，对已开展的工作情况和成果进行评估。其主要内容包括：

（1）对已做过调查研究的项目市场、技术、资源、经济和社会等方面的专业问题进行全面系统的分析。

（2）对项目拟采用的新工艺、新设备、新技术等方面已做过的试验和试制工作情况进行评估。

（3）对已投入的各项费用（如咨询、调研、可行性研究、试验、试制、选址费用及筹建准备费用）进行列表说明。

第三节　　项目宏观必要性评估

一般来说，项目宏观必要性评估对于大中型建设项目应侧重于从国民经济和社会发展的角度进行评估；而对于中小型建设项目则侧重于从地区与行业发展的角度进行评估。其具体评估内容是：

一、项目建设是否符合国民经济总量平衡发展的需要

经济总量的平衡是指社会总供给量和总需求量的基本平衡。项目建设投资直接构成投资需求，在消费供求平衡的条件下，如果投资需求规模过大，将使社会总需求量大于总供给量，会引起财政和信贷收支不平衡，引发通货膨胀和经济波动。如果投资需求规模过小，将导致社会总需求量小于总供给量，使经济出现萧条和衰退，所以，应根据国民经济总量平衡的需要决定项目的压缩、停缓建或者相应扩大。

二、项目建设是否符合经济结构优化的需要

项目建设应充分考虑到投资对经济结构的影响，必须根据资源的可供应量和社会的总需求量来实现资源的合理配置和有效利用，促使国民经济结构优化。

三、项目建设是否符合国家一定时期的产业政策

《中华人民共和国国民经济和社会发展第十四个五年规划和2035年远景目标纲要》要求：坚持把发展经济着力点放在实体经济上，加快推进制造强国、质量强国建设，促进先进制造业和现代服务业深度融合，强化基础设施支撑引领作用，构建实体经济、科技创新、现代金融、人力资源协同发展的现代产业体系。

四、项目建设是否符合国家生产力布局的要求，能否促使国民经济地区结构优化

《中华人民共和国国民经济和社会发展第十四个五年规划和2035年远景目标纲要》要求：优化区域经济布局促进区域协调发展，包括优化国土空间开发保护格局，深入实施区域重大战略（加快推动京津冀协同发展、全面推动长江经济带发展、积极稳妥推进粤港澳大湾区建设、提升长三角一体化发展水平、扎实推进黄河流域生态保护和高质量发展），深入实施区域协调发展战略（深入推进西部大开发、东北全面振兴、中部地区崛起、东部率先发展，支持特殊类型地区加快发展，在发展中促进相对平衡），积极拓展海洋经济发展空间。在评估时，将项目的动机与这些要点进行比较，从而判断项目是否符合国家的区域政策。

五、项目建设是否符合国民经济和社会发展总体规划、行业发展规划和区域发展规划中城市总体规划和城镇体系规划的要求

对项目建设必要性进行评估，首先应调查分析项目产品方案是否符合国民经济长远发展规划、行业与地区发展规划的要求，评估项目在总体规划中所处的地位和安排的投资时机是否适宜，项目建设目标与规划内容是否衔接和协调，从而判断项目建设的必要性。

六、分析考察项目产品在国民经济和社会发展中的地位与作用

根据项目产品的品种、类别、特征及采用的生产方法，论证项目产品在国家或行业产品结构中的序列，评估产品在国计民生中所起的作用和在国民经济中所处的地位，分析项目产品在社会经济发展中的作用。

第四节　项目微观必要性评估

项目微观必要性评估，是从企业发展的角度出发，分析项目对市场需求、企业发展、科技进步和投资效益等微观方面的影响，从而对项目建设的必要性做出判断。项目微观必要性评估包括如下几个方面：

一、分析项目产品（或服务）与市场需求的符合情况

市场需求是项目建设的基础，也是企业生存和发展的基本前提。通过对与项目产品有关的生产资料和消费资料，以及项目产品在国内外的供应量与需求量的调查和预测，综合分析项目产品的社会总需求量与总供应量是否适应，据以判断和评估项目产品的市场需求可靠性，并进一步分析产品在质量、品种、性能、成本和价格等方面在国内外市场上的竞争能力和市场占有率。只有项目产品（或提供的服务）适销对路，满足社会和市场需要，拟建项目的投资才是必要的。

二、分析项目建设与企业发展战略目标规划的一致性

在评估时，要了解承担项目投资的企业单位的发展规划和要求，并且分析企业的发展规划与国家经济发展规划和地区或行业发展规划的符合性，以此判断企业的发展是否与大环境相吻合。

三、分析项目建设的合理生产规模问题

投资项目建设规模的评估应着重审查、分析项目的设计生产能力是否与产品的市场需求和竞争能力相适应，是否与资金、原材料、能源及外部协作配套条件相适应，是否与项目的合理经济规模相适应，并符合本行业的产业结构变化趋势。

四、分析项目建设对科学技术进步的促进作用

建设项目应尽可能地采用先进适用的新技术、新工艺和新设备，满足项目在技术上的先进性和适用性的要求，并能把这些新的科研成果尽快运用于产品的设计与生产，使其转化为社会生产力，使项目能生产出社会所需要的高质量的新产品。在评估时要评估将科研成果转化为社会生产力的必要性和可能性。

复习思考题

1.什么是项目建设必要性评估？包括哪些内容？有哪些作用？

2.项目建设背景评估包括哪些内容？如何进行评估？

3.项目预期目标评估的主要内容是什么？

4.项目设想、项目审批程序和发展概况的评估包括哪些内容？

第五章

项目建设方案评估

内容提要

项目建设方案的评估是投资项目评估的核心内容，是在市场分析的基础上，通过多方案的比较选择、分析论证，达到选择较优项目方案的目的，它亦是实现项目目标和取得较好投资效益的前提和基础。本章以工业项目为主体，较全面地阐述了各类项目建设方案评估的内容、任务、原则、要求以及方案比选的基本方法。学习本章的目的是：了解建设方案设定应考虑的主要因素；重点掌握多方案比选的方法及其评估的要求。

第一节　项目建设方案评估概述

一、项目建设方案评估的内容

投资项目建设方案的评估是项目决策分析中一项重要的基础工作，工业生产项目的建设方案主要包括项目产品方案、建设规模方案、生产工艺与设备选型方案、项目选址与总图运输方案、土建工程方案、公用辅助及外部协作配套工程方案、建设实施方案、原材料燃料动力供应方案、资源利用方案、节能节水措施方案、生态环境保护措施方案、劳动安全卫生等措施方案、组织机构与人力资源配置方案等。各行业都有其特殊性，因此项目建设方案的内容也不尽相同，或简化或调整。

二、项目建设方案评估的任务

项目建设方案评估的任务是，通过对投资项目各种建设方案进行分析、论证、比选和优化，达到确定最佳方案的目的。其主要任务是对两个以上可行的建设方案进行评比和优化，最终选择合理的建设规模、合理的产品方案、先进适用的生产工艺、性能可靠的生产设备、适宜的厂址、合理的总图设计、达标的土建工程设计及相应的配套设施方案；制订明确的原材料燃料动力等资源供应和运输方案；拟订符合项目目标要求的项目实施进度计划；制订生产组织机构与人力资源的配置方案。

总之，项目建设方案的评估结论，不仅是进行项目经济效益评估、环境影响评估、资源利用评估、经济影响评估和社会评估的基础，而且是判断项目可行性的重要依据。

三、项目建设方案评估的目的

项目建设方案评估的目的，是从技术、经济、环境、资源、节能和社会等各方面对项目进行研究分析，为实现预期设定的市场目标、功能目标和效益目标而选择较优建设方案。同时，项目目标是建设方案评估的基础，通过建设方案评估，可对项目目标进行必要的调整。

四、项目建设方案评估的原则和基本要求

（一）项目建设方案评估的原则

项目建设方案评估的原则是，以科学发展观为指导，遵循国家相关政策、法规和规划的规定，结合项目的性质和特点，满足循环经济和节约资源的要求，兼顾社会、经济和环境效益，确保建设项目目标的实现。

（二）项目建设方案评估的基本要求

（1）符合国家相关法律、法规及产业政策的要求，如符合产业准入标准及有关技术政策等。

（2）内容要全面，并应符合项目的功能定位和盈利性，以利于实现项目的预期目标。

（3）力求科学性、合理性和前瞻性，为此：

①处理好市场需求和产品方案与项目建设规模的关系，合理确定项目建设的经济规模；

②处理好近期目标与远期目标的关系，使两者兼顾，以近期目标为主；

③处理好高新技术的起点与适用性的关系，并使之和可靠性相一致；

④处理好总体规划与分期实施的关系，使总体规划一次完成，建设可分期实施；

⑤处理好投资与效益的关系，力争以最少的投入获得最佳的效益，并能节约资源、规避风险。

（4）重视生态环境保护。必须以保护环境质量和人群健康、造福子孙后代为出发点，对投资项目可能产生的污染一定要采取相应的有效处理措施，以确保达到国家的排放标准。

（5）应广泛收集与项目有关的技术经济等各类信息资料，为项目建设方案评估提供真实可靠的依据。

总之，应从发展规划、产业政策及行业准入角度，论证项目建设的目标及功能定位是否合理，是否符合各类规划要求，是否符合相关法律法规、宏观调控政策、产业政策的规定，是否满足行业准入标准、优化重大布局等要求。

第二节　　　　　　　　　项目产品方案评估

一、产品方案和产品组合

（一）产品方案（亦称产品大纲）

产品方案系指项目生产的产品品种、辅助产品及生产能力的组合方案，包括产品品种、产量、规格、质量标准、工艺流程、材质、性能、用途、价格以及内外销比例等。生产多种产品的项目，首先应确定项目的主要产品、辅助产品、副产品的种类及生产能力的合理组合，使其与生产技术、设备和原材料燃料的供应等方案协调一致。

（二）产品组合

产品组合系指项目不同产品的划分及比例，包含产品种类、品种的结构和相互间的数量关系。扩大产品组合的广度（产品线种类的数量）、深度（产品品种数量）及关联性，可以分散项目投资风险，提高用户的满足程度，扩大经营范围，提高企业的知名度，从而提高企业的竞争地位。

二、产品方案的确定

1.产品方案的确定的含义

产品方案的确定，是指对项目拟生产的产品品种及其组合方案，以及产品规格、质量标准、工艺、材质、性能、用途、价格、产量、内外销比例等一系列问题进行研究，然后形成多个产品方案。如果项目产品是多种产品、多种品种，应研究其主副产品与辅助产品的种类及生产能力的合理组合，并列表（见表5-1）说明。

表5-1　　　　　　　　　　　　　　项目产品方案表

产品名称	规格	质量标准	工艺技术	材质	性能用途	销售价格		年产量	
						内销	外销	内销	外销
××产品									
⋮									

2.确定产品方案时应考虑的主要因素和要求

（1）满足市场需求。项目产品方案应以市场需求为导向确定产品的品种、数量、质量，并应有较好的适应市场的能力。

（2）符合国家有关产业政策和行业准入标准的要求，促进产业结构整体优化和产品的更新换代。项目产品方案应优先选择政府鼓励发展的产业和产品方向，符合技术政策和技术标准要求，使产品具有较高的市场竞争力。项目主导产品应处于该产品寿命期中的导入期和上升期。

（3）提高产品的通用化、标准化和系列化水平，使项目产品方案有利于专业化协作，并有利于上下游产业链、产品链的衔接。

（4）符合技术经济要求，即产品拟采用的工艺技术应当是先进、适用和可靠的，而且在经济上也是合理的。项目产品方案应与可能获得的技术装备水平相适应，产品生产技术来源要可靠。对于高新技术项目，企业应有自主开发创新能力及拥有自主知识产权的品牌产品，这是其获得较高效益和生存发展的基本动力。

（5）符合资源综合利用和环境保护的要求，即项目所生产的产品应能充分利用和综合利用资源、节约原材料、能源，减少污染，保护生态环境，应根据当地环境容量和环境治理要求来确定产品方案。

（6）符合原材料供应和生产储运条件。在确定项目产品方案时，应明确项目所采用的原材料的可得性，以及数量、品种、质量、来源的稳定性。应考虑满足项目产品在生产、包装、运输、储存上的特殊要求，并对价格进行分析研究，还应结合场（厂）址方案的比选情况确定其供应方案。

三、产品方案的评估

对项目产品方案的评估，主要是从产品性能、品种、价格、资源条件、环境条件、原材料供应和生产储运条件等方面对项目产品方案进行再分析论证。

在产品方案评估中，需要提出两个或两个以上的方案进行比选，分析各方案的优劣，从中推荐一个最佳（或次优）方案。

产品方案比选的评估指标主要有：（1）单位产品生产能力（或者使用效益）投资；（2）投资效益（即投入产出比、劳动生产率等）；（3）多产品项目资源综合利用方案与效益等。

第三节　项目建设规模评估

一、项目建设规模的含义

项目建设规模是指在可行性研究报告中设定的项目设计生产能力、效益或投资总规模。项目建设规模亦称项目生产规模，是指在设定的投资项目正常生产运营年份可能达到的生产能力或者使用（或服务）效益。对于不同类型的项目，其项目建设规模的表达形式不同：工业项目通常用年产量、年加工量、装机容量等表达；农林水利项目可用年产量、种植面积、灌溉面积、防洪治涝面积、水库库容、供水能力等表达；交通运输项目以运输能力、吞吐能力等表达；城市基础设施项目和服务行业项目以年处理量、建筑面积、服务能力等表达；生产多种产品的项目一般以主要产品的生产能力表达。

二、确定项目建设规模的步骤

1.确定项目的起始规模

拟建项目的起始规模由三种不同要求的最小规模所决定：一是规模经济决定的最低生产能力，只有大于此规模的项目才能盈利，否则就会亏损；二是国家产业政策决定的最小规模，只有大于这一规模的项目才能立项，否则就不能立项；三是主要生产设备技术参数决定的最小规模，只有大于这一规模的项目才能购买到所需设备，否则就要专门研制定做，从而会提高设备的购置成本。综合上述要求，最终应取三种最小规模中的最大者作为拟建项目的起始规模。

2.确定最大规模

这亦取决于三个方面的要求：一是由市场需求预测决定的最大规模。只有小于此规模，产品才能销售出去，否则产品要积压滞销，影响企业盈利。二是由生产建设条件所决定的最大生产规模。如果超出这个规模，就会造成拖延建设工期、增加投资和降低生产效率等问题。三是由规模经济的要求所决定的最大生产规模。只有小于此规模，项目才能盈利，否则就会亏损。综合上述要求，最终应取这三个最大生产规模中的最小者作为拟建项目的最大建设规模。

3.制订不同项目规模的投资方案

根据上述要求确定的起始规模和最大生产规模的界限，制订出若干可供选择的项目建设规模方案，以供比选。

4.确定项目经济合理的建设规模

在各种规模投资方案制订后，采用"费用-效益"分析、"费用-规模"分析和技术经济分析的方法，对各种方案进行比较，选择最佳经济规模作为项目经济合理的建设规模。

三、确定项目经济合理建设规模的方法

（一）盈亏分析法

盈亏分析法是对产品的生产经营情况进行经济分析的一种方法。其基本程序是：（1）根据产品生产要求的工艺技术和设备，计算出企业的最低生产规模界限，即企业的起始规模，这是确定企业经济规模的基础；（2）合理生产规模的选择，就是要研究产品产量与费用之间的变化关系；（3）按照生产活动的时间动态，可采用盈亏分析法来确定项目的最佳生产规模。

由图5-1可见，当生产量达到一定数量时，企业开始产生盈利，而低于此数量就开始亏损，这一点称为企业的最小产量盈亏点（A）；而随着生产量提高，当超过某一点时又要出现亏损，则这一点即为企业在现行条件下的最大产量盈亏点（E）。企业产品的产量规模在A与E之间都可以得到盈利，故"A—E"就是企业生产的经济规模区。C点为最优生产规模点，在这一点，利润最高，收入相对较高，生产成本相对较低。但由于客观具体条件的限制，很难找到这个最佳点，只能在C点附近选择一个相对经济合理的生产规模区域（如"B—D"之间）。这个合理的经济规模区域的选定，也要取决于实际条件并综合考虑各种相关因素。

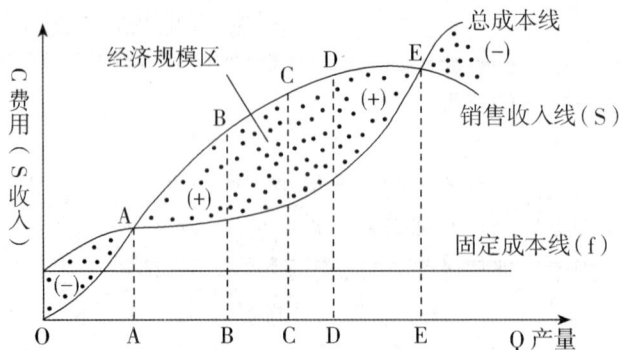

图5-1　经济规模盈亏分析图

根据图5-1可分析企业在有限的生产活动时间内的产品成本（C）、销售收入（S）、生产能力（即产品产量Q）与盈亏之间的关系。产品成本分为固定成本及可变成本。固定成本（f）是指在项目设计生产能力范围内固定不变的费用，如企业的折旧费等；可变成本（V）是指随着产量的增减而有规律地发生变化的费用，如材料费用等。销售收入（S）也随着产量按比例地增减。生产总成本线与销售收入线的交点（A点与E点）称为盈亏转折（临界）点，即当企业的生产能力（产量Q）小于（或大于）此数时，企业亏损；大于（或小于）此数时，企业盈利。经济规模区的盈亏点"A"的产品产量可由下式求得：

$PQ_A = f + VQ_A$ （平衡）

$$Q_A = \frac{f}{P - V}$$

式中：Q_A——盈亏转折点（或临界点）；

P——单位产品价格。

$PQ < f + VQ$ （亏损"-"）

$PQ > f + VQ$ （盈利"+"）

根据上式可知，企业的生产能力（即产量Q）取决于生产成本（包括固定成本f和单位可变成本V）及单位产品售价P。

（二）最小费用法

在确定合理的经济规模时，不仅要考虑到建设项目的投资大小、生产产品的成本和劳动生产率的高低，而且应研究产品出厂后的运输和销售费用。因为企业规模越大，产品销售地区越广，运输和销售费用也会随之增加，所以，必须把单位产品的投资额、产品成本、运输和销售费用结合起来考虑，使其总费用最小，以期降低成本，增加盈利。合理的生产规模可选择年费用最小的方案。

按下列公式计算年费用最小的方案：

$A = C_n + C_T + E_H K$

式中：A——单位产品年费用；

C_n——单位产品生产成本；

C_T——单位产品平均运输和销售费用；

K——单位产品投资额；

E_H——部门的投资效果系数，即为投资回收期（T_H）的倒数，$E_H = \dfrac{1}{T_H}$。

【例5-1】[①]假设国家对某产品的需要量为6 000台，工厂的最小生产规模（起始规模）为年产1 000台，根据建厂条件有三种可行的建设规模方案：（1）建设三个年产2 000台的工厂；（2）建设两个年产3 000台的工厂；（3）建设一个年产6 000台的工厂。各方案所需费用见表5-2。试确定其经济合理生产规模的工厂建设方案。

---

① 为方便演示案例内容，本书中计算结果可能有误差，可忽略。

表5-2 不同生产规模工厂的费用对比表

各项费用指标	计量单位	方 案		
		I	II	III
		（建三个厂）	（建两个厂）	（建一个厂）
生产规模	台/年	2 000	3 000	6 000
总投资	万元	2 400	3 000	3 600
部门投资效果系数（E_H）	—	0.12	0.12	0.12
单位产品投资额（K）	元	4 000	5 000	6 000
单位产品工厂成本（C_n）	元	5 000	4 800	4 600
单位产品平均运输和销售费用（C_T）	元	600	700	800
单位产品总成本（C）	元	5 600	5 500	5 400

（1）不考虑运输与销售费用时，各方案的年费用根据公式 $A=C_n+E_HK$ 计算得：

方案 I： $A_1=5\ 000+4\ 000\times0.12=5\ 480$（元）

方案 II： $A_2=4\ 800+5\ 000\times0.12=5\ 400$（元）

方案 III： $A_3=4\ 600+6\ 000\times0.12=5\ 320$（元）

由计算可见，方案III的年费用最小，为最优方案。

（2）如果考虑运输与销售费用，按产品销售成本计算时，各方案的年费用根据公式 $A=C_n+C_T+E_HK$ 计算得：

方案 I： $A_1=5\ 600+4\ 000\times0.12=6\ 080$（元）

方案 II： $A_2=5\ 500+5\ 000\times0.12=6\ 100$（元）

方案 III： $A_3=5\ 400+6\ 000\times0.12=6\ 120$（元）

由计算可见，方案I的费用最低，即建设三个年产2 000台的工厂最为经济合理。

（三）起始规模的确定方法

1.确定起始规模的步骤

（1）先制定产品的先进工艺过程。

（2）按工艺条件选择并计算最低产量。

（3）根据产品销售量、成本和合理利润水平，计算出最小规模。

（4）如果最小规模超过最低产量，即以最小规模作为起始规模，但必须增加设备，以提高产量；如果最小规模低于最低产量，则以最低产量作为起始规模。

（5）最后计算出起始规模的经济效果。

2.确定起始规模的思路

（1）按单机、单机组、单机群、单条生产线确定综合生产能力；

（2）按获得的合理利润率确定最小规模。

3.确定起始规模的计算方法

首先确定盈亏平衡点的产量（或销售量）。

当销售净收入等于销售成本时，企业盈亏平衡：

产（销）量 $\times \left(\begin{array}{c} 单位产品 \\ 售价 \end{array} - \begin{array}{c} 单位产品 \\ 税金 \end{array} \right)$ = 总固定成本 + 产量 × 单位产品变动成本

$$盈亏平衡点的产（销）量 = \frac{总固定成本}{单位产品售价 - 单位产品税金 - 单位产品变动成本}$$

即，$BFP_X = \dfrac{f}{P - t - V}$

在上式中，分母为单位产品售价扣除单位产品税金和变动成本（P−t−V）的余额，就是单位产品边际收益，它表示每产销一个单位产品可获得的用来补偿固定成本的收益。如果某一项目能保持一定的销售利润率，就可根据产品售价乘以销售利润率计算出单位产品利润，即单位产品必须保证的合理利润。最后按下式就能获得合理利润的产销量，就是最小规模产量。

$$最小规模产（销）量 = \frac{总固定成本}{单位产品售价 - 单位产品税金 - 单位产品变动成本 - 单位产品利润}$$

上述公式说明，单位产品边际收益减去单位产品利润后，能够用以补偿固定成本的产（销）量，就是能保证企业获得合理利润的最小规模产（销）量。

【例5-2】假定某项目根据工艺条件，选定的单条生产线的最低产量为8 000件。如果安装单条生产线，则总固定成本为200 000元，每件产品变动成本为70元，出厂价格为100元，销售税金为5元；如果安装两条生产线，则总固定成本为300 000元，每件产品的变动成本为65元，出厂价格为100元，销售税金为5元。该项目要求销售利润率为10%，就是每件产品利润为10元（100×10%）。求最小规模产量。

（1）计算安装单条生产线的盈亏平衡点产量：

$BFP_X = \dfrac{200\,000}{100 - 5 - 70} = 8\,000$（件）

计算结果说明，须增加产量才能获利10%。

（2）计算安装两条生产线获得合理利润的最小规模产量：

$最小规模产量 = \dfrac{300\,000}{100 - 5 - 65 - 10} = 15\,000$（件）

计算结果说明，只有安装两条生产线，产量超过15 000件，才能获得合理利润和取得较好的经济效益。

（3）确定起始规模：

在计划允许和有市场需求的情况下，应安装两条生产线。将两条生产线的年产量定为16 000件（8 000×2）作为该项目的起始规模。

（4）按起始规模计算利润总额：

$R = Q_{起} \times (P - t - V) - f$

　$= 16\,000 \times (100 - 5 - 65) - 300\,000$

　$= 180\,000$（元）

四、项目建设规模评估的具体情况

（一）一般工业项目建设规模的主要决定因素

1.项目产品的市场需求

市场需求是确定项目生产规模的前提，应首先根据产品的市场调查和预测结果进行项目生产规模的初步选择。一般情况下，项目的生产规模不能大于市场预测的需求量，并且还应根据市场内销和外销的可能性来确定产品的规格、质量和性能。如果项目产品预测的市场需求量大大超过供应量，则可扩大拟建项目的生产规模；反之，则应缩小规模。因此，根据市场需求预测的市场容量、目标市场和可能占有的市场份额，是确定项目建设规模的依据。

2.原材料、能源供应及其他外部协作条件

在确定生产规模时，除市场供需情况外，还必须考虑原材料、能源供应及协作配套条件。如果存在原材料或能源供应不足或不稳定或存在价格昂贵、运输困难、运费高昂等问题，即使市场需求量很大，生产规模也只能定得比市场需求量小一些。

3.生产技术和设备的先进性及来源

这是对企业生产规模起决定性作用的因素，因为先进的生产技术决定着主导设备的技术经济参数。对于不同的生产部门，一般是按其特定的生产能力，使生产技术和设备标准化、系列化。因此，在确定项目生产规模时，必须要考虑现代化技术和工艺水平，否则就有可能达不到规定的劳动生产效率（如采掘工业和农产品加工工业）。有些工业部门还应注意它们采用的主导设备和装置的来源，如果是引进国外的设备和技术，更要按其特定的生产能力要求来确定项目的生产规模（如冶金、石油、化工、机械制造工业等）。

4.自然资源和资金的可供量及主要外部协作条件

这是制约项目规模的一般性基础条件。特别是对天然劳动对象进行加工的部门（如农业和采掘工业），以及以农产品为原料的部门（如轻纺工业），其规模的确定都不能脱离这些自然资源的基础。由于任何时候可供投资的资金都是有限的，因此，项目生产规模的确定应根据可供给资金的数量来合理安排，也应根据项目所必需而又能够获得的自然环境容量（条件）来确定建设规模。

5.生产的"规模经济"问题

在确定生产规模时，还应考虑的一个重要问题就是"规模经济"，即生产规模多大时成本最低，利润最高，而且投资较少。一般情况下，规模越大，单位产品的固定成本越低，盈利越高。但也不是规模越大越好，有的项目规模大了，原材料供应和产品运输都会产生困难，生产成本和销售费用都会增加，而且投资费用也会相应增大，因而需要反复测算和比较。这就要采用盈亏平衡分析和敏感性分析等方法，对几个不同规模的方案进行比较，从中选择经济效益最高者。为此，应按照"规模经济"的要求来确定项目的合理经济规模，即在一定的技术经济条件下，项目投入产出比处于较优状态，资源和资金可以得到充分利用，并可获得较优经济效益的生产规模。应根据项目的实际条件，确定一次达到或分期达到的合理经济规模。

（二）不同行业与类型项目建设规模的影响因素

1.煤炭、金属与非金属矿业、石油、天然气等矿产资源开发项目

这类项目应根据资源的合理开发利用要求、资源的可采储量和赋存条件等因素确定建设规模。

2.水利水电项目

这类项目应根据水的资源量、开发利用量、地质条件、建设条件、库区生态影响、占用土地以及移民安置等因素确定建设规模。

3.铁路、公路项目

这类项目的建设规模由运输能力反映。线路路线、线路长度和运输能力应根据项目在一定时期及影响区域内的运输量需求预测确定，并要考虑其在综合运输系统和本运输系统中的作用。

4.公共基础设施项目

这类项目应根据社会需求确定建设规模。

5.技术改造项目

这类项目建设规模的确定，应充分研究拟建生产规模与企业现有生产规模的关系，考察拟建生产规模是外延型还是外延内涵复合型，并要考虑利用现有场地、公用工程和辅助设施的可能性等。

（三）建设规模评估要求

在进行项目评估时，应分析项目建设规模和建设方案的经济合理性，评估项目的设计生产能力是否符合经济规模的要求，并对照国家有关部门对生产本产品的项目最小经济规模的规定进行分析论证，同时要注意针对下述各种情况进行评估：

（1）有的可行性研究报告对生产规模提出了几种方案，并提出了最优方案，评估时应根据各种因素进行审查、计算和分析，考核其选择是否正确；对于未提出最优方案的项目，应从几个不同的可行方案中选出最优方案。

（2）有的可行性研究报告对生产规模只提出一个可行方案，应根据市场分析、原材料条件、生产条件以及有关合理经济规模的分析，认定报告中原定的方案，或提出更好的方案。

（3）根据规模经济要求，进行多方案的技术经济分析，从中选择各方面条件较好又能获得良好经济效果的最佳经济规模方案。

（4）对于技术改造项目，应立足于产品结构的调整，充分考虑原有装备和设施的有效利用，以求达到最佳生产能力的配置。

（四）多方案评选的方法

对各种不同生产规模方案进行评选分析的方法主要有两类：

第一类是效益成本评比法，主要是将各方案的经济效益或成本进行比较，取经济效益最高或成本最低的方案。这类评比的具体方法有：盈亏平衡点比较法、净现值比较法和最低成本分析法。

第二类是多因素评比法，将各方案的各种因素进行综合考虑比较，从中选择大部分（或主要）因素比较好的方案。例如，采用多因素综合比较法和多因素评分优选法，这些方法主要凭经验进行比较，属于定性分析方法。此外，还可以采用经验分析法、决策树分析法、数学规划和线性规划等方法来进行不同生产规模的多方案评选（详见第十二章）。

1.运用盈亏平衡点比较法进行多方案的评选

当以正常年度的利润水平作为项目评选方案的主要标准时，可采用盈亏平衡点比较法。就是按照盈亏平衡分析方法，分别求得各方案的盈亏平衡点，选择平衡点最低的方案为最优方案。

例如，假定A、B两方案的产品销售单价相同，如图5-2中表示的两种方案在不同产量情况下的销售总收入是同一条直线，而销售总成本则是两条不同的直线，并与总收入分别相交于两个盈亏平衡点E_A和E_B，与这两个平衡点相对应的产量为Q_A和Q_B。在A方案中产量必须大于Q_A才会有利润，而在B方案中产量大于Q_B就可有利润；而B方案的盈亏平衡点低于A方案，当产量大于Q_B时，在任何产量情况下，B方案的利润都会大于A方案，这就说明B方案优于A方案。

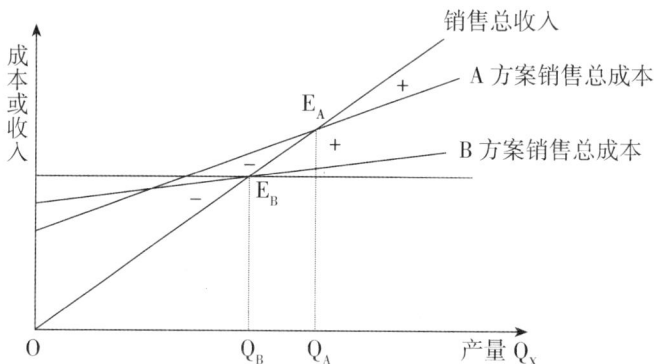

图5-2 盈亏平衡点比较图

2.净现值比较法

如果两个方案的总投资相同，以利润净现值的高低作为评定项目方案的主要标准，可采用净现值比较法。运用净现值计算出两种方案的利润的净现值，以利润净现值高（必须是正值）的方案为最优方案。如果两个方案的总投资不同，则可按净现值率法进行比较，分别计算出各个方案的净现值率，以净现值率高的方案为最优方案。

第四节　项目技术方案评估

一、概述

（一）项目技术方案评估的内容

项目技术方案评估就是对项目的生产工艺、设备选型、工程设计等方案进行评估。对于引进技术的项目，还应对引进技术的有关资料进行评估。

（二）项目技术方案评估的作用

项目技术方案评估是项目评估的重要内容，它对项目的投资、投产后的生产成本、近远期的经济和社会效益，以及项目的生存和竞争能力等起着决定性作用。项目的可行性必须建立在技术方案可行的基础上。如果一个投资项目的技术不具有先进性、设备不适用、设计不合理，那么它的财务效益、经济效益也不可能高。技术上的任何环节不可行或有缺陷，都可能造成项目投资的失败。项目技术上的可行性是项目经济上可行性的必要前提和基础。

（三）项目技术方案评估的原则

项目技术方案评估是在可行性研究技术方案分析论证的基础上，进一步审查原有技术基础参数的真实性，分析存在的技术问题。项目技术方案评估应遵循先进性、适用性、经济性、合理性、安全性和可靠性原则。具体表现为：

1.先进性

先进性，是指项目采用的技术应尽可能是先进适用技术和高新技术。项目技术的先进性是通过各种技术经济指标来体现的，应结合行业特点选用相应的技术指标作为衡量先进性的标准，主要体现在产品质量性能、使用寿命、产品物耗能耗、劳动生产率以及自动化水平和装备水平等方面，采用的技术应接近国际先进水平或国内领先水平。同时，也要确定引进的技术是否确为国际先进水平，是否符合我国的国情，有无盲目或重复引进现象，是否有利于"国产化"。

2.适用性

适用性，是指所采用的技术必须适应项目特定的自然条件、技术条件、经济条件和社会条件，并通过引进、消化、吸收、国产化等逐步改进提高，从而能取得良好的经济效益和社会效益。项目所采用的技术应与建设规模、产品方案、原材料、燃料、动力、通信网络、生产工艺、生产方法、设备、员工素质和管理水平相适应，并能达到环境保护、资源保护、资源节约和综合利用等要求，尽可能采用清洁生产技术。

3.经济性

经济性，是从经济效果的角度来评估项目所选择的技术方案，要求合理地协调技术和经济、功能和成本之间的关系，使所采用的技术方案能以最小的投入消耗获得最大的产出效果，防止为单纯追求技术上先进而忽视经济效益的倾向。应着重分析所采用的技术是否有利于节约项目投资和降低产品成本，从而提高综合经济效益。

4.合理性

合理性，要求从科学的角度评估项目的技术方案。技术方案的合理性应集中体现于：①设备容量、产品产量和规模合理。②工艺流程、设备配套和专业化协作程度合理。技术方案的合理性是保证项目投产后顺利进行生产并实现项目技术目标的关键。

5.安全性

安全性，是从社会和劳动保护的角度评估项目所采用的技术方案，考察其对人员和周围生态环境有无危害性及预防治理措施的有效性。技术评估必须包括项目技术安全性分析，必须将生产工艺和设备产生的危害程度控制在国家规定的标准范围内。项目所采用的技术能够确保项目安全生产运行。

6.可靠性

可靠性，要求项目所采用的技术方案必须是成熟的、可靠的，并且在生产中能发挥预期效益。一项先进技术必须是在生产运行的实践中经过多次试验，被证明是成熟且过关的技术，其质量有保证，有详尽的技术分析数据，并经过相关机构的综合评价和鉴定，获得了良好的可靠性记录。

综上所述，技术方案评估的总体要求是：先进适用、经济合理、安全可靠、配套平衡、确保效益。技术的先进性是选择技术的前提，技术的适用性是采用技术的基础条件，技术的经济合理性是选择技术的目标和依据，技术的安全可靠性是采用技术的基本要求。同时，项目技术方案要符合相关区域规划、城镇规划、产业技术政策、法律法规等的要求。

（四）合理确定项目建设标准

项目建设标准的高低直接影响其投资规模，应在满足生产使用功能要求的前提下，以"该高则高，能低则低，区别对待，因地制宜"为原则，重点解决下列问题：

（1）应符合生产工艺及维护管理对生产条件、生产环境的要求，包括室内环境、水、气、动力供应、重点运输和起重设备配置等；

（2）满足生产工艺提出的特殊要求，如对空气、水、防震、防火、防辐射、气体的洁净度和纯度等方面的要求；

（3）适应现代化大生产的特点和管理的需要，配置必要的信息化、智能化设施，含计算机系统、通信系统、网络系统和自控系统等。

二、生产工艺方案评估

（一）生产工艺方案的选择

生产工艺是指产品在生产过程中所采用的工艺流程和制作方法。因此，生产工艺方案包括了产品生产所采用的工艺流程、生产方法、主要设备、测量自控装备等，应根据工业生产的特点，并结合产品的性质、功能、质量、生产成本、各种消耗等要求进行广泛的调查研究，在进行多方案比较的基础上，选取最佳的工艺流程和主要技术参数。

工艺流程是指投入物经有序的生产加工成为产出品的过程。生产过程中的各种技术条件和数据，统称为技术参数。通过对不同生产方案的比较，从中选择出各种综合效果最佳的生产工艺方案。

1.生产方法的选择

（1）研究与项目产品相关的国内外各种生产方法，分析其优缺点及发展趋势，采用先进、适用的生产方法；

（2）分析所采用的生产方法是否与所采用的原材料相适应；

（3）分析所采用的生产方法是否符合节能、清洁等生产要求，力求能耗低、物耗低、废弃物少。

2.工艺流程方案的选择

（1）分析工艺流程方案对产品质量的保证程度；

（2）分析工艺流程各工序之间是否合理，工艺流程是否通畅、简捷；

（3）力求选择先进合理的物料消耗定额，提高收益和效率；

（4）合理地选择主要工艺参数（如压力、温度、真空度、速度、纯度等）；

（5）注意工艺流程的柔性安排，既能保证主要工序生产的稳定性，又能根据市场的需求变化，使生产的产品品种和规格保持一定的灵活性。

（二）生产工艺方案的比选

生产工艺方案的比选内容主要包括：工艺的先进程度与可靠程度、工艺对产品质量性能的保证程度、工艺对原材料的适应性、工艺流程的合理性、自动化控制水平、对环境的影响程度等。对于技术改造项目，还应与企业原有工艺方案进行比较。

根据比选结果提出推荐方案，绘制主要工艺流程图，编制主要物料平衡表、车间（或装置）组成表，并列出主要原材料、辅助材料、水、电、气等的消耗定额表。

（三）生产工艺方案的评估

在对项目可行性研究报告中所选择的生产工艺方案进行评估时，应包括下列内容：

（1）有几种工艺方案可供选择，评估推荐方案的技术、经济、性能和效益是否最佳，进行比选后确定最佳的生产工艺方案。

（2）拟定的项目工艺方案是否符合国家的科技政策，能否适应时代的技术进步要求。项目工艺是否具有先进性和经济合理性，应与国内外同类工艺水平进行对比论证。

（3）对改扩建项目的评估，应注意原有的固定资产是否得到充分的利用，新的工艺、技术能否与原有的生产环节衔接配合，要与企业原有的生产工艺方案进行比较。

（四）技术资料引进的评估

引进技术资料是指从国外引进的"专有技术"或专利权许可证技术及各种技术资料，简称"软技术"（或"软件"）。"软技术"的引进或转让，既可以提高自制能力和设备制造水平，又能缩短掌握和应用某项技术的时间及减少研究费用，能较彻底地解决设备制造技术的转换问题。因此，在项目评估中加强对"软技术"引进的评估工作是有重要意义的。

对技术资料的引进一般有下列两种途径：

1.随同成套设备或单机引进

这是保证进口设备顺利安装、调试、操作和维修所必要的资料。对引进的技术资料必须能看懂、能利用，在必要时亦可请咨询机构或设备生产商提供技术援助。评估时，应审查资料是否与设备同时引进及是否齐全，是否盲目引进与本项目无关或作用不大的技术资料。

2.单独引进

单独引进就是通过"许可证交易"购买专有技术、专利权或商标。引进资料后，必须尽快组织力量研究、设计、制造，使其迅速发挥作用。有关设备制造的专有技术，最好由设备制造厂引进，以便根据引进的技术资料定期把设备制造出来。单独引进"软技术"比引进设备要节省投资，而且有利于促进本国制造业的发展。

在"软技术"的评估中应注意从实际出发，有重点、有针对性地择优引进，尽量避免盲目重复引进，并应充分考虑引进软件的适用性，防止产生脱离现实盲目追求"高""精""尖"的现象，更重要的是要做好对引进软件的消化、吸收、推广、改进和创新工艺，提高国产化水平。

三、设备选型方案评估

（一）设备选型的要求

设备方案选择是在初步确定了生产工艺方案的基础上，对所需主要设备的规格、型号、数量、来源、价格等进行比选，得到最优的、高效能的设备。主要设备方案选择的基本要求是：

（1）主要设备方案应与建设规模、产品方案和技术方案相适应，并满足项目投产后的生产（或使用）要求；

（2）主要设备之间、主要设备与辅助设备之间的生产能力要相互匹配；

（3）设备质量可靠、性能成熟，保证生产和产品质量的稳定；

（4）在保证设备性能的前提下，力求经济合理；

（5）应符合政府部门或专门机构发布的技术标准要求；

（6）贯彻国家的技术装备政策，提高自主创新能力。

（二）设备选型的内容

（1）根据项目的生产规模、产品方案和技术方案，提出项目所需的主要设备的规格、型号和数量。

（2）在对国内外有关制造企业进行调查和初步询价的基础上，提出项目所需主要设备的来源和投资方案。

（3）对于从国外引进设备的项目，需要进一步明确设备的供应方式，如合作设计合作制造、合作设计国内制造、引进单机或成套引进等。

（4）选用超大、超重、超高的设备，还应提出相应的运输和安装的技术措施方案。

（5）对于技改项目、需要利用或者改造原有设备的项目，应提出利用或改造原有设备的方案。

（三）设备选型方案的比选

在分析了国内外设备制造、供应及运行状况的基础上，对所选的主要设备进行方案比选，提出推荐方案。

1.比选的内容

主要比选各设备方案对建设规模的满足程度、对产品质量和生产工艺要求的保证程度、设备使用寿命、物料消耗指标、备品备件供应保证程度、安装试车技术服务，以及所需设备投资等。

2.比选的方法

比选主要采用定性分析方法和定量分析方法。定性分析方法是将各设备方案的内容进行分析对比；定量分析方法有运营成本比较法、寿命周期费用比较法和差额投资回收期比较法等。

（1）运营成本比较法。此法是对设备方案的原材料能源消耗和运行维修费等运营成本进行比较。在功能相同的条件下，设备运营成本低的方案为优。

（2）寿命周期费用比较法。此法包括年费用比较和现值比较。前者是将一次投入的设备费用，按使用寿命换算成每年的费用支出，加上年运营费用，进行比较，年费用少的方案为优。后者是通过折现系数将每年运营费用换算成一次性投资费用再加上设备投资，然后进行比较，现值小的方案为优。

（3）差额投资回收期比较法。此法是将两个设备方案的运营成本的差额与设备投资的差额相比，计算差额投资回收期的年限，当少于预期（或基准）投资回收期时，投资大的方案为优。

经过设备方案比选后，可提出推荐方案，编制主要设备表，见表5-3。

表5-3 主要设备表

序号	设备名称	型号	主要参数	计量单位	数量	设备来源			
						利用原有	国内制造	进口	合作制造

（四）设备选型方案的评估

设备选型方案评估是为了达到项目所选择的设备和生产技术达到先进适用、经济合理及安全可靠的目标。在评估中应掌握以下要点：

1.设备必须根据生产能力和生产工艺的要求进行选择，应符合政府部门发布的技术标准要求

所选设备必须使生产技术能达到最佳生产能力。主要设备之间及其与辅助设备之间的生产能力要相互配套，这是选择设备的最基本条件。项目设计生产能力一般是以主导或主要设备的额定生产能力为标准确定的，其他工序的设备则是按设计生产能力的要求配置的。要确定评估设备的配置是否与生产能力相适应，就要审核各工序确定的设备台（套）数是否合理，比例是否恰当。可按下列公式计算确定项目的设备配置比例：

（1）以项目的设计生产能力为标准，核定单台（套）设备年生产能力：

单台（套）设备年生产能力=设备有效工作时间×设备单位时间产量定额×设备利用率

（2）确定工序设备应配置的台（套）数：

$$该设备应配置台（套）数 = \frac{项目设计生产能力}{单台（套）设备年生产能力}$$

2.设备必须具有较高的安全可靠性

安全可靠性是指设备在规定时间内和规定条件下完成规定功能的能力，一般用可靠度衡量。采用高效率的先进设备，必须经过试验验证，在产品定型或有工厂的技术鉴定后才能采用。

3.设备要有较高的经济性

经济性是指在设备能满足生产工艺要求的前提下，使设备所需的活劳动和物化劳动消耗量较低。设备的经济性可采用运营成本比较法和费用效率分析法计算确定。

$$费用效率（CE） = \frac{系统效率（SE）}{寿命周期费用（LCC）}$$

"系统效率（SE）"是指设备的营运效益，可用销售收入、利润和生产效率等价值指标或功能指标衡量；而"寿命周期费用（LCC）"包括设备购置安装费和生产运营费。经计算，应选择费用效率（CE）较高的设备，以保证设备的经济性。

4.设备的选择必须立足于国内，但也不排除引进国外的先进设备和机械

应注意多引进技术、少引进设备，以利于节约外汇投资、提高经济效益。

5.对引进国外设备的评估，应着重分析引进设备的必要性及配套平衡

必须引进的国外先进设备，应能扩大国内生产能力，提高产品质量和增加品种；能填补国内空白，带动行业技术水平的提高；能充分节约原材料能源，提高资源的综合利用程度。为保证引进设备生产能力的充分发挥，要落实配套平衡工作。

6.设备选型应注重标准化、通用化和系列化，以便于维修和更新替换

为此，在选择设备时，要注重使用寿命长短和维修的难易性。应选择具有易接近、易检查、易装拆、零部件标准化和互换性好的设备。

四、工程设计方案评估

工程设计方案评估是在已选定的项目建设规模和技术方案的基础上，分析建设项目的总平面设计方案、建筑物的平立剖面设计方案、建筑物的结构设计方案、公用工程设计方案，必须贯彻"安全适用、技术先进、经济合理"的总原则。

（一）总平面设计方案评估

1.总平面设计方案的内容

工业项目的总平面设计方案主要包括总图布置（全厂分区布置）和厂内外运输两大方面的设计方案。根据项目的规模、生产工艺等要求，结合建厂地区和具体厂址的气候、地形地貌、水文地质、厂内外运输、公用设施以及厂际协作等内外部条件，按照从原料进厂到成品出厂的整个生产工艺过程，合理进行功能分区，合理布置建筑物的方位与间距，组织好厂内外交通运输，协调好平面与竖向之间的关系等。

总平面设计方案关系到整个建设场地的土地使用、建筑物的方位和工程管网的长度。合理的总平面设计方案能构建工艺流程顺畅、总体布置紧凑经济、使用方便的格局，可以大大地减少工程量，节约用地，节省建设投资，加快建设进度；可以为工业企业创造良好的生产组织和生产环境，还能使项目建成后较快地投入正常生产，发挥良好的投资效果，节省经营管理费用。

2.总平面设计方案的要求

（1）总平面布置要求

①必须满足生产工艺过程的要求。这是总平面设计中最根本的要求，总平面设计应保证生产过程的连续性，主要的生产作业线无交叉、无往复、无迂回、无逆流现象，使生产线最短、最直接。各建筑物和构筑物应布置紧凑整齐，人流货流畅通，功能分区清晰、系统分明，并在经济适用的前提下注意美观。

②要适应厂区的气候、地形、工程水文、地质等自然条件和城市规划的要求，因地制宜，以求技术上合理、工程上经济。结合建设场地的地形、主导风向、地基承载力及地下水位等自然条件，选择合理的总平面（总图）布置形式，使建筑物和构筑物的布置与自然条件相适应，为生产、运输和生活创造有利环境。厂房的外形、层数、朝向等应与周围建筑群体统一协调。

③必须满足卫生、防火和安全防护等要求，并符合防震、防噪声等方面的规定，如采用无害工艺、设置防护间隔距离、布置绿化带等。为保证生产和消防安全，需满足设计规范规定的建筑物间距要求。

④节约用地的要求。采取车间合并、合理留用土地、分期征用等措施，如在原厂区内新建车间和附属工程时，应注意保持新旧建筑物布置的协调性，使土地利用系数和建筑系数科学合理。

（2）运输方案选择要求

根据项目的投入物、产出物与废弃物的总量，按其不同种类、不同运输方式与运输工具等的要求，合理组织厂内外运输，并从运量、运距、运输成本、运输负荷变化及投资与经营费用等方面，计算运输量，选择运输方式，合理布置运输线路、选择运输设备和建设运输设施。

①统筹规划场内外运输，做到物料流向合理，场内和场外运输、接卸、储存形成完整和连续的系统。

②项目外部运输应尽量依托社会运输系统，自建的专用铁路、公路、码头要符合规划要求，应有足够运量，防止投资浪费。

③对于主要产出物、大宗原材料和燃料的运输，要避免发生多次倒运，降低运输成本，提高运输效率。

④对不同的运输方案进行比较分析。

3.总平面设计方案的评估

在新建厂房时应特别注意总平面设计方案是否合理，主要应评估：（1）是否满足生产工艺过程的要求；（2）是否适应厂内外运输的要求；（3）是否满足城市规划的要求；（4）是否适应气候、地形、水文地质等自然条件的要求；（5）是否注意卫生、安全防护等方面的要求；（6）是否满足节约用地的要求等。对于技术改造项目，应注意新建与原有建筑物的总平面布置相协调。

4.总平面设计方案的比选

（1）总图布置方案比选。总图布置方案应从技术经济指标和功能两方面进行比选。

①技术经济指标比选。一般应采用全厂土地利用系数、生产区场地利用系数、生产区建筑系数、生活区建筑系数、全厂绿化系数、用地平衡表、工程量、经营费用等技术经济指标。

②功能比选。比选内容是：生产流程的流畅、短捷、连续程度，内部运输的便捷程度，以及安全生产的满足程度。

经过总图布置方案比选后，提出推荐方案并绘制总平面图，标明总平面边界、建筑物和构筑物的平面位置、场内外道路（铁路）的衔接关系、主要技术经济指标等。技术改造项目的总平面布置图中应注明新的、原有的和拆除的建筑物和构筑物的平面位置。

（2）项目运输方案经过比选论证后，提出推荐方案，并编制场内和场外运输量一览表（见表5-4和表5-5）。

表5-4　　　　　　　　　　场内运输量一览表　　　　　　　　　　单位：t/a

序号	物料名称	运输方式	装货点	卸货点	运输量	物态	包装形式	备注

表5-5 场外运输量一览表 单位：t/a

序号	物料名称	运输方式	起点	讫点	运输量		物态	包装形式	备注
					运入	运出			

（二）建筑物的平立剖面设计方案评估

工业建筑的平立剖面设计方案主要包括：层数、层高和总高度设计，平面布置和柱网布置，面积等。平立剖面设计应满足生产工艺流程及设备选型的要求。

1.层数、层高和总高度设计

（1）工业厂房根据生产工艺设计要求，可采用单层或多层。①重型生产设备和起重设备要采用跨度大且净空高度较高的厂房，生产时震动大和散发大量热气的车间采用单层厂房较经济合理。如冶金工业的钢铁联合企业中的铸工、锻工、轧钢、装配等车间，一般均采用单层厂房。②工序紧凑宜组织垂直工艺流程、生产设备属轻型、产品重量较小、有重力输送原料需要以及有恒温恒湿要求的各种轻型车间应该采用多层厂房，如化工厂、面粉厂、食品厂、仪器仪表厂等。

（2）厂房的高度。单层厂房的净高度主要取决于机器设备最大高度、运输设备最大高度以及安装操作维修高度的要求，亦要考虑通风散热等要求；多层厂房的层高应综合考虑生产工艺、机器设备及安装操作维修高度、结构高度等要求，也要考虑采光、通风等各方面的因素。合理设计厂房高度，可降低工程造价。

2.平面布置和柱网布置

（1）在工艺设计方案完成之后，应本着物料流向最经济合理、操作控制最有利、检测维修最方便的原则进行厂房平面布置，应有多种布置以形成不同方案，经过分析比选，获得最经济实用的方案。厂房的平面布置主要应满足生产工艺流程的要求，保证生产线的顺畅，使厂房内外部运输方便。在保证安全生产和创造良好工作环境的前提下，应充分利用厂房的空间，尽量节省厂房的面积。

（2）单层厂房平面布置中需要合理布置柱网，即承重柱在建筑平面上排列所形成的网格，柱子在厂房纵向的定位轴线间距即厂房跨度，横向定位轴线间距即柱距。柱网尺寸是由跨度和柱距确定的，柱网的布置实际上是选择厂房的跨度和柱距。基于工艺流程和设备选型要求，再依照建筑物结构设计规范的要求得到柱网布置的最终结果。

3.尽量减少厂房的面积和净空高度

在满足工艺及设备要求的前提下，应尽量减少厂房的面积和净空高度，以降低建筑投资和占地面积。要尽量减少单位产品产量的建筑面积和提高单位厂房面积的产品产量，这是衡量工业企业生产技术水平和建筑设计水平高低的重要技术经济指标。为提高单位厂房面积的产品产量，可采用先进工艺和高效能的大型生产设备；可向空间发展，节省占地面积；可采用大跨度、大柱距的厂房，以提高平面利用系数；可改进厂区和车间内部运输方式，以增加厂房的有效使用面积。

第五章 项目建设方案评估

4.厂房平面设计方案的评估指标

（1）建筑面积、生产面积、辅助面积和服务面积的比重；（2）每个生产工人所占的生产面积；（3）单位设备所占的生产面积；（4）单位产量占地面积和建筑面积等。相应的评估指标的定额是由行业的生产工艺特点确定的。

5.建筑物的平立剖面设计方案的主要评估内容

（1）厂房平面布置，包括柱网的布置、设备布置及工作空间的安排等；（2）厂房建筑的层数和层高。

（三）建筑物的结构设计方案评估

1.结构形式的选择

（1）应满足生产工艺的需要，以安全、适用、经济为原则，根据厂房的大小和建设场地的具体条件合理选用，一般有砖混结构、钢筋混凝土结构、钢结构等形式。

（2）必须因地制宜、因工程制宜，能充分利用当地的建筑资源，降低运输费用，且施工方便。在满足生产使用要求的前提下，大力采用新结构、新构件、新材料。

（3）能促进工程设计标准化、构件预制工厂化、施工机械化，加快提高建筑工业化水平。

（4）对于大型、重要构筑物的结构选型，应进行多方案比选。

（5）有特殊要求（如恒温、防震等）的厂房应根据具体情况作特殊考虑。

（6）建筑物、构筑物的基础形式应满足结构和地基的要求。

2.评估结构设计方案的技术经济指标

指标有结构构件的造价、构件的劳动消耗、主要建材消耗、装配程度、装配式构件的标准化程度等。

3.结构设计方案的评估

（1）是否满足结构形式选择要求。

（2）计算分析技术经济指标。

结构设计方案经过比选后，应编制推荐方案的主要建筑物、构筑物工程一览表（见表5-6），列出主要建筑物、构筑物的名称、建设造价、建筑物、构筑物面积、层数、占地面积、结构形式和三材用量（钢材、木材、水泥），作为投资估算的依据。

（四）公用工程设计方案评估

（1）应满足生产工艺提出的特殊要求，如空气洁净度、超纯水和超纯气体制备、防爆、防辐射等。

（2）复核总给排水量、总供电量、总供热量和总供气量。分析给排水、供电、供热、供气设计方案的合理可行性，检查落实不同工作阶段需与供应单位签订的意向书、协议和合同文件。

（3）复查消防设计方案。

表5-6   主要建筑物、构筑物工程一览表

序号	建筑物、构筑物名称	层数	占地面积（m²）	建筑物、构筑物面积（m²）	结构形式	建筑物、构筑物长×宽×高（m×m×m）	三材用量			建设造价（元/m²）
							钢材（t）	木材（m²）	水泥（t）	
一	生产设施 ⋮									
二	辅助设施 ⋮									
三	生活福利设施 ⋮									

注：①按工段或车间分别列出主要建筑物、构筑物。

②生活福利设施包括宿舍、文体场所、学校、卫生设施等。

③非主要建筑物、构筑物工程，在可行性研究阶段可不列出工程一览表，可参考已建成的同类项目的类似工程估算工程量和投资。

第五节　　项目建设地区和厂址选择评估

一、项目建设地区评估

评估了项目产品方案、建设规模、生产工艺、设备选型及工程设计方案等基本条件之后，就应对项目选择的建设地区和具体建厂（场）地址进行评估，并经多方案比选后推荐提出最佳方案。

选择项目的建设地区，除必须符合行业布局、国土开发整治规划外，还应考虑资源、区域地质、交通运输和环境保护等要求。

（一）项目建设地区选择的要求

项目建设地区的选择除了必须注意产品、原材料的自然经济特征与加工工艺的差异以外，还应满足以下基本要求：

（1）必须符合全国生产力布局的基本原则，符合部门生产力布局的特点，满足产业结构调整、产业发展方向和空间布局的要求，考虑企业的生产性质、规模和条件等各种因素。

（2）必须充分考虑资源条件、消费市场、运输、水和电等条件，尽量靠近主要资源供应地点和消费市场，因为原材料来源和市场供应是选择项目建设地区的关键，缩短运输距离可节省投资、降低成本和提高经济效益。

（3）项目建设地区选择应考虑改善社会的经济环境，注意环境保护和生态平衡，保护风景和名胜古迹，工业区和生活区分布应符合安全和卫生保护的要求；还应考虑劳动力资源、建筑施工条件和气候条件等，使之有利于生产、方便生活、便于施工。

（4）要重视厂际协作。厂际协作有利于提高现代化企业的专业化程度，克服"小而全"和"大而全"等项目弊端。厂际协作主要是指生产协作和公共设施方面的协作，协作

第五章　项目建设方案评估

厂的布置应由地区统一考虑，尽量联合建厂、统一规划。厂际协作能正确处理专业分工和企业协作的关系，既可节省大量投资，又可充分发挥各企业的生产能力。

（5）水文、地质、地形等自然条件要适宜项目生产建设，还应注意节省投资。

（二）项目建设地区评估

（1）项目建设地区的社会经济条件。根据项目的特征与要求，评估所选地区的主要社会经济条件的满足情况，即从经济发展规划、当地人口状况及劳动力资源、各种公共政策、工农业生产水平、生产协作条件、土地管理与使用的有关规定等方面进行评估。

（2）项目建设地区的交通运输条件。评估所选地区与原料和燃料供应点、产品销售点的运输距离；分析现有交通运输能力及发展规划；分析项目自建的运输线、桥梁等工程的规模以及自身运载能力。

（3）项目建设地区的基础设施条件。评估所选地区现有公用事业及基础设施、生活设施的情况，分析可供利用的条件（如供电、供水、供热、电信等），研究未来的建设扩容问题。

（4）项目建设地区必须避开风景区、名胜古迹与自然保护区、水土保持禁垦区、矿山作业等爆破危险区、有放射性污染或有害气体污染严重的地区、传染病地方病流行或常发区、军事设防区、生活饮用水源的卫生防护地带；避开与科研、文教和民族风俗有悖的地区。

（5）交通运输项目选线时应有利于沿线地区的经济和社会发展；技术改造项目应充分利用原有场地进行建设。

二、项目厂址选择的评估

厂址选择是在建设地区已经确定，并在提出了若干个可供建厂地段的基础上进行的具体厂址位置的选择。有时建厂地区和厂址选择可同时或交叉进行。厂址选择是整个建设布局最基础的环节，它是工厂总平面布置的前提条件。

（一）项目厂址选择的原则

厂址选择是一项政策性较强的技术经济工作。在选址工作中应注意以下八个方面：（1）遵循国家的有关建设方针，满足项目生产建设和职工生活的要求；（2）服从区域规划、城镇建设规划和国土开发整治规划等的要求；（3）节约投资和生产经营费用；（4）注意环境保护，要有利于保护风景区和文物古迹；（5）节约用地，因地制宜地优先利用荒地、劣地、山地和空地，尽可能不占或少占耕地，不要在地震断裂带、滑坡、泥石流、崩塌、矿藏区等工程地质或水文地质条件恶劣的地区选厂址；（6）尽量减少拆迁移民行为的发生，尽可能不靠近、不穿越人口密集的城镇或居民区；（7）有利于场区合理布置和安全运行；（8）厂址选择还应着重研究拟建项目的生产工艺特点和生产经营对厂址的要求，以及外部条件和四周环境对项目的生产经营的影响，场区布置需紧凑合理。

按照上述原则初选几个厂址方案。在此基础上，运用技术经济分析方法，进行方案比选，从中选择较为适用、经济的厂址。

（二）项目厂址方案研究内容

1.厂址位置

所选厂址的位置是否符合当地的城镇发展规划；能否满足项目建设和生产运营的要求；当地政府和群众是否支持和接受。

2.占地面积

所选厂址占地面积能否满足项目的要求，还应留有一定的发展余地。

3.地形、地貌与气象条件

地形、地貌与气象条件能否满足项目建设条件的要求，并计算比较土石方工程量及费用。

4.地震情况

地震情况包括地震类型、地震活动频度、震级、烈度及防震、抗震要求等。

5.工程水文地质条件

研究厂址的地质构造、地基承载能力，了解有无滑坡、泥石流、断层和溶洞等不良地质地段，以及地下水的水位、类型及流量等情况。

6.征地拆迁移民的安置方案

征地拆迁移民的安置方案内容包括移民数量、补偿标准、安置途径、拆迁安置工作量和所需投资。

7.交通运输及水电供应等条件

厂址所在地的交通运输及水电供应等条件能否满足项目的要求。

8.环境保护方面

厂址位置能否为当地环境容量所接受，是否满足国家环境保护法规的要求。

9.生活福利设施

厂址所在地的生活福利设施（含住宅、学校、医院、文化、体育、娱乐等设施）能否满足项目需要。

10.施工条件

厂址所在地的供电供水等条件能否满足工程施工的需要。

11. 法律支持条件

研究厂址所在地的有关法规对项目建设和运营的支持程度及约束条件。对于境外项目，应研究所在国的法律法规条件。

（三）项目厂址方案比选

首先要计算不同项目厂址方案所需的建设投资和经营费用，其次要考虑多方面因素并进行综合分析，再将多个方案进行比较，最后推荐几个经济合理的厂址方案。

1.比选的内容

厂址方案比选的内容应包括地形、地质、地貌、水文、气象、设施占用土地情况、拆迁情况、四邻条件（包括协作条件、环境影响、劳动安全、交通运输、水、电等基础设施条件）和技术经济等。

2.比选的方法

厂址方案比选的方法有方案比较法、评分优选法、最小运输费用法、线性规划法和重心法等。这里重点介绍方案比较法。

方案比较法，是对初选的几个厂址方案列出厂址方案比较表（见表5-7），进行初步分析比较，从中选择两三个较为合适的厂址方案；再进行较详细的调查、踏勘，计算出各方案的建设投资及经营费用，从中选择追加投资回收期最短或年生产成本费用最小的方案为最佳方案，并列出建设投资与经营费用对比表（见表5-8）。方案比较指标的计算公式如下：

表5-7 厂址方案比较表

项目	序号	条件	厂址方案					备注
			I	II	III	…	推荐方案	
地形	1	厂址位置、方向						
	2	与城市距离、人口和城市主要设施						
	3	与铁路货站距离、铁路专用线接轨条件						
	4	公路名称、与城镇距离、交通运输条件						
	5	与飞机场距离						
	6	与河流码头距离、交通运输能力						
	7	与港口码头距离、交通运输能力						
地质地貌	8	地下水位、水质						
	9	地质构造、地震烈度						
	10	地基承载能力参考值						
	11	洪水位与厂址高程比较						
	12	土石方工程						
	13	填方土的来源、挖方土的去向						
水文气象	14	邻近河流概况						
	15	最近水文站最高、最低水位						
	16	上游排放、下游纳污条件						
	17	气象条件						
	18	自然灾害记载资料						
环境	19	其他企业对本项目的环境影响						
	20	本项目对周围环境、居民区的影响						
	21	承受排放的能力						
技术经济	22	供电条件比较						
	23	供水、排水条件比较						
	24	职工上下班及生活条件比较						
	25	原材料、燃料供应条件比较						
	26	厂外工程量比较						
	27	建厂条件、施工条件比较（占用农田、拆迁居民）						
	28	协作条件比较						
	29	项目总图布置和长远发展条件比较						
	30	城市规划比较						
选址意见	31	综合分析意见、优缺点、经济比较						
	32	地区意见						
	33	结论						

注：各项比较条件可视项目的具体特征予以补充或调整。

①追加投资回收期（T）

$$T=\frac{K_2-K_1}{C_1-C_2}<T_H\rightarrow min$$

②年生产成本费用（A）

$$A=C+E_H K\rightarrow min$$

或：

$$A=C+\frac{K}{T_H}$$

投资项目评估

表5-8 厂址方案建设投资与经营费用对比表 　　　　　　单位：万元

序号	比 较 内 容	建 设 投 资		
		Ⅰ	Ⅱ	Ⅲ
一	建设投资（一次支出）			
1	土地购置费用			
	土地费用			
	拆迁安置费用			
	⋮			
2	场地平整费用			
	土方工程			
	石方工程			
	⋮			
3	基础工程费用			
	基础处理费用			
	抗震措施费用			
	⋮			
4	场外运输投资			
	铁路专用线			
	公路			
	码头			
	⋮			
5	场外公用工程投资			
	给水工程			
	排水工程			
	供电工程			
	供热工程			
	⋮			
6	防洪工程投资			
7	环境保护投资			
8	临时建筑设施			
	合　计			
二	经营费用（年支出）			
1	原材料及燃料运输费用			
2	产品运输费用			
3	动力费用			
4	排污费用			
5	其他费用			
	合　计			

$$E_H = \frac{1}{T_H} = \frac{C_1 - C_2}{K_2 - K_1}$$

式中：K_1、K_2——两个对比方案的建设投资；

C_1、C_2——两个对比方案的年生产成本费用；

E_H——定额投资效果系数；

T_H——基准投资回收期。

（四）项目厂址的推荐方案

通过多方案比较，选取最佳厂址方案作为推荐方案，并说明如下问题：

1.推荐方案的优缺点；

2.绘制推荐厂址的位置图，说明该厂址对生产要素的适应性和合理性；

3.需要拆迁的原有建筑物、构筑物的数量、面积、类型和利用面积；

4.占地总面积；

5.推荐意见，阐述对厂址选择的结论、意见。

（五）项目厂址方案的评估内容

厂址方案评估包括下列内容：

1.明确推荐的厂址方案数量，审查比选方法的正确性及比较过程；

2.审查推荐方案是否符合国土规划、地区规划、城市规划、土地管理、文物保护和环境保护等方面的规定；

3.审查推荐方案的工程地质、水文地质等条件；

4.审查推荐方案与当地的社会、经济、文化、宗教、风俗、风景、名胜和旅游状况是否相宜；

5.审查推荐方案是否符合少移民，少拆迁，节约用地，少占耕地，利用荒地、山地、劣地和空地的原则；

6.审查推荐方案的土地利用系数、建筑系数是否合理；

7.审查推荐方案是否有利于场区合理布置，是否满足生产工艺、安全生产和保护生态环境等要求；

8.审查推荐方案的用地协议文件。

第六节　原材料、燃料和动力供应条件评估

一、原材料供应条件评估

（一）原材料供应条件分析

原材料是项目建成后生产运营所需的主要投入物。在项目建设规模、产品方案和技术方案确定后，应对所需的主要原材料的品种、规格、成分、质量、数量、价格、来源、供应方式和运输方式进行研究，并设计多个可行的原材料供应方案。

1.确定原材料的品种、规格、质量和数量

（1）按照项目的生产规模和产品方案提出项目所需各种主要投入物料的品种、规格，

并计算出各种物料的年消耗量。根据生产周期、生产批量和采购运输条件计算出各物料的经常储备量、保险储备量（指为预防物料延迟到货风险增加的储备量）和季节储备量（为预防因季节变化可能导致的物料供应量、供应价格变化而增加的储备量），三者之和为物料储备总量（即最高储备量），可以此作为生产物流方案（含运输、仓库等设施）研究的依据。

（2）根据产品方案和技术方案，研究所需原材料的质量性能（含物理性能和化学成分）。为确保质量，需要确定检验、化验和试验的配套设施。

2.研究供应条件

研究主要原材料供应的可能性；分析价格、来源、运输距离、仓储设施等方面对产品成本和质量的影响。可行性研究报告应就原材料的来源、供应方式、运输条件、价格及储存方法等进行详细陈述。

（1）对可以从市场采购的原材料，应确定其采购的地区；有特殊要求的原材料，应提出拟选择的供货企业和供货方案。

（2）供应方式有三种形式，即市场采购、投资建立原材料基地和给供货企业投资以扩大其生产能力。

（3）涉及进口原材料时，应确保原材料供应的可靠性。

（4）大宗原材料供应需研究主供企业的生产经营情况，并应有供货意向协议。对于季节性生产的原材料，如农、林、水产品等，需说明短期进货数量。

3.研究运输方式和原材料价格

（1）根据项目所需物料的形态（固态、液态、气态）、运输距离、包装方式、仓储要求、运输费用等确定物料的运输方式。

（2）所需的物料运输设备和设施应充分依靠社会资源。

（3）特殊物料运输，如易燃、易爆、易腐蚀、剧毒和有辐射性等物料，应按照政府部门发布的安全规范要求，提出相应的运输方案。

（4）对主要原材料的出厂价、到厂价，以及进口物料的到岸价和有关税费等做进一步计算，并进行比选。

（二）原材料供应条件的评估

1.原材料供应的数量要满足项目生产能力的需要。应核查需用的主要原材料的名称、品种、规格、数量、供应来源、供应方式和运输条件等。预测项目近期和远期的原材料需要量，确定供应来源的可靠性，原材料供应总量应包括物料损耗量。①物资部门按计划供应原材料是比较有保证的，此时应注重了解这些原材料的供需发展趋势。②对市场供应作详细的调查预测，调查预测的方法可以参照产品供需的调查预测方法。③依靠进口的原材料，应了解国际市场和国际贸易情况是否有可能发生变化，有无国内产品可以代替。④分析所选的制造企业和供应企业的资信。

2.原材料的质量要适应生产工艺的要求，满足项目产品设计功能的需要。注意分析特定项目对各种投入物在质量和性能特征上的要求，因为它们直接影响到该项目的生产工艺、产品质量和资源利用程度。

第五章 项目建设方案评估

3.调查原材料的价格、运输费用、供应方的价格趋势、原材料综合利用或代用的可能性及对价格的影响，分析未来降低原材料成本的可能性。主要原材料的价格及来源的可靠性，对项目的技术可行、经济合理及合理规模的确定都有决定性的影响。对于主要材料的价格分析，可依据过去价格的变动趋势预测未来的价格变化，估计原材料供应的价格弹性和互补性。

4.原材料的供应首先应立足于国内市场，且应就近取材，选择合理经济的供应距离和运输方式，以保证项目生产的连续性和产品成本的降低，同时应核算运输能力和运输费用。

5.国外进口原材料必须说明进口的理由，必须保证供应和运输环节的稳定可靠，应拟定应变措施，并预测国产原材料替代前景。

6.为保证项目产品的连续生产，应重视原材料存储设施的建设，在原材料供应条件中要包括合理的储备量，并计算出仓储设施的投资和仓储费用，可分别纳入项目总投资和生产成本之中。

二、燃料、动力供应条件评估

（一）燃料、动力供应条件的分析

项目生产所需燃料主要有煤炭、石油或天然气等，而所需的动力是指外购的水、电、风、汽、气及其他带能工质（系指带有能量的工作介质，如水、压缩空气、蒸气等）。燃料和动力是建设项目在生产和建设过程中不可缺少的重要物质条件，它们是保证项目建成投产和维持生产长期稳定的关键因素。

1.燃料供应条件分析

（1）应说明项目所需燃料的品种、质量、数量、来源、供应条件及运输方式，落实燃料的运输问题及储存设施，并对燃料成分和热值进行分析，说明可利用的现有燃料数量。

（2）燃料的合理选择将直接影响到项目的生产过程、产品成本、产品质量和厂区的环境，应分析这些影响。

（3）应说明燃料品种的选择依据，如执行的国家能源政策、适应地区条件、满足生产特殊要求等。应分别列出燃料需用量、来源、运输方式，并进行燃料成本分析。应拟定多个选择方案并进行优选。

2.动力供应条件分析

根据项目产品类型和生产特点，对动力供应条件有重点地进行分析，说明所需动力的种类、数量、供应来源、需要由项目自建的种类和规模，以及可利用的现有动力数量，即项目所需的公用基础设施。

（1）供水条件，要计算项目生产和建设所需最大用水量，分析供水价格对成本的影响，弄清项目对水源和水质的要求；了解节水循环设施、污水净化设施，并估算水源、供水泵站及管网等供水设施的费用。

（2）电力条件，须估算最大用电量、高峰负荷、备用量、供电来源及其稳定性，按生产工艺要求计算的日耗电量、年耗电量及对产品成本的影响，还须计算变电所、输电线路及自备电厂的功率及投资。

（3）蒸气和煤气等供应条件，要分别计算其需要量、来源及供应要求，分析供应方式（集中供应、分散供应、从外厂购进等）及其对产品成本的影响，分析自备设施投资、规模及设备选型、管网布置的合理性。

（4）煤供应条件，除了具体落实供应来源、运输方式和可靠性外，还需要核算煤入炉价格，检验煤质化验报告，分析煤的燃烧值、灰分等技术参数是否符合锅炉用煤要求。

（5）其他动力条件，如估算油、气、汽的需用量、供应量及需要增加设施的情况。

3.应注意地区动力（能源）供应的供需平衡问题

动力供应（即能源供应）是正常生产的重要保证，认真调查项目所需能源的供需平衡情况，如发现不平衡或供应困难的情况，则须分析原因和采取积极的节能工艺及节能措施，了解供应部门对能源缺口的安排意见和落实情况，分析项目投产后的能源保证程度，调查能源运输方式和运输路线，分析其对生产成本产生的影响。

（二）燃料、动力供应条件的评估

1.对燃料供应条件的评估内容是：燃料的品种、种类、成分、性能、热值能否满足项目的需要；当燃料有几种来源可供选择时，判断可行性研究报告中推荐的方案是否合理；近期和远期所需的燃料数量能否保证，有无供应协议，供应是否可靠，供应方式和燃料的价格是否合理。

2.对作为公用基础设施的水、电、气等动力供应条件评估的内容是：（1）水源点数量、供水方案及其经济合理性；水质是否符合要求，所需水量是否准确，所供水量能否满足近期和远期的需要，有无协议文件。（2）可行性研究报告推荐的电力、热力供应方案是否经济、合理、安全、可靠，供应能否保证，有无协议文件。

三、主要原材料、燃料、动力供应方案比选

（一）方案比选的主要内容

主要原材料、燃料、动力的供应方案需要进行多方案比选。其主要内容包括：

1.满足生产需要的程度，系指主要原材料、燃料与动力在品种、质量、性能和数量上是否能满足拟建项目的建设规模、生产工艺的要求。

2.供应来源的可靠程度，包括主要原材料、燃料、动力供应的稳定程度（含数量、质量）和大宗原材料、燃料运输的保证程度。

3.价格和运输费用是否经济合理。

（二）方案比选方法

1.价格比选一般采用定性分析，必要时可采用定量分析，如单位产品边际利润法、盈亏平衡法和原材料最低成本法。

2.运输费用，主要比选运输方式和单位运量的费用（如吨公里运费）。

（三）推荐方案

方案经过比选后即可提出较合理的推荐方案，并分别编制主要原材料年需要量估算表（见表5-9）和主要燃料、动力年需要量估算表（见表5-10）。

表5-9 主要原材料年需要量估算表

序号	原材料名称	技术条件	计量单位	年需要量	预算价格	运输方式及供应来源

表5-10 主要燃料、动力年需要量估算表

序号	燃料、动力名称	技术条件	计量单位	年需要量	预算价格	运输方式及供应来源
	燃料					
	⋮					
	动力					
	⋮					

第七节 组织机构设置和人力资源配置评估

一、组织机构设置评估

(一)组织机构设置的依据

根据项目的特点和生产运营的需要,科学、合理地确定项目的组织机构是保证项目建设和生产运营顺利进行、提高劳动效率的重要条件。由于项目的建设规模和生产运营方式不同,项目的组织机构的模式和运转方式也会不同,因此,必须依据以下条件提出组织机构设置方案:

1.按照项目出资者的特点,确定相适应的组织机构模式;

2.依据项目的规模大小,确定项目的管理层次;

3.根据项目建设和生产运营特点,设置相应的管理职能部门。

(二)组织机构设置方案的评估

1.对经过方案比选后提出的项目组织机构推荐方案进行适应性分析,主要分析项目法人的组建是否符合公司法和其他国家有关规定的要求;

2.分析项目执行机构是否具备管理能力和组织协调能力;

3.分析组织机构的层次和运作方式能否满足建设和生产运营管理的要求,能否承担项目筹资建设、生产运营、偿还债务等责任;

4.对于技术改造项目,还应分析企业现有的组织机构、管理层次、人员构成情况,结合改造项目的需要,制订组织机构设置方案。

二、人力资源配置的评估

在组织机构设置方案确定后，应研究人力资源配置问题，即确定各类人员（包括生产人员、工程技术人员、管理人员和其他服务人员）的数量和配置方案，以满足项目建设和生产运营的需要。

（一）人力资源配置的依据

确定项目劳动定员的主要依据是：

1.项目产品方案、生产能力、建设规模、生产工艺、生产运营复杂程度与自动化水平的要求；

2.项目组织机构设置要求；

3.生产管理制度、人员素质与劳动生产率的要求；

4.国家有关劳动法律、法规、政策和规定；

5.部门和行业的劳动定额标准；

6.国内外同类项目（企业）的水平。

（二）人力资源配置的内容

1.根据行业类型和生产过程的特点，确定生产运营工作时间，制定合理的工作制度和工作班次方案；

2.按照精简高效的原则和劳动定额，配备职能部门和各工作岗位所需的员工人数；

3.确定各类人员应具备的劳动技能和文化修养，并测算劳动生产率、职工工资和福利费用；

4.制订高层次管理人员与技术人员的招聘方案。

（三）人力资源配置的方法

针对不同行业、不同岗位的要求，可采用下列不同的人力资源配置方法：

1.劳动效率法

按生产任务和生产人员的劳动效率计算生产定员的人数。

2.设备计算法

按机器设备的数量、工人操作设备定额和生产班次等计算生产定员的人数。

3.劳动定额法

按工作量或生产任务量，根据劳动定额计算生产定员的人数。

4.岗位计算法

根据设备操作岗位和每个岗位需要的工人数计算生产定员的人数。

5.比例计算法

按服务人员占职工总数或者占生产人员数的比例计算所需服务人员的人数。

6.按组织机构的职责范围、业务分工计算管理人员的人数

按照上述要求编制的项目（企业）劳动定员表参见表5–11。

表5-11　　　　　　　　　　　　　项目（企业）劳动定员表

序号	部门	工人	工程技术人员	管理人员	其他人员	合计	备注
1	生产车间 ××车间 ⋮						
2	辅助车间 ××车间 ⋮						
3	合　计						
4	厂　部						
5	其　他						
6	总　计						

在项目（企业）的用工中，要根据不同的标准确定用工数量：（1）主要生产人员，根据车间设施的特点，分别按岗位、设备或劳动效率确定；对连续生产岗位的替休人员，可根据工作制度的规定另行配备。（2）技术人员、管理人员和非生产性服务人员通常按职工总数或某一类人员总数的比例确定。（3）季节工或临时工按年平均人数计算。

（四）人力资源配置的具体评估

1.分析新增技术人员的来源、数量、技能要求、素质和落实情况，以便分析项目投产后技术力量的保证程度。

2.根据可行性研究报告中所提出的企业主要工种的技术水平要求，结合人员来源和素质制订培训计划。应重点培训生产线关键岗位的操作运行人员和管理人员，以保证项目建成后顺利投入生产运营。需要送国外培训的人员要单独列出计划，说明培训的国别、人数、专业、培训方式、时间及出国培训的必要性。按照培训计划、培训人数、提前进厂人数、培训方法等因素，遵照国家或行业现行规定的职工培训费定额进行培训费用估算，并将估算总额列入固定资产投资中。

3.重点分析主要经营管理人员的经营业绩、素质、薪酬水平及服务本项目的可能性。

4.技术改造项目所需人员一般可由原企业调配，需要新增的人员不多。应根据项目改造后的技术水平和自动化水平的提高情况，优化人员配置。因此，在对技术改造项目的人力资源进行评估时，首先要了解项目现有人力资源能否合理调配，技术水平能否适应。

第八节　项目实施进度计划评估

一、项目建设工期

项目建设工期是指从拟建项目永久性工程开工之日起到项目全部建成投产（交付使用）止所需的全部时间，主要包括土建施工、设备采购与安装、生产准备、设备调试、联合试运转、竣工验收交付使用等工作阶段。

项目建设工期可参考有关部门或专门机构制定的建设项目工期定额和单位工程工期定

额（如一般土建工程工期定额、设备安装工期定额、井巷掘进或隧道开凿工程工期定额等），并结合项目建设的内容、工程量的大小、建设的难易程度以及施工条件等具体情况·进行综合研究确定。

二、项目实施进度计划

（一）项目实施进度计划表的内容

在确定了生产技术方案与工程设计方案后，结合设备材料的供应条件和可能投入的建设力量，即可制订项目建设实施进度计划，确定合理的建设顺序和时间、工期、投产时间。项目实施进度计划应能全面反映项目实施时期的各项工作内容。

当可行性研究报告获得批准时，即可决策进行投资建设，项目开始进入实施阶段。该阶段包含项目实施准备、资金筹集安排、勘察、设计、设备采购、施工准备、土建施工、设备安装与调试、生产准备、联合试车、投产、交付使用等各项工作。为了将各工作环节的时间和进度进行统一规划、相互衔接、综合平衡，需要编制一个切合实际的项目实施进度计划表。

（二）项目实施进度计划表的编制方法

项目实施的各项工作所需时间可以分别确定，但是对于整个项目的实施进度计划则须进行统一安排、综合平衡和协调配合，防止发生脱节、延误工期等现象。

项目实施进度计划表的编制方法主要有横道图和网络图两种。

1.横道图

横道图是传统表达方法，如图5-3所示。其优点是：编制方法简便、通用、直观；其缺点是：逻辑关系不清晰，不能适应大型复杂项目的现代化管理需要。建设项目应根据总工期的要求，制定主体工程和主要辅助工程的建设起止时间及时序表。

序号	年度	20××	20××	20××	20××
1	月份	1 2 3 4 5 6 7 8 9 10 11 12	1 2 3 4 5 6 7 8 9 10 11 12	1 2 3 4 5 6 7 8 9 10 11 12	1 2 3 4 5 6 7 8 9 10 11 12
2	总分月进度	1 2 3 4 5 6 7 8 9 10 11 12	13 14 15 16 17 18 19 20 21 22 23 24	25 26 27 28 29 30 31 32 33 34 35 36	37 38 39 40 41 42 43 44 45
3	与外商谈判签约	— — — — — —			
4	总图设计	— — — —			
5	初步设计	— — —			
6	施工图设计		— — — — —		
7	土建工程施工		— — — — —		
8	进口设备交货		— — — — —		
9	国内设备交货		— — — — —		
10	设备安装			— — — — —	
11	工人国内培训			— — — — —	
12	工人国外培训			— — — —	
13	调车、试车				— — —
14	竣工验收				— — — —

注：按照国家发展和改革委员会规定，建设项目不再编报设计任务书。

图5-3 项目实施进度计划（横道图）

2.网络图

对于大型复杂项目（如联合企业、项目综合体），其实施阶段中的各项工作逻辑关系复杂，需要编制网络图表达计划，以适应现代化管理的需要。网络图包含了运筹原理，具体编制方法包括关键线路法和计划评审技术法（PERT）两种。

（三）项目实施进度计划表评估注意事项

1.注意项目各阶段工作在时间上的衔接和交叉，如：（1）国外设备的投标、比价工作一般应在项目批准以后开始、初步设计前结束；（2）国内外设备的交货时间应与施工进度衔接；（3）人工培训应在施工阶段同时进行等。

2.注意具体安排各年度内各项工作的衔接，包括：（1）各项设备到货与设备安装的衔接；（2）建筑工程与安装工程的衔接；（3）主体工程与配套工程的衔接等。可据此测算出分年支付的投资贷款。

3.注意做好施工材料和劳动力的安排，施工所需的主要建筑材料来源是否已经落实。

4.注意合理安排试车时间和试生产期限，包括：（1）引进设备要注意将试车时间安排得与采购合同所定的质量考核期一致；（2）明确竣工投产日期，以及达到设计生产能力的分年进度，以便测算分年成本和收益。

复习思考题

1.项目建设方案应包括哪些内容？对其进行评估的任务和目的是什么？对各种建设方案进行评估的原则和要求有哪些？

2.产品方案包括哪些内容？对产品进行分析论证应考虑哪些因素？

3.如何对项目产品方案进行评估？

4.如何确定项目的建设规模？有哪些确定因素？

5.确定经济合理规模的方法有哪几种？如何运用盈亏分析法确定经济合理和最优建设规模？

6.如何确定项目的起始规模？应按什么思路和步骤进行？

7.如何进行项目建设规模的评估？应注意哪些决定因素？评估要求是什么？

8.建设规模的多方案比选方法有哪几种？比选的基准是什么？

9.简述项目技术方案评估的内容、作用，以及应遵循的原则和要求。如何确定建设标准？

10.如何对技术资料引进进行评估？最佳的技术方案选择与评估的主要内容是什么？

11.设备选型方案比选的内容和方法有哪些？简述设备选型的要求和内容。如何进行设备方案评估？

12.工程设计方案评估主要包括哪些内容？

13.总平面设计方案评估的具体要求和内容是什么？如何进行总平面设计方案比选？

14.如何进行建筑物的平立剖面设计和结构设计方案的评估？主要包括哪些内容？

15.建设地区选择应满足哪些基本要求和条件？如何进行分析评估？

16.厂址选择应符合哪些原则？包括哪些研究内容？如何进行多方案比较、优选、评估？可采用什么方法？

17.如何对主要原材料、燃料、动力供应进行评估和方案比选？

18.组织机构设置的条件有哪些？如何对机构设置方案进行评估？

19.人力资源评估应包括哪几方面的主要内容？简述人力资源配置的依据、内容和方法。

20.如何进行项目实施进度分析？简述项目实施进度计划表的内容与编制方法。

第六章

项目资源利用评估

内容提要

本章详细讲述了自然资源开发利用合理性分析的概念，介绍了资源开发型项目的资源利用评估以及资源节约措施评估的原理与方法。学习本章的目的是：了解资源优化配置和合理化利用的基本概念；明了资源开发利用的基本要求及综合利用的有效途径；掌握资源综合利用评估及资源节约措施评估的方法。

第一节　　　　　　　　资源及资源的优化配置

一、资源及其分类

资源可从广义与狭义两个层次进行解释。广义的资源泛指社会财富的来源，既包括自然资源，又包括技术资源、信息资源、人力资源等社会资源；而狭义的资源仅指人类用以创造社会财富的自然资源，既包括工业、农业、交通运输业等部门生产、经营所需用的自然资源，又包括满足人们生活福利所需的自然资源，如各种矿产资源、水资源、森林资源、动植物资源等。本章所述的资源系指狭义的自然资源。

二、自然资源的特点

自然资源一般具有如下两个特点：

1.自然资源的有限性

无论何种自然资源，在一定范围内都是有限的，特别是矿产资源，它们的储藏量也是有限的。例如，煤炭、石油、天然气，以及各种金属资源、非金属资源，都需要经过漫长的地质年代在特定条件下才能形成。人们开采和使用得越多，其储藏量也就越少，直到枯竭。即使是可再生的土地资源和水资源，在一定时期和一定范围内也是有限的。鉴于资源的有限性，项目必须合理开发和有效利用资源。

2.自然资源分布的不均衡性

由于不同的自然资源要在不同的自然条件下才能形成，而且不同地区的自然条件又千差万别，因此各地区的自然资源的分布就呈现出不均衡性，如我国的大部分矿产资源多集中在西部和北部地区。

三、资源的优化配置

为解决资源有限性与人类需求无限性之间的矛盾，就需要对资源进行优化配置，即把有限和稀缺的资源适当分配到各种不同的用途中去，使其发挥最大的效能和取得最佳效益。因此，投资项目应在国家资源利用的总体规划下，采用切实可行的方案来实现资源的优化配置，体现资源利用的合理性和经济有效性。

第二节　　自然资源开发利用的合理性分析

土地资源、矿产资源、水资源等自然资源是人类赖以生存的基础，亦是经济社会可持续发展的物质保证。因此，在研究编写投资项目可行性研究报告和项目申请报告时，应对拟建项目资源的开发利用状况、开发条件及合理性进行分析，为项目投资决策提供科学的依据。

一、土地资源开发利用的合理性分析

对建设项目占用的土地资源，应分析：①是否属于土地利用总体规划中的建设用地和未利用地；②位置与环境是否能满足建设项目的要求；③对周边土地资源及其他用户的影响。

从定性和定量两方面进行合理性分析：

1.定性分析

（1）建设项目功能分类及土地功能规划分析。

（2）土地利用的适宜性分析。这是对某块土地进行项目特定利用的适宜与否及程度如何做出分析。

（3）土地利用的合法性分析。分析项目用地是否符合相关法律法规的要求，是否符合国家的土地管理和《基本农田保护条例》的要求，计算建设项目用地的投资强度、容积率、建筑系数、行政办公及生活服务设施用地所占比重等指标，分析项目用地的规模是否合理，是否符合节约、集约用地原则。

（4）土地权益的补偿方案分析。拟定项目土地征用的补偿方案，计算有关费用；研究拆迁、移民补偿方案；研究当地有关部门对建设项目用地的意见。

（5）土地利用的社会影响分析。调查当地民众，特别是农民对土地被占用的意见，分析土地被占用后对农民生活及社会稳定造成的影响。

2.定量分析

（1）土地利用经济效益分析指标：

土地生产率=产量或产值（元）÷土地面积（m²）→max（大）（指标数值越大越好）

产值差异率=项目土地平均产值÷城市土地平均产值>1（指标数值越大越好）

（2）土地利用生态效益分析。该项分析是指在土地经济效益分析的基础上选择对环境效益影响较大的因素，着重评价土地生态价值及功能。评价土地生态价值的主要指标是绿色GDP指标，即指项目建设对区域或周边环境造成影响的好坏程度，包括对大气、水体等的污染程度。项目对生态环境的耗费及贡献的指标计算公式如下：

环境损失＝绿地面积×单位面积损失价值→min 求小

环境贡献＝绿地面积×单位面积贡献价值→max 求大

上式中的单位面积损失价值或贡献价值是指绿化面积减少或增加对周围空气、水体等产生的影响。

二、矿产资源开发利用的合理性分析

1.矿产资源开发利用的合理性分析是从资源利用的科学性、经济发展水平、环境成本和经济性等方面进行分析论证。

2.矿产资源优化配置要坚持循环经济的理念，形成"资源—产品—再生资源"的经济活动反馈式流程，使所有物质在不断的经济循环过程中得到合理和持久的利用，最大限度地利用资源，实现资源利用的良性循环。

三、能源资源开发利用的合理性分析

1.能源资源开发利用的战略方针是坚持开发与节约并重，以提高能源利用效率为核心，以节能为重点。

2.能源资源开发利用的合理性分析内容包括：（1）分析项目所用能源的来源；（2）提出能源合理利用的优化方案；（3）列出提高能源资源利用率的具体措施；（4）明确能源资源利用要达到的水平。

四、水资源开发利用的合理性分析

（一）合理性分析的内容

在分析项目水资源开发利用的合理性前，应先论证项目所在地流域或区域的水资源开发利用的现状和项目取水的水源，然后进行项目用水的合理性分析，其内容是：

1.建设项目用水过程及水平衡分析、产品用水定额、生产生活用水定额及用水水平分析、节水措施与节水潜力分析。

2.建设项目退（排）水情况及其对水环境的影响分析，包括退（排）水系统及其组成，污染物排放浓度、总量及达标情况，污染物排放时间的变化情况，对附近河段环境的影响，并论证排污口设置是否合理。

3.对水资源状况及其他取水户的影响分析，包括项目开发利用水资源对区域水资源状况的影响、建设项目开发利用水资源对其他用水户的影响。

（二）水资源论证

在项目用水合理性分析后，还应根据水资源保护规划提出水资源量和水质的保护措施，以及对影响其他用水户的权益的补偿方案，最后得出水资源论证的结论，包括建设项目的取水的合理性、取水的水源量、水质的可靠性、允许取水量的意见、排水情况及水资源保护措施，最终确定水资源的利用方案及主要节水措施。

第三节　　资源开发型项目的资源利用评估

资源开发型项目主要包括金属、煤炭、石油、天然气、建材、化学（矿）、水利水电和森林采伐等项目，而矿产资源、水利水能资源和森林资源是资源开发型项目的重要物质基础。因此，在可行性研究报告中应对资源开发利用的可能性、合理性和资源的可靠性进行分析，为确定项目的开发方案和建设规模提供科学依据。

一、资源开发综合利用的范围

对于资源开发型项目，其开发综合利用的范围主要包括：

1. 在矿产资源的开采过程中对共生、伴生矿进行综合开发与合理利用；

2. 对在生产过程中产生的废水（液）、废气、固体废弃物、余热、余压等进行回收和合理利用；

3. 对在社会生产和消费过程中产生的各种废旧物资进行回收和再生利用。

二、资源开发利用的基本要求

投资项目对资源的开发利用应符合下列基本要求：

1. 符合资源总体开发规划的要求。

各地区应根据国民经济发展的长远规划和本地的自然条件，在一定时期内制定适合本地实际情况与要求的资源总体开发规划。资源开发项目应在总体开发规划的指导下进行合理开发。例如，煤炭开采项目，应符合煤田区域开发规划；油气田开采项目，应符合油气田区域开发规划；水利水电项目，应符合流域（河流、河段）综合开发规划和国土整治要求；可再生资源（如森林、农牧产品等）开发项目，应注意保证资源的连续补偿。

2. 符合资源综合利用的要求。

对多金属矿、多用途化学元素共生矿、油气混合矿等资源开发项目，应根据资源的特征提出合理、多层次、多目标的资源综合利用方案，尽可能地做到物尽其用。同时，遵循资源综合利用与企业发展和污染防治相结合原则，促使经济效益与环境效益、社会效益相统一，努力提高资源的综合利用水平。

3. 符合节约资源和可持续发展的要求。

鉴于资源的有限性，在研究资源开发项目的开发利用强度、动用资源规模和开采速度等问题时应处理好近期与远期的关系，采取必要的节约资源的措施，对于非再生资源，要考虑到满足后代的需要，不要过度开采。对于可再生资源，也要按照其生长规律合理安排开采速度。对于稀缺和昂贵的资源，要研究和寻找替代用品。在投资项目方案设计中要注意采用先进的工艺技术，以实现节能降耗和减少污染物的排放，同时要对投资项目的节能、节水方案和效果进行重点研究。

4. 符合国家保护生态环境的规定。

在资源开发过程中应达到环保要求，力求减少对生态平衡的破坏，促使实现资源的利用与环境协调发展，要合理、科学、有效地利用资源，采取有效的措施保护生态环境。

5. 资源储量和品质勘探深度应符合国家有关部门的规定要求，以确保资源开发项目建设的可靠性，要按照国家批准的生产规模和设定的开采年限进行投资建设。

在编制资源开发项目可行性研究报告时，对于矿产开采项目，应附有有关部门批准的关于该资源的储量、品位、开采价值及运输条件的报告；对于水利资源开发项目，应附有有关部门批准的水利资源流域的开发规划；对于森林采伐项目，应附有有关部门批准的采伐与迹地恢复规划。

三、资源开发型项目的资源条件评估

（一）资源条件评估的原则

由于自然资源的分布具有非均衡性，因此不同地区的同种资源在可得性、可靠性、可用性和可获利性等方面都会有所不同。在资源开发项目的评估中，不仅要体现项目对资源开发利用的合理性，符合国家对资源利用的统一规划，满足资源节约与可持续发展、环境保护和资源综合利用等方面的基本要求，而且应遵循自然资源的可得性、可靠性、可用性和可获利性等四项资源评估原则：

1.可得性是指资源的拥有状况和赋存条件，在现行条件下能否开发利用；

2.可靠性是指资源储量是否能满足项目生产和合理开采要求；

3.可用性是指资源的品质等级是否能满足项目正常生产和使用要求；

4.可获利性是指项目的开发价值及能获得的经济效益。

（二）资源条件评估的内容

资源条件评估的内容主要是：对资源开发利用的合理性、可利用量、自然品质、赋存条件、开发价值进行评估。

1.资源开发利用的合理性

分析该项目的资源开发是否符合国家资源总体开发规划的要求。对于不可再生的资源，特别是某些稀缺的矿产资源，在制订投资项目开发方案时，首先应根据国家矿产资源开发利用规划，分析这些资源近期与远期开发量的关系，资源开发利用与资源保护、储备和可持续发展的关系，并处理好地方与国家整体利益的关系，制订出合理的资源综合开采利用方案。

2.资源的可利用量

根据拟建项目的性质、特点，研究矿产资源的可采储量、水利水能资源的蕴藏量、森林资源的蓄积量、资源的开采利用条件、目前和未来的生产规模及产量和价格能否满足项目的需要等，提出合理的开采规模和开采年限。其具体要求是：

（1）对于矿产资源开采项目，应根据国家有关部门批准的储量、品位、成分和开采价值报告，在对其进行进一步勘探核查的基础上，提出项目的矿产可采储量。

（2）对于水利水能开发项目，应根据流域开发总体规划，分析拟建项目河段内的年径流量、水位落差，并提出水利水能资源的合理开发利用量。

（3）对于森林采伐项目，应根据森林的蓄积量调查资料，以及有关部门批准的采伐与迹地恢复规划，研究提出项目的原木等森林资源量。

3.资源的自然品质

应根据项目的特点，分析资源的品质、品种、品位、成分、特性是否符合项目要求，

为制订项目技术方案提供依据。

4.资源的赋存条件

主要分析资源的地质构造和开采难易程度，以便确定开采方式和设备方案。

5.资源的开发价值

主要分析在现有的技术、经济条件下，资源是否值得开发利用，预测拟建项目的经济效益。具体要求是：

（1）对于矿产资源开采项目，应分析计算每吨矿产品的生产能力投资和开采成本、露天矿的采剥比、地下矿井的采掘比、油气田的采收率等指标；

（2）对于森林采伐项目，应分析计算每立方米原木的生产能力投资；

（3）对于水利水能资源开发项目，应分析计算每吨供水能力投资、每千瓦电力装机容量投资，以及防洪、灌溉、航运、养殖等综合利用的效益。

此外，还应注意下列问题：

（1）明确资源的供应是否有协议。

（2）研究技术进步对充分利用和发挥资源优势的作用、影响。采用先进的科技手段提高对资源的深加工程度，可充分发挥和利用资源优势，挖掘资源的使用价值，提高资源利用的经济效益。

（3）对于需要利用稀缺资源和资源供应紧张的项目，还应分析评估开辟新资源的可能前景及替代资源的途径。

四、资源有效利用的途径与评估指标

（一）资源有效利用的途径

对项目选定的资源进行合理、有效的利用，可以降低产品生产过程中的资源消耗，从而降低项目产品的生产成本，提高投资效益。实现途径如下：

1.对资源进行预处理、深加工

对有些已开采的资源在进入生产之前，可以就地进行预处理和深加工，如进行精选、分类和压块等，以除杂提纯，取得精料，这样可提高资源的利用水平、降低消耗和提高项目产品质量。

2.采用先进的生产工艺

应尽量采用先进合理的生产技术和生产工艺流程，提高资源的利用率，如机械制造业采用的精密铸造、无切屑加工工艺，钢铁行业采用的纯氧炼钢、直接轧制工艺等。

3.采用先进的机械设备

机械设备的落后会导致生产过程中因废品率较高而浪费资源，因此，采用先进的机械设备是提高资源利用率的重要途径。

4.综合利用和回收复用

项目在生产过程中会产生一些废水、废气和废渣等无用物质，如果能综合利用"三废"，经过科学处理后加工生产出有用的新产品，既可以"变废为利"，提高资源的利用效率，得到各种新产品（如用废煤渣制作建材等），又有利于保护环境。

（二）资源有效利用的评估指标

在资源开发型项目的分析评估中，有下列两个反映资源有效利用程度的评估指标：

1.某种资源利用率

$$某种资源利用率=\frac{项目产品中包含的某种资源数量}{该种资源的总消耗量}\times100\%$$

该指标的判别是利用率越高越好，一般应高于该指标的行业平均利用率。

2.单位产品某资源消耗量

$$单位产品某资源消耗量=\frac{该资源年总消耗量}{产品年总产量}$$

该指标的判别是资源消耗量越低越好，一般应低于该项指标的行业平均消耗量。

第四节　项目资源节约措施评估

项目建设方案中包含了所涉及各种资源的节约措施。为了充分利用项目资源，应对资源的节约措施进行评估。

一、资源节约的主要内容

在项目投资建设方案设计与评价中，必须认真贯彻执行建设节约型社会、发展循环经济和落实科学发展观的要求，充分节约资源，提高效益和利用效率。资源节约的主要内容如下：

1.节约能源

能源是制约我国经济社会发展的重要因素，应坚持"开发与节约并举、节约优先"的方针，大力推进节能降耗，提高能源利用效率，控制能源消费总量，支持节能低碳产业、新能源和可再生能源发展。

2.节约用水

加大城市节水设备和工具的推广力度，推进污水处理及再生利用，推动农业节水灌溉和推广节水农业项目，严格控制超采和滥采地下水，加强水源地保护和用水总量管理，推进水循环利用，建设节水型社会。

3.节约原材料

节约原材料，特别是对作为项目原材料的各类金属矿与非金属矿的资源节约，可通过优化项目建设方案、重大布局、结构调整，节约原材料消耗，提高原材料的利用效率。

4.节约和集约利用土地

坚持实行最严格的土地保护制度，严守耕地保护红线，促进农村、城市和交通基础设施等建设用地的节约和集约利用，严格控制土地利用和管制土地用途。

5.推进资源综合利用

推进矿产资源和工厂废物的综合开发利用、再生资源回收利用和生活垃圾资源化利用。

6.全面推行清洁生产

全面推行清洁生产，在重点行业、重点领域、重点产业园区和城市，推广循环经济模式。循环经济是一种生态型的闭环经济，能形成合理的封闭循环，如取水、用水、污水处理和中水回用的循环。为此，循环经济应遵循"3R原则"，包括：

（1）资源利用的减量化（reduce）原则，即在生产环节投入尽可能少的自然资源；

（2）产品的再使用（reuse）原则，要尽可能延长产品的使用周期并能在多种场合使用产品；

（3）废弃物的再循环（recycle）原则，即最大限度地减少废弃物排放，并力争做到排放的无害化，实现资源的再循环利用。

因此，要大力推广和发展循环经济，促进生产、流通和消费过程的减量化、再利用和资源化。

二、节约自然资源的具体措施

（一）能源节约措施

对于能源消耗量大的建设项目，在研究设计技术方案、设备选型和工程方案时，应十分重视节省能源消耗，认真提出节能措施，应对项目的能源消耗指标进行分析。节约能源可采用以下措施：

1.针对项目特点和产品性能，尽量采用高新生产技术和低能耗的先进设备装置，提高能源的利用效率，降低能源的消耗。

2.对炉窑、工艺装置设备及热力管网系统进行改造，应分别采取有效的保温措施，提高热效率的利用率，并施行区域热电联产、电机系统节能、能量系统优化和建筑节能等节能技术。

3.合理利用热能，尽可能避免在生产工艺中发生能量的不合理转换。

4.回收利用在生产过程中产生的余热、余压及可燃气体。

5.对既有建筑的采暖、空调、热水供应和电气等进行改造，采用蓄冷、蓄热空调及冷热电联供技术。

6.开展对太阳能、地热等可再生资源的利用，并积极推广应用隔热材料、防水材料、密封材料、新型墙体材料等节能新材料。

（二）水资源节约措施

应加强对水源地的保护和用水总量的管理，推进水的循环利用。对水资源消耗量大的项目，应拟定具体的节水措施。节约水资源消耗一般可采取下列的具体措施：

1.根据建设项目的特点和产品性能，尽量采用先进的生产工艺和节水型设备装置，以利于提高水资源的利用效率和降低水资源的无效消耗，可采取一水多用；

2.供水系统应采取防渗、防滴漏等措施；

3.提高工业用水回收率和循环用水的重复利用率，发展循环用水系统、串联用水系统和回用水系统，优化企业的用水网络系统；

4.提高再生水的回收率，发展和推广蒸汽冷凝回收再利用技术，发展外排废水回用和"零排放"技术；

5.在有条件的地区或项目可提高海水替代率；

6.对于利用地下水资源的项目，应坚持采补平衡、合理调控、保护水质、优质优用、地表水与地下水统筹兼顾的原则，综合开发利用地下水资源；

7.对加热炉等高温设备推广应用汽化冷却技术、洗涤节水技术，发展采煤、采油、采矿等矿井水的资源化利用技术；

8.采用工业用水计量管理技术和重点节水工艺等。

（三）用地节约措施

节约建设用地应严守耕地保护红线并严格执行土地用途管制制度，一般可采用下列措施：

1.项目在选择场址时应因地制宜，优先考虑利用荒地、劣地、废弃地、山地和空地，尽可能不占或少占耕地，力求节约用地，保护耕地和好地；

2.在有条件的地方可进行复垦工程，以增加建设用地面积，保护环境和保持生态平衡，保护风景区和文物区；

3.对于不得不占用耕地的项目，应严格执行占用耕地的补偿制度，征收农用地的，应依法先行办理农用地的转用审批手续，尽量做到少占耕地，避让基本农田和经济作业区；

4.在满足生产工艺要求和产品质量的前提下，场区总平面布置要紧凑合理，使生产线最短、最直接，生产作业线无交叉、无逆流，分区合理紧凑，使人流、物流畅通，既能节约建设用地，又能保证安全生产运行；

5.采取车间合并的方式，正确选择建筑物和构筑物的层数、层高和平面布置，在满足生产工艺要求的原则下，尽量减少构筑物和建筑物的体积和面积，尽量减少单位产品产量的建筑面积与占地面积，并提高单位生产面积和占地面积的产品产量。

三、项目资源节约的评估

对资源节约措施的评估，包括对节约能源、节约水资源、节约土地、节约作为项目原材料的各类金属矿和非金属矿等措施的评估，分析项目的资源消耗指标，阐述工程建设方案是否符合资源节约综合利用政策及相关专项规划的要求，并对项目提出的节约措施的效果进行评估。

（一）能源节约方案的评估

1.阐明高耗能投资项目所属行业及地区对节能降耗的相关规定，包括项目方案应遵循的国家和地方有关合理用能标准，以及节能设计规范。评估所采用的标准是否充分考虑到行业及项目所在地区的特殊要求，是否全面和适宜。

2.节能措施和节能效果分析。在优化用能结构，满足相关技术政策、设计标准及产业政策等方面应采取的节能降耗具体措施，并对节能的效果进行评估。

3.节能技术政策评估。这对项目用能管理及节能评估具有现实意义。要衡量编写的项目节能措施方案报告是否符合《中国节能技术政策大纲》（2006年版）和《节能中长期专项规划》的节能技术政策要求，以及应选择可以建设资源节约型和环境友好型社会的目标方案。

4.能耗状况分析。应阐述项目所在地的能源供应状况，项目方案所采用的工艺、技术、设备方案和工程方案对各类能源的消耗种类和数量是否按照规范标准进行设计。

5.能源消耗指标评估和项目节能水平评价。

（1）能源消耗指标评估。对采取节能措施后的能源消耗指标进行评估，通过计算项目的综合能源消耗指标和单位产品消耗各种能源的实物量指标，折算成标准煤消耗量，进行分析对比。能源消耗指标一般应达到行业规定的节能定额和国内外同行业的先进水平。

$$项目综合能耗=\frac{项目的年综合能耗}{项目的净产值}≤行业规定的节能定额$$

各种能耗应折合成"年吨标准煤"的消耗计算。行业的节能定额应由各主管部门根据国家的节能要求和市场供需行情制定。

$$单位产品生产能耗量=\frac{项目年生产能耗量}{主要产品年产量}≤行业规定的能耗定额（≤国内外同行业的先进水平）$$

对于技术改造项目，应详细说明企业的能源利用现状，以及改造后合理利用能源并降低能耗的效果。

进行能源消耗指标评估时，应编制"单位产品能耗表"（见表6-1）。

表6-1

单位产品能耗表

序号	能源名称	计算单位	产品年产量	能源年消耗量	单位产品实物消耗	折标准煤能耗	综合能耗比较			
							国内先进水平	国际水平	企业原有水平	行业能耗定额

（2）项目节能水平评价。这是评价节能型工艺流程，优化工艺参数，提高能源回收率，提高能源效率等节能技术的水平和施行措施。

把单位产品能耗和主要工序（艺）能耗指标与国际、国内的先进水平进行对比，分析建设项目能耗在国际和国内所处的水平，并就是否符合国家规定的能耗准入标准进行分析。对于相关的能耗指标应与《节能中长期专项规划》和《中国节能技术政策大纲》（2006年版）中的规定内容保持一致，并对存在的问题加以说明。

（二）水资源节约措施的评估

1.按照节水原则及要求，对各项水资源节约措施进行评估

2.水资源消耗指标评估

水资源消耗指标评估是对项目采取节水措施后的水资源消耗指标进行评估，通过计算单位产品的耗水量，对水耗指标和水的重复利用率进行对比分析。水资源消耗指标一般应达到行业规定的节水定额和国内外同行业的先进水平，水的重复利用率应达到当地政府规定的指标。

$$单位产品生产耗水量=\frac{项目年生产耗水量}{主要产品年生产量}≤行业规定的水耗定额（≤国内外同行业的先进水平）$$

项目水耗的重复利用率≥当地政府规定的指标

对于技术改造项目，应详细说明企业水资源的利用现状，以及改造后提高水资源利用率的效果。

进行采取节水措施后的水资源消耗指标评估时，要编制"单位产品的水耗表"（见表6-2）。

第六章 项目资源利用评估

表6-2　　　　　　　　　　　　　　　　单位产品的水耗表

序号	水资源名称	计算单位	产品年产量	年消耗水量	单位产品消耗水量	水资源消耗水平比较			
						国内先进水平	国际水平	企业原有水平	行业水耗定额

3.节水水平评估

评估项目采用的节水工艺、节水技术是否贯彻了《中国节水技术政策大纲》的要求，是否达到了国内、国际的先进水平；水资源消耗指标是否达到国内外同行业的先进水平；水的重复利用率是否满足要求等。

（三）建设用地节约的评估

1.节约用地的评估

应从以下方面对节约建设用地进行评估：

（1）评估项目建设是否符合节约使用土地的要求。

（2）对于水利、交通运输和钢铁等占用土地面积较大的项目，应做到尽量少占耕地、基本农田和经济作物区；对各种设施用地进行统筹安排，提高土地综合利用效率。

（3）评估项目建设方案是否符合科技进步的要求，积极应用新技术、新工艺、新材料等措施，节约使用土地。

2.节约用地指标的评估

节约用地指标的评估是对采取节约耕地面积措施后的建设用地指标进行评估，通过计算项目的单位投资用地和单位产品的用地指标进行分析对比。用地指标一般应达到行业规定的用地定额和国内外同行业的先进水平。

$$单位投资用地 = \frac{项目建设用地面积(亩)}{项目总投资(万元)} \leq 行业规定的用地定额（\leq 国内外同行业的先进水平）$$

$$单位产品用地 = \frac{项目建设用地面积(亩)}{项目主要产品年产量} \leq 行业规定的用地定额（\leq 国内外同行业的先进水平）$$

对于技术改造项目，应详细说明企业原用地的利用现状以及改造后提高用地利用率的效果。同时，还应编制"单位投资用地表"（见表6-3）和"单位产品用地表"（见表6-4）。

表6-3　　　　　　　　　　　　　　　　单位投资用地表

序号	用地名称	计算单位	项目总投资	项目用地量	单位投资用地量	用地水平比较			
						国内先进水平	国际水平	企业原有水平	行业用地定额

表6-4　　　　　　　　　　　　　　　　单位产品用地表

序号	用地名称	计算单位	产品年产量	项目用地量	单位产品用地量	用地水平比较			
						国内先进水平	国际水平	企业原有水平	行业用地定额

此外，还可以采用场区土地利用系数、建筑系数、占地面积分析、每个生产工人所占土地面积、单位设备所占面积、单位产量占地面积，以及建筑面积等指标进行该项评估。

复习思考题

1.简述资源的概念及其特征。

2.为何要对资源开发型项目资源进行优化配置？如何进行土地、矿产、能源和水资源利用的合理性分析？

3.项目对资源的开发利用应符合哪些基本要求？

4.资源开发型项目的资源综合利用的范围主要包括哪些方面？

5.资源开发型项目的资源条件评估应遵循的原则是什么？主要包括哪些内容？

6.投资项目资源的有效利用途径有哪些？资源有效利用的评估指标是什么？

7.资源消耗评估的主要内容是什么？应采取哪些节约措施？如何进行评估？

8.一般工业项目的资源条件评估有哪些主要内容？

第七章

项目环境评估

内容提要

本章全面系统地论述了项目环境保护评估的基本原理和方法，介绍了环境影响评价的基本概念，引进了低碳环境评估的新概念。学习本章的目的是：正确地理解项目环境保护评估与环境影响评价的概念、内容及两者的关系，了解碳排放环境影响评估的新动态；重点掌握项目环境保护评估的基本内容和方法。

第一节　　　　　　　　　　概　述

一、环境与环境污染

（一）环境的概念和特点

1.环境的概念

环境是指影响人类生存和发展的各种天然的和经过人工改造的自然因素的总体，包括大气、水、海洋、土地、矿藏、森林、草原、野生生物、自然遗迹、人文遗迹、自然保护区、风景名胜区、城市和乡村等（按《中华人民共和国环境保护法》中的环境定义）。

2.环境的特点

环境作为环境保护的对象，它具有三个特点：（1）主体是人类；（2）环境既包括天然的自然环境，又包括人工改造后的自然环境；（3）环境不包含社会因素，如文化环境、治安环境和法律环境等。

（二）建设项目对环境的污染

环境污染是指由于人类的社会经济活动对自然界造成破坏、恶化人类生活环境的现象。环境污染包括自然环境污染和社会环境污染。危害自然环境的主要因素有废水、废气、废渣、粉尘、垃圾、放射性物质及噪声等，其中废水、废气和废渣（简称"三废"）的污染对环境危害最大。

工业项目的建设和生产对自然环境和生态平衡的破坏主要来自三个方面：一是来自项目投入的物料，如有毒或易爆的投入物料；二是来自生产过程，如在生产过程中产生的污水、废渣和有毒气体等，直接对空气、土壤和水质等自然环境产生污染或增加噪声强度；三是来自项目的产出物，如化肥和农药这类产出物，对环境和生态产生有害或不良影响。

二、项目环境保护评估与环境影响评价

项目环境保护评估与环境影响评价都是投资项目决策前的重要工作，两者既有联系又有区别。

（一）项目环境保护评估的概念

保护环境是国家的基本国策。项目建设方案设计中必须包括环境保护的方案及措施，因此其成为可行性研究报告的重要组成部分。项目环境保护评估是对该项目的可行性研究报告中的环境保护内容做出的再分析和再评价。

（二）项目环境影响评价的概念和意义

1.项目环境影响评价的概念

项目环境影响评价是指"对规划和建设项目实施后可能造成的环境影响进行分析、预测和评估，提出预防或减轻不良环境影响的对策和措施，进行跟踪监测的方法与制度"（按《中华人民共和国环境影响评价法》中的环境影响评价定义）。

2.项目环境影响评价的意义

项目环境影响评价作为一种环境保护管理制度，是解决社会发展中的环境问题，促进经济发展和环境保护相协调，实现经济、环境、社会可持续发展的重要手段，亦是推动循环经济发展、落实科学发展观、建设资源节约型和环境友好型社会的关键环节。项目环境影响评价是项目环境保护"防患于未然"政策的具体体现。本章仅涉及项目环境影响评价的一些基本概念，详细内容请参看《中华人民共和国环境影响评价法》。

（三）项目环境保护评估与环境影响评价的区别

1.程序不同，编制单位可能不同

（1）环境保护是项目建设方案设计的一部分，即是可行性研究报告的一个组成部分，承接项目评估的咨询机构需要对这部分内容做出再分析评价。

（2）环境影响评价已单独列入我国的建设程序（与可行性研究报告并行），由具有相应的环境影响评价技术能力的机构编制，审批权归属环境保护行政主管部门。

2.内容不尽相同

（1）项目环境保护重在研究确定项目产生的污染物和污染源，并强调对项目产生的污染物提出适当的治理措施以达标排放，这些措施是项目建设方案设计的有机组成部分。

（2）环境影响评价侧重于对当地环境容量的分析和项目带来的环境影响评价，主要在于评估治理措施是否可行，经治理后项目对环境产生的影响是否满足总量控制和有关标准的要求，进而做出环境影响评价结论。

3.作用不同

（1）项目环境保护是构成项目建设方案的必要组成部分。按照有关法规，可行性研究报告中必须包含环境保护章节，缺乏环境保护内容的可行性研究报告是不完整的，也不可能得到批准。

（2）环境影响评价文件是环境保护行政主管部门审批项目的依据。

（四）项目环境保护评估与环境影响评价的联系

虽然项目环境保护评估与环境影响评价两者存在着显著的区别，但也有内在的联系。

1.两者都要从环境现状开始进行调查研究分析；

2.两者都需遵循国家颁布的有关环境保护和环境影响评价等的法规、制度、标准和管理要求；

3.环境影响评价的工程分析基于项目环境保护的方案设计，同时项目环境保护的治理措施方案又应该落实环境影响评价所提出的要求。

三、我国环境保护的基本方针与政策

我国环境保护的基本方针是"全面规划、合理布局、综合利用、化害为利、依靠群众、大家动手、保护环境、造福人民"，实行"管治结合，以管促治"等基本原则。工程建设应注意保护厂（场）址及其周围地区的水土资源、矿产资源、森林植被、文物古迹、风景名胜等自然环境。根据上述基本方针提出的项目环境保护评估和环境影响评价的政策要求如下：

1.实行环境与经济协调发展的政策

协调发展是指经济建设与环境、资源保护要相互协调，具体可概括为"三建设、三同步、三统一"的原则，即经济建设、城乡建设与环境建设必须同步规划、同步实施、同步发展，以实现经济效益、社会效益和环境效益的统一。要符合中国国情，在社会经济健康稳定发展过程中确保环境问题的解决。

2.实行预防为主、防治结合的政策

在环境与资源保护中，应采取各种预防性手段和措施，防止环境问题的产生或将其限制在最低的限度内，尽量在生产过程中解决环境问题，而不要等到环境污染和资源破坏产生以后再去想办法治理。

3.实行污染者负担、受益者补偿、开发者恢复的政策

污染者负担是指凡是造成环境污染和危害的单位或个人，都负有治理环境污染和补偿损害的责任。实行"谁污染谁治理"的原则，其目的在于提高企业治理污染的责任感和紧迫感。受益者补偿是指受益于环境治理和生态建设的单位或个人，有责任按照有关的法律规定进行补偿。开发者恢复是指对环境和自然资源进行开发利用的单位或个人，有责任对其进行恢复、整治、更新和养护。

四、我国项目环境保护的工作原则及要求

1.工作原则

依据上述基本方针与政策，在具体的项目环境保护评估和环境影响评价工作中应遵循

下列主要工作原则：

（1）符合政策性原则。项目环境保护评估和环境影响评价工作必须符合国家环境保护法律法规和环境功能规划的要求，达到必须执行的标准规定，特别要坚持环境治理设施与项目主体工程同时设计、施工和投产使用的"三同时"原则。

（2）符合针对性原则。环境影响评价必须针对项目的工程特征和所在地区的环境特征进行深入分析，并抓住危害环境的主要因素，以确保环境影响评价报告真正起到"为主管部门提供决策依据，为设计工作制定防治措施，为环境管理提供科学依据"三个基本功能的作用。

（3）符合科学性原则。环境影响评价是由多学科组成的综合技术，从现状调查、评估因素筛选，到专题设置、监测布点、测试、取样、分析、数据处理、模式预测及评估结论都应严持科学态度，认真完成各项任务。

（4）优先使用可再生资源，降低资源消耗量原则。由于在工程建设中要消耗大量的能源和资源，因此必须采取措施把能源和资源的消耗，特别是不可再生资源的消耗降到最低。在建筑物中，要尽可能地利用可再生能源来代替石油和煤炭的使用；利用替代材料来取代金属材料和木材；尽可能采用太阳能取暖和自然光照明；采用节能电器、节水设备、保温隔热的墙体材料和门窗材料等。

（5）工程材料无害化原则。在工程材料的选择上，特别是装饰材料，应该选择那些无毒、无害、易处理、易回收的材料，避免对人体健康和环境造成危害。

2.工作要求

（1）对于项目的选址，要根据产业政策，并结合总体规划去评估其布局的合理性。

（2）对于项目用地，要结合国家的土地政策和生态环境条件去评价其节约用地的必要性。

（3）对于所选工艺和污染物的排放情况，要结合能源和资源利用政策去评估其技术经济指标的先进性，要求工艺设计积极采用无毒无害或低毒低害的原料，采用不产生或少产生污染的新技术、新工艺、新设备，最大限度地提高资源、能源的利用率，尽可能在生产过程中把污染物减少到最少，实现清洁生产的要求。

（4）要坚持污染物排放总量控制达到国家或当地有关部门制定的排放标准的要求。应采取各种有效措施，避免或抑制污染物的无组织排放。建设项目产生的各种污染或污染因素，必须在符合国家或省、自治区、直辖市颁发的排放标准和有关法规后，方可向外排放。

（5）注重资源的综合利用，对项目产生的废水、废气、固体废弃物，应尽可能提出回收利用方案，提高资源的利用价值。环保工程设计应因地制宜地采用行之有效的治理和综合利用技术。在环境治理或综合利用的过程中，如有二次污染产生，还应采取防止二次污染的措施。

（6）力求环境效益与经济效益相统一。在研究项目环境保护治理措施时，应从环境效益与经济效益相统一的角度进行分析论证，力求项目环境保护治理方案技术上可行、经济上合理。

第二节　　　　　　项目环境保护评估

一、概述

（一）项目环境保护评估的内容

项目可行性研究报告包含了对建设项目环境保护所做的专题分析，投资项目评估需对此做出再分析和再评价。分析的主要内容是：建设地区的环境现状；主要污染源和主要污染物；资源开发可能引起的生态变化；采用的项目环境保护标准；控制污染和生态变化的初步方案；项目环境保护治理措施方案的比选、投资估算、评估的结论；存在的问题及建议。

（二）项目环境保护评估的步骤

项目环境保护评估的步骤为：

1. 从拟建项目的实际情况出发，收集项目所在地的有关地形、水系、风速、风向、农业生产和城市规划等基础资料，进行环境质量的现状调查与分析；

2. 根据项目方案污染物的实际排放情况，分析项目对空气、水流、土壤和动植物等自然环境的影响和污染程度；

3. 对达到国家环境质量标准的要求所需采取的措施进行分析。

（三）项目环境保护措施的内容

项目可行性研究报告中有关项目环境保护的措施及其评估的内容有：

1. 有关综合利用和回收的技术方案；

2. 综合利用及回收设施的规模与工艺流程的选择；

3. 编制环保设施的主要设备表，将其纳入项目的生产设备表内；

4. 列出项目环境保护设施费用估算额及其占总投资的比例。

二、项目环境质量现状调查与分析

项目环境质量现状调查与分析主要是对项目建设所在地区的环境现状进行调查和成因分析，一般是指对该地区的地表水、环境、空气和声学环境质量的现状调查。调查的具体内容如下：

1. 自然环境

调查项目所在地的大气、水体、地貌、土壤等自然环境状况。

2. 生态环境

调查项目所在地的森林、草地、湿地、动物栖息、矿藏、水产、农作物、水土保持和流失等生态环境状况。

3. 社会环境

调查项目所在地的居民生活、文化教育卫生、风俗习惯等社会环境状况，调查当地居民的分布状况、场址周围的政治文化设施和工业军事分布状况。

4. 特殊环境

调查项目周围地区的名胜古迹、风景游览区、自然保护区、温泉、疗养地等环境保护区状况及发展趋势。

对于依托原有企业改扩建的项目，还要调查原有污染源及治理达标情况，一般包括废水、废气、噪声和固体废弃物的污染及治理情况。

三、污染源和污染因素分析

污染源和污染因素分析是对项目建设和生产运营过程中的破坏环境、导致环境质量恶化的污染源及主要污染因素进行分析。在生产过程中，设备可能产生和排放的各种有毒有害物质，即污染物，而产生和排放污染物的设备或装置称为污染源。

（一）污染环境因素分析

1. 废气

分析计算废气的产生量、排放量、有害成分、浓度和排放点位置；研究废气的排放特征及其对环境的危害程度。应编制废气排放一览表，见表7-1。

表7-1　　　　　　　　　　　**废气排放一览表**

序号	车间或装置名称	污染源名称	产生量（m³/h）	排放量（m³/h）	组成及特性数据				排放特征			排放点位置
					成分名称	数量			温度（℃）	压力（Pa）	高度（m）	
						（kg/h）		（mg/m³）				
						产生	排放	产生	排放					
1												
2												

2. 废水

分析计算工业废水（废液）和生活污水的产生量、排放量、有害成分、浓度和排放点位置；研究排放特征、排放去向及对环境的危害程度。应编制废水排放一览表，见表7-2。

表7-2　　　　　　　　　　　**废水排放一览表**

序号	车间或装置名称	污染源名称	产生量（m³/h）	排放量（m³/h）	组成及特性数据			排放特征		排放点位置
					成分名称	数量（mg/L）		温度（℃）	压力（Pa）	
						产生量	排放量			
1										
2										

3. 固体废弃物

分析计算固体废弃物的产生量、排放量、有害成分、堆积场所、占地面积及对环境造成的污染程度。应编制固体废弃物排放一览表，见表7-3。

表7-3　　　　　　　　　　　**固体废弃物排放一览表**

序号	车间或装置名称	固体废弃物名称	产生数量（t/a）	组成及特性数据	固体废弃物处理方式	排放数量（t/a）
1						
2						

4.噪声

分析噪声源位置，计算声压等级，研究噪声特征及对环境造成的危害程度。应编制噪声一览表，见表7-4。

表7-4   噪声一览表

序号	噪声源位置	噪声源名称	台数	技术参数（规格型号）	噪声特征			声压级dB（A）		
					连续	间断	瞬间	估算值	参考值	采用值
1										
2										

5.粉尘

分析粉尘的排放点位置，计算产生量与排放量，研究组成与特性、排放方式及对环境造成的危害程度。应编制粉尘排放一览表，见表7-5。

表7-5   粉尘排放一览表

序号	车间或装置名称	粉尘名称	产生数量（t/a）	排放数量（t/a）	组成及特性数据	排放方式
1						
2						

6.其他污染物

分析在生产过程中产生的电磁波、放射性物质等污染物的位置、特征，计算其强度值及对周围环境的危害程度。

（二）破坏环境因素分析

分析项目在建设和生产过程中的某些活动对环境可能造成的破坏，预测其破坏程度。其具体内容主要包括以下方面：

1.建设和生产活动对地形、地貌和已有设施的破坏。

2.建设和生产活动对森林、草原植被破坏而引起的土壤退化、水土流失等。

3.建设和生产活动对社会环境、文物古迹、风景名胜区、水源保护区的破坏。

四、项目环境保护治理措施

在项目可行性研究中，按照生态环境部相关法规以及地区相关环境保护法规的要求，为建设项目提出经济有效的环境保护建议和环境治理措施方案。同时，明确环境治理措施方案的执行标准，该标准主要包括环境质量标准、污染物排放标准和总量控制指标三类。

（一）环境污染治理措施

对工业项目"三废"的治理，一般采用化学处理、生化处理、物理处理、物理化学处理、焚烧处理、堆存处理或综合利用变害为利等措施，应根据项目的污染源和排放污染物的性质，采用不同的治理措施。

1.废气治理可采用冷凝、吸附、燃烧和催化转化等方法。

2.废水处理采取三级处理法：一级处理是采用物理和化学方法，将废水中的部分污染物去除或转化为非污染物；二级处理是微生物处理，采用生化方法把污水中的有害成分去除，即去除大部分有机物和固体悬浮物；三级处理是高级处理和深度处理，使用物理化学或生物化学等方法使水质达到排放标准。

3.固体废弃物污染治理：有毒废弃物可采用防渗漏池堆存，放射性废弃物可采用封闭固化，无毒废弃物可采用露天堆存，生活垃圾可采用卫生填埋、堆肥、生物降解、焚烧等方式处理。

4.对于因项目所需资源的开发利用和污染物排放可能引起的生态变化（如土壤污染、土地沙漠化、水产资源减少、水源枯竭等），亦应采取必要的保护措施。

5.噪声污染治理可采用吸声、隔音、减震等措施。

6.建设和生产经营引起的环境破坏的治理：对岩体滑坡、植被破坏、地面塌陷、土壤劣化等，应提出加固、修复、回填、复垦、改良土壤等治理方案。

7.粉尘污染治理可采用过滤除尘、湿式除尘、电除尘等方法。

8.利用无毒害固体废弃物加工制作建筑材料或作为建材添加物，进行综合利用。

在可行性研究中，应在治理措施方案中列出所需设备、设施和投资。

（二）综合利用治理污染源

这是环境保护最根本的途径，如对废弃物中所含的有害物质或余能加以利用，制成副产品回收或在生产中循环使用等。这项治理必须从项目设计方案着手，可采取下列积极的预防措施：

1.选择合理的燃料结构，改善燃烧方式；加强废渣和废水的综合利用，防止排放污染物。例如，回收的粉煤灰和炉渣可作为水泥、砌块的原料。

2.推广无害工艺，组织密闭生产，消烟除尘，防止有害气体对大气的污染。

3.对污水进行净化处理、循环使用，防止污染水源。

4.采用先进的传动、挤压、锻造等工艺设备，减少噪声污染。

（三）治理措施方案比选

通过对环境治理措施的各局部方案和总体方案进行技术经济比较，做出综合评估。方案比选的主要内容应包括：

1.技术水平对比

分析对比不同的环境保护治理方案所采用的技术和设备的先进性、适用性、可靠性、可得性。

2.治理效果对比

分析对比不同的环境保护方案在治理前后环境指标的变化情况，能否满足环境保护法律法规的要求；通过各项环保措施的实施，项目各项有害物质的排放是否符合国家规定的标准要求，能否保证环境的应有质量。

3.管理及监测方式对比

分析对比各治理方案所采用的管理和监测方式的优缺点。

4.环境效益对比

将环境治理所花费的代价（包括环境治理所需投资和环境保护设施日常运行费用）与所获得的收益（含综合利用回收有用物质收益、通过治理减少罚款和避免停产损失的效益等）相比较，效益费用比值较大者，方案为优。同时，也要分析治理"三废"所需的投资与不治理"三废"所造成的经济损失之间的比例关系。如果治理费用大于污染损失时，就应将费用减少，达到符合治理标准为宜。因此，治理标准既要符合排放物污染不危害环境的要求，同时又要考虑治理投资的效益问题。至于污染危害人们的身体健康和对文物的破坏等非经济损失也应充分考虑进去，必须进行治理。在治理效果符合相关标准条件时，应优先选择费用较低的方案。

五、项目环境保护措施评估

项目环境保护措施的评估应包括下列主要内容：

1.厂址所在地的大气、水源等环境是否经过测试和环境评估，结果是否正确，有无证明文件。

2.项目排放的"三废"含有哪些有害物质，有无综合利用措施，回收措施是否有效。

3.除"三废"以外是否还有噪声、震动、余热、强磁、高频、辐射等其他污染，对其有无防治措施，是否有效。

4.评估防止污染、其他公害等的设施与治理工程项目是否做到与主体工程同时设计、同时施工和同时投产，即分析这些工程建设是否符合"三同时"的要求。

5.评估实施各项环保措施后，项目各项有害物质的排放是否符合国家规定的标准要求，检测治理后"三废"能否达到国家有关标准的限度要求，能否保证环境的应有质量。只有确定经治理后的污染不会危害环境，才能同意工程项目建设。

6.评估"三废"治理工程所需的投资资金来源是否能落实和有无保证，并须评估在资金使用的时间安排上能否保证"三废"治理工程与主体工程实行"三同时"。

7.分析"三废"治理措施在技术上是否科学、合理、有效、可靠。

8.评估"三废"治理的经济性问题，即治理"三废"所需要的投资与不治理"三废"所造成的经济损失之间的比例关系，力争环境效益与社会经济效益协调一致。

第三节　　低碳环境评估

近年来，全球各种极端气候频发、灾难不断。2022年，欧洲多国遭遇了罕见的高温天气，导致格陵兰冰盖大面积融化；而一场新型冠状病毒疫情已经流行了三年，造成全球超过6亿人感染，超过660万人死亡，至今仍没有消退的意思。所有这一切都表明了全球气候变化日益严峻。

一、气候变化

(一) 气候变化的定义

《联合国气候变化框架公约》（UNFCCC）中对气候变化的解释是："经过相当一段时间的观察，在自然气候变化之外由人类活动直接或间接地改变全球大气组成所导致的气候改变。"联合国政府间气候变化专门委员会（IPCC）将气候变化定义为："自20世纪中叶起的全球气温上升，大部分都可归咎于人为温室气体含量增加所引致的温室效应。"

综上所述，气候变化与人类活动产生的温室效应相关。人类在燃烧化石燃料、加工工业原材料等过程中，使固定的碳元素以气体分子的形式释放到大气中，从而增加了大气的碳含量。《京都议定书》中指明的温室气体为六种：二氧化碳（CO_2）、甲烷（CH_4）、氧化亚氮（N_2O）、氢氟碳化物（HFCs）、全氟化碳（PFCs）、六氟化硫（SF_6）。从工业革命起算，人类活动使大气中的CO_2体积分数增加了25%～30%，CH_4体积分数增加了100%，等等。气候变化导致极端气候频发、气候变暖、酸雨、海平面上升、空气污染、粮食减产、冰川消融、瘟疫疾病传播加剧。

(二) 我国气候变化的影响

我国发布的《第三次气候变化国家评估报告》主要结论表明：1909年以来中国的变暖速率高于全球平均值，每百年升温0.9～1.5℃。我国沿海海平面1980—2012年期间上升速率为2.9毫米/年，高于全球平均速率。20世纪70年代末至21世纪初，冰川面积退缩约10.1%，冻土面积减少约18.6%。未来，中国区域气温将继续上升，到21世纪末，可能增温1.3～5.0℃。全国降水平均增幅为2%～5%，北方降水可能增加5%～15%，华南降水变化不显著。高温热浪和极端干旱事件将增加，海平面将继续上升。[①]

由此可见，降低碳排放已成为我国的当务之急。

二、低碳环境的建立

(一) 低碳的概念

低碳是指较低（或更低）的温室气体（以二氧化碳为主）排放。

2005年2月16日《京都议定书》正式生效，这是首次在人类历史上以法规的形式限制温室气体排放。我国于1998年5月签署，后于2002年8月核准了该议定书。全球达成共识：降低温室气体排放，保护环境，促进低碳环境下的经济社会发展。

为了促进各国完成温室气体减排目标，《京都议定书》允许采取以下四种减排方式：

1.两个发达国家之间可以进行排放额度买卖的"排放权交易"，即难以完成削减任务的国家，可以花钱从超额完成任务的国家买进超出的额度。

2.以"净排放量"计算温室气体排放量，即从本国实际排放量中扣除森林所吸收的二氧化碳的数量。

3.可以采用绿色开发机制，促使发达国家和发展中国家共同减排温室气体。

4.可以采用"集团方式"，即欧盟内部的许多国家可视为一个整体，采取有的国家削

---

① 《第三次气候变化国家评估报告》编写委员会. 第三次气候变化国家评估报告 [M]. 北京：科学出版社，2019.

减、有的国家增加的方法，在总体上完成减排任务。

（二）"十四五"国家低碳战略目标

2020年9月，习近平主席在第七十五届联合国大会一般性辩论上宣布：中国将提高国家自主贡献力度，采取更加有力的政策和措施，二氧化碳排放力争于2030年前达到峰值，努力争取2060年前实现碳中和。

2020年12月，在气候雄心峰会上习近平主席进一步宣布：到2030年，中国单位国内生产总值二氧化碳排放将比2005年下降65%以上，非化石能源占一次能源消费比重将达到25%左右，森林蓄积量将比2005年增加60亿立方米，风电、太阳能发电总装机容量将达到12亿千瓦以上。[①]

这是我国对国际社会做出的重要承诺，是党中央经过深思熟虑做出的重大战略性决策，其事关中华民族伟大复兴梦的实现，也关系着人类命运共同体的构建。

因此，碳达峰、碳中和的目标和要求是我国"十四五"乃至未来数十年的社会经济发展的主基调之一。双碳目标的提出将中国的绿色发展之路提升到了新的高度，确定了市场投资的方向，将有力地引导长期投资向低碳领域配置，意味着引发颠覆性的能源革命、科技革命和经济转型。

为了实现"双碳"目标，需要从调整产业结构、优化能源结构和促进节能减排等多方面采取系统性的政策和措施。固定资产投资项目特别是高耗能高碳排放项目是增加碳排放的重要源头。投资项目评估具有源头控制及引导的功能，增加低碳评估内容，可以从源头上促进投资项目降低能源消耗和减少碳排放。低碳评估应当成为助推实现碳达峰和碳中和战略目标的重要举措。

三、低碳评估的概念

生态环境部《关于加强高耗能、高排放建设项目生态环境源头防控的指导意见》（环环评〔2021〕45号）中的第七条明确指出：将碳排放影响评价纳入环境影响评价体系。

（一）低碳评估的定义

投资项目低碳评估以引领经济社会发展向全面绿色转型为目的，以加快形成节约资源和保护环境的产业结构、生产方式、生活方式、空间格局为任务。投资项目低碳评估是对投资项目尤其是高耗能高排放项目的降碳方案、节能减排方案之可行性做出全面的再评价。

（二）低碳评估的内容

低碳评估的内容应包括对碳排放源进行识别、对排放的强度进行核算、对减污降碳方案进行可行性再论证、对可行的方案进行再次的比选优选，应提出协同控制的最优方案。

（三）低碳评估的范围

低碳评估的范围目前主要是在电力、建材、石化、化工、造纸、医药、油气开采等重点领域中，针对高耗能高排放项目试行评估。

---

① 中华人民共和国主席习近平.继往开来，开启全球应对气候变化新征程——在气候雄心峰会上的讲话［Z/OL］.〔2020-12-12〕. http://www.gov.cn/gongbao/content/2020/content_5570055.htm.

复习思考题

1. 项目环境保护评估与环境影响评价有何区别与联系?

2. 项目环境保护评估的内容包括哪些? 环境质量现状调查分析应做哪些具体工作?

3. 如何进行污染源和污染因素分析?

4. 环境保护的治理措施应包括哪些方面内容? 如何进行方案比选和评估?

5. 我国环境保护的基本方针、政策、工作原则与要求有哪些?

6. 如何进行环境保护措施分析?

项目宏观经济评估

内容提要

本章主要论述了项目宏观经济评估的基本原理和方法，详细介绍了经济费用效益分析的概念、目的、原理与方法，简要说明了经济费用效果分析的内容、方法、指标和应用条件。学习本章的目的是：从总体上理解项目宏观经济评估的基本概念、原理、方法及其在项目投资决策中的作用，重点掌握对项目经济效益和费用的识别、计算与数值调整，以及项目经济费用效果分析的特征、方法及应用。

第一节　　宏观经济评估概述

一、宏观经济评估的概念

宏观经济评估是从宏观经济和社会整体的角度出发，按照资源合理配置的原则，采用货物影子价格、影子汇率和社会折现率等国家参数，分析社会成员为项目投资活动所付出的代价及项目占用经济资源所产生的各种经济效果，分析项目投资的经济效益和对社会福利所做出的贡献，计算项目对宏观经济和社会的净贡献，运用经济费用效益分析和经济费用效果分析方法评估项目投资的资源配置效率，衡量项目在经济上的合理性和可行性。宏观经济评估的结论是政府审批或核准项目投资决策的重要依据之一。

项目宏观经济评估的目的是把国家有限的各种资源（包括资金、外汇、劳动力、土地和自然资源等）投入到国家和社会最需要的项目中，使这些可用于投资的有限资源能够合理配置和有效利用，以取得最大的投资效益。因此，宏观经济评估是项目经济评估的关键。

除了全面识别整个社会为项目付出的代价、项目为提高社会福利所做出的贡献以及判断项目投资的经济合理性以外，对项目进行宏观经济评估的具体目的还包括：

1.分析项目宏观经济评估的经济费用效益流量与财务评估的财务现金流量存在的差别及其原因，并提出相关的政策调整建议；

2.对于市场化运作的基础设施等项目，通过宏观经济评估来论证项目的经济价值，为制订财务方案提供依据；

3.分析各利益相关者为项目付出的代价及获得的收益，对受损者及受益者做出宏观经济评估，为下一步的项目社会评估提供有效的依据。

宏观经济评估是政府在市场经济体制下对公共项目进行评估的重要方法，也是国家政府部门干预投资活动的重要手段。

二、宏观经济评估的对象

由于宏观经济评估是一项较复杂的评估工作，根据目前我国的实际条件，评估对象仅限于：有重大影响、具有自然垄断性作用和涉及宏观经济安全的大中型重点建设项目；基础性、公益性和特殊行业等投资项目；投入产出市场竞争不充分或不具备市场交易、受到过度行政干预的项目；主要产出物和投入物的市场价格不能反映其真实价值、市场无法依据价格有效配置资源、具有明显的外部效果、财务分析结论会偏离或不能反映该项目的目标并导致决策失误的项目。具体规定下列类型的建设项目要进行宏观经济评估：

1.涉及由国家参与投资的国民经济若干部门的重大工业项目和重大技术改造项目，如铁路、公路等运输项目，较大的水利水电项目等。

2.主要由国家投资的严重影响国计民生的重大建设项目，如国防建设、重大科技开发项目等涉及宏观经济安全的项目。

3.国家控制的战略性资源开发项目、稀缺资源的开发和利用项目。

4.动用社会资源和自然资源较多的技术引进及中外合资经营项目。

5.涉及产品或原材料进出口或替代进口的项目，以及产品和原材料价格明显失真的项目。

6.具有公共产品特征、不具有盈利性和不具有竞争性的项目，如国土安全、维持社会秩序、公共基础设施、保护和改善生态环境、公共教育及公共卫生等项目。

7.具有垄断或自然垄断属性的项目，如重大战略性资源开发、邮电通信、电力电信、交通运输和城市公用设施等项目。

8.规模较大且投入或产出足以影响市场均衡价格的项目，或对环境有较大影响的竞争性和盈利性项目。

9.外部效果显著的项目。

10.受过度的行政干预的项目。

三、宏观经济评估的内容和程序

投资项目宏观经济评估涉及的内容较多、范围较广，测算核实基础数据与参数的工作较复杂，一般可按下列步骤进行：

1.识别并划分投资项目的经济效益和经济费用，主要包括直接、间接的效益和费用，内部、外部的效益和费用。应注重鉴别并分析转移支付与外部效果，考察项目对经济发展、资源合理利用和环境的影响。

2.合理选取或测算项目投入物与产出物的影子价格，对经济评估参数进行鉴定、分析。这是宏观经济评估的关键步骤。

3.依据所确定的影子价格和经济评估参数，计算项目的经济效益和经济费用等基础数据，并对其进行调整及分析。

4.根据所调整的项目经济基础数据，编制项目宏观经济评估报表。

5.对项目宏观经济评估指标进行评估，主要包括对项目宏观经济盈利能力以及难以用货币价值量化的外部效果进行评估。

6.对项目进行宏观经济的不确定性和风险评估，判别项目投资的宏观经济效益的可靠性和抗风险能力。

7.对项目技术方案和建设方案的宏观经济效益比选进行评估，以利于提高项目投资的经济效益和投资决策的合理有效性。

8.进行综合评估，提出项目宏观经济评估结论与建议。按照国家的有关经济政策，对项目涉及的各项经济因素进行综合分析，做出评估结论，并对评估中发现的问题做出说明，同时提出建议。

第二节　项目经济费用效益分析

一、经济费用效益分析概述

（一）经济费用效益分析的定义

经济费用效益分析是按照既定的国家经济和社会目标，运用近似社会价值的影子价格，对拟建项目、规划或投资方案的费用与效益进行识别、计算、分析、比较，以便从中选择最佳（满意）方案的一种科学分析方法。它是在给定的有限的资源条件下，保证拟建项目达到既定目标、产生最佳经济效益的一种有效工具。在经济发达国家，经济费用效益分析主要用于公共项目的社会经济效果评估。

在我国的社会主义市场经济体制下，经济费用效益分析是政府对公共项目进行宏观经济和社会评价的重要方法。经济费用效益分析还用于从资源配置经济效率的角度分析项目的外部效果和公共效益，据以判断项目建设的经济合理性和有效性，作为政府审批或核准项目的重要依据。

（二）项目经济费用效益分析的目的

1.全面识别整个社会为项目付出的代价，以及项目为提高社会福利所做出的贡献，分析项目投资的经济效率，评估项目投资的经济合理性。

2.运用经济费用效益分析进行多方案比较和优选工作，即从多方案中选择经济上最佳（或满意）的方案（即效益与费用比值最大者）。

3.对比项目的经济费用效益流量与财务现金流量存在的差异，分析造成差异的原因，并提出相应的政策调整建议和措施。

4.对于市场化运作的基础设施等项目，通过经济费用效益分析来论证项目的经济价值，为制订财务方案提供依据。

5.分析各利益相关者为项目付出的代价及获得的收益，为社会评价提供依据。

（三）经济费用效益分析的特点

相比财务盈利性分析等分析方法，经济费用效益分析方法具有下列三方面特点：

1.评价角度

从企业的微观角度扩展到国家和社会的宏观角度。它摆脱了只从企业的范围考虑问题的狭隘观点，转而从国家和社会的观点出发，以便从更广泛的视角考虑问题。

2.评价标准

从企业利润扩展到宏观经济效益和社会效益。它不是以利润作为唯一的项目评价标准，而是根据项目向社会提供的有益效果及消耗的社会资源进行评价。也就是通过社会效益和社会费用的比较，来判断项目对国民收入和社会分配等国家与社会目标的实现程度，以此作为项目的评价标准。

3.外部效果

从直接（内部）效果扩展到间接（外部）效果。它不仅考虑方案（项目）所产生的直接效果，而且考虑与项目有关的各方效果或由项目引起的防止污染、环境美化等间接（外部）效果。从具有物质载体的有形费用和效益扩展到各种无形的费用和效益。

（四）经济费用效益分析的任务

1.从资源优化配置的角度，分析项目投资的经济合理性。

2.通过对比财务分析和宏观经济费用效益分析的结果，分析市场的扭曲情况，判断政府公共投资的必要性，并为改善项目的财务状况、进行政策调整提出分析意见。

二、经济费用效益分析的原则和基本准则

（一）经济费用效益分析的原则

1.投资项目的产品或劳务具有价值的前提是其必须满足社会的需求。拟建项目（或方案）的产出商品或劳务为人们所需要，才具有价值（或使用价值）。

2.一个投资项目（或方案）采用最经济的方法提供既定商品（或劳务）时，才被认为是最优的投资项目（或方案）。

（二）经济费用效益分析的基本准则

1.最有效准则

当费用固定不变时，效益最大者为优，即在规定的成本费用限额条件下，使项目能获得最大的效益。

2.最经济准则

当效益指标固定不变时，费用最小者为优，即用最小的费用来获得既定的效益。

3.效益与费用比准则

当效益与费用都不固定时，则选择效益与费用之比值最大者为优，即单位费用取得的效益最大者为最优方案。

三、经济费用效益分析的主要方法

项目投资的经济费用效益分析是从整个社会和经济的角度分析社会资源占用的经济效率，因此，应根据每个项目的具体情况选用分析方法。经济费用效益分析的主要方法如下：

1.经济费用效益比较的分析方法。

2.多准则分析法（MCA），将项目视为多目标的投资决策问题，将经济费用效益分析纳入多目标决策的框架体系中。

3.定性分析方法，对项目的各种经济影响进行全面陈述，为投资决策提供依据。如果项目的效益和费用均难以量化，则应进行定性分析。

其他还有总费用分析法、完全费用效益分析法及项目周期费用分析法等。

第三节　项目经济费用效益的识别、计算与调整评估

一、项目经济费用和效益的识别评估

（一）项目经济费用和效益识别

在项目宏观经济评估中，经济费用和效益的识别原则是从整个宏观经济的发展目标出发，以实现社会资源的最优配置和有效利用，从而确保实现国民收入最大增长的基本目标。

凡是项目对宏观经济所做的贡献，即由于项目的兴建和投产给宏观经济带来的所有经济效益，均计为项目的宏观经济效益；凡是宏观经济为项目所付出的代价，即国家为项目的建设和生产所付出的全部真实的经济代价，均计为项目的宏观经济费用。

对于任何一个投资项目，由于项目的实现需要消耗社会资源，而项目的产出可增加新的社会资源，因此，考察项目的宏观经济效益和费用，应着眼于项目投入和产出所产生的社会资源变动。凡是减少社会资源的项目投入，即为项目的宏观经济费用；凡是增加社会资源的项目产出，即为项目的宏观经济效益。

在经济费用和效益分析中应尽可能全面地识别和计算投资项目的经济费用和效益。具体内容包括：

1.分析项目本身的（内部）费用和效益，以及项目引起其他组织、机构或个人发生的各种外部费用和效益。

2.分析项目的近期影响，以及项目可能带来的中期、远期影响。

3.分析与项目主要目标直接联系的直接费用效益以及各种间接费用效益。

4.分析具有物质载体的有形费用效益以及各种无形费用效益。

5.分析项目投入产出中的作为最终消费品可产生的最终费用效益以及各种中间费用效益。

（二）项目经济费用和效益识别的原则

1.增量分析原则

项目经济费用效益分析应建立在增量费用和增量效益的基础上，不应考虑沉没成本和已实现的效益，并运用"有无对比分析法"，通过"有项目"实施的效果与"无项目"实施可能发生的效果（或损失）进行对比分析，作为计算机会成本或增量效益的依据。

2.关联效果原则

应考虑项目投资可能产生的其他关联效应。

3.以本国公民作为分析对象的原则

对于跨越国界的项目，应重点分析项目对本国公民新增的费用和效益。项目对本国以外的社会群体所产生的效果，应进行单独陈述。

4.剔除转移支付的原则

在经济费用效益分析中，税收、补贴、国内银行借贷利息属于转移支付，它仅代表购买力的转移行为，本身没有导致新增资源的发生，因此在进行经济费用效益分析时，不需要计算转移支付的影响。

（三）项目经济费用和效益识别的方法

识别项目经济费用和效益的基本方法是在"有项目"和"无项目"的条件下，计算投入和产出的可用量之间的差额，即可采用社会费用效益分析方法和成本效用分析方法进行识别。

（四）项目经济费用和效益识别评估的要求

项目经济费用和效益的识别评估应符合下列要求：

1.从全社会的角度进行评估；

2.注意区别项目实体的财务现金流量与经济费用效益；

3.尽可能地量化各种影响因素，同时应避免重复计算；

4.根据具体情况调整财务分析中的转移支付。

二、项目经济费用和效益的划分与计算原则

（一）项目经济费用和效益的划分

在项目宏观经济评估中，经济费用和经济效益均有直接与间接之分，在计算时应注意费用和效益计算范围的一致性与可比性。

1.直接费用和直接效益

（1）直接费用是指项目使用的投入物所产生的经济费用，即为项目投入的各种物料、人工、资金、技术及自然资源而带来的社会资源的消耗，也就是国家为满足项目投入需要付出的代价，是用影子价格计算的经济价值。这些费用不仅包括项目一次性投资、经常性投入和其他直接投资的所有货币支出，而且包括项目的经济损失（不管是否能得到补偿），项目发生的负效益亦统一划分为经济费用。直接费用的计算范围一般表现为：其他部门为供应本项目的投入物而扩大生产规模所耗用的资源费用；增加进口（或减少出口）所耗用（或减收）的外汇；减少其他项目投入物的供应而放弃的效益等。项目的直接费用应按投入物的机会成本计算。

（2）直接效益是指由项目本身的产出物或提供劳务产生的效益，是用影子价格计算的经济价值。例如，工业项目生产的产品获得的销售收入；灌溉项目实现农业增产引起的农业收入的增加额；运输项目直接提供的运输服务所获得的收益等。它们是项目直接增加销售量和劳务量所获得的收益，或者为社会节约的开支、减少的损失和节省的资源。直接效益的计算范围一般可表现为：增加产出物数量满足国内需求的效益；增加出口（或减少进口）所增收（或节支）的国家外汇；替代其他相同或类似企业的产出物，使被替代企业减产而减少国家有用资源耗费（或损失）的效益。从理论上说，直接效益的真实价值是消费者愿意为其付出的最大代价，称为消费者支付意愿。

第八章 项目宏观经济评估

项目的直接费用和直接效益均在项目范围内计算，故统称为项目内部效果。

2.间接费用和间接效益

（1）间接费用是指国民经济为项目付出的代价，而项目本身并不实际支付的费用。它是由项目引起而在项目的直接费用中未得到反映的外部费用。例如，工业项目产生的废水、废气和废渣引起的环境污染，造成的自然环境的损害和生态平衡的破坏，需要社会治理的代价就是间接费用。

（2）间接效益是指项目对社会做出的贡献而项目本身并未得益的那部分效益。这种效益是由项目引起的，由于投入产出关系而产生的对整个国民经济的其他部门（行业）或其他项目的影响，但是在项目的直接经济效益中没有得到反映的经济效益。例如，新建的工业项目促使为其配套服务的其他相关部门亦增加产量或劳务量而获得的收益。

项目的间接费用和间接效益在项目的直接费用和直接效益中均得不到反映，故统称为外部效果。

（二）项目经济费用和效益的计算原则

项目投资所发生的经济费用和效益的计算，应在分析利益相关者的基础上进行，研究在特定的社会经济背景条件下相关利益主体付出的代价及获得的收益。计算投资项目的经济费用和效益应遵循下列原则：

1.支付意愿原则

项目产出物的正面效果计算应遵循支付意愿（WTP）原则，分析社会成员为投资项目产出物的效益愿意支付的价值。

2.受偿意愿原则

项目产出物的负面效果计算应遵循接受补偿意愿（WTA）原则，分析社会成员为接受这种不利影响所得到补偿的价值。

3.机会成本原则

项目投入物的经济费用计算应遵循机会成本原则，分析项目占用的所有资源的机会成本。机会成本应按资源的其他最有效利用所产生的效益进行计算。

4.实际价值计算原则

项目经济费用效益分析应对所有费用和效益采用反映资源真实价值的实际价格进行计算，不考虑通货膨胀因素的影响，但应考虑相对价格的变动。

三、项目外部效果的计算和评估

（一）项目外部效果的分类

外部效果是指项目可能会对其他社会群体产生正面或负面的影响，即在生产和消费中所产生的项目以外的积极与消极影响。它不会在项目本身的直接收入和支出中反映出来，但可能对社会造成极大影响。外部效果的受益者不需要付出任何代价，外部效果的受损者也得不到任何补偿。例如，新建项目对人们的示范作用或教育影响是项目的外部效益，而项目对环境的损害是其外部费用。项目外部效果的计算范围应考虑环境及生态影响的效果、技术扩散的效果和产业关联的效果。在项目经济评估时，不宜把项目外部效果的范围扩大，只需要计算与其有直接影响的外部效果。由于项目外部效果的范围广泛、关系复杂，因此，一般可做如下分类：

1.技术性和货币性外部效果

技术性外部效果是指项目涉及其他商品或劳务引发的、能使社会总生产和总消费发生变化的影响，就是那些能够真正引起项目之外的生产和消费发生变化的费用和效益。如造纸厂排污使附近水域的鱼类产量下降而产生的技术性间接费用；水电站的建设引起当地的防洪和农田灌溉效益，使农作物产量增加，均为项目的技术性外部效果。

货币性外部效果是指由项目引起的某些商品或劳务相对价格变化的收入效应，并使第三者的效益发生变化。它只是表现为消费者和生产者之间的一种转移支付，而不会影响社会总生产和总消费的变化。例如，由于对棉纺项目的大量投资，致使棉布供应量剧增而造成棉布价格下跌，这样就使棉纺厂的利润下降，而消费者和制衣厂会因此受益，但社会资源总量不变。

2.有形与无形外部效果

有形外部效果是指能够以货币计量的并具有物质形态的间接效益和间接费用，如大型水利工程中的养鱼业、农田灌溉的粮食增产等效益及为新建项目服务的配套项目的投入等。

无形外部效果是指难以用货币和实物定量的、缺乏物质形态的无形效果和影响，如技术扩散效益、城市犯罪率、环境的舒适程度，以及对国家威望、民族团结、国防安全、社会安定和公益活动等的影响。

外部效果除了经济效益外，还可体现为社会效益、环保效益、政治效益、资源利用效益和军事效益等。但从国家角度来说，地区间、部门间、项目间和个人间的效益转移可以忽略不计。

（二）项目外部效果计算的重要内容

1.对于环境影响的外部效果，应尽可能地对环境成本和效益进行货币量化，并在可行的情况下赋予其经济价值。对于环境影响的费用和效益，应根据项目的时间范围、空间范围、具体特点、评估深度要求及资料的占有情况，采用适当的方法进行量化。

对于项目环境影响的量化分析，应从社会整体角度对项目环境影响的经济费用和效益进行识别并计算。

（1）如果项目对环境的影响可能导致受影响区域的生产能力发生变化，则可以根据项目所造成的相关产出物的产出量的变化，对环境影响效果进行量化。如果产出物具有完全竞争的市场价格，则应直接采用市场价格计算其经济价值，否则可对价格进行相应调整。

（2）如果不能直接估算项目的环境影响对相关产出量的影响，则可以通过有关成本费用信息采用替代成本法、预防性支出法、置换成本法、机会成本法、意愿调查评估法等方法间接估算环境影响的费用与效益。

（3）对于无法通过产出物的市场价格或成本变化测算其影响的环境价值，应采用间接评估的方法量化，如可采用隐含价值分析法、产品替代法和成果参照法等。

2.效益表现为节约费用的项目，应根据有无对比分析法，计算其节约的经济费用，计入相应的经济效益。其在计算时应注意：

（1）按照"有无对比"原则，分析在"有项目"和"无项目"两种情况下的费用变动趋势，尤其应重视对在"无项目"情况下的费用变动状况进行合理预测，通过增量分析估算节约费用的效益。

（2）从整个项目周期费用的角度进行分析，既要分析项目初始建设的投资费用，也应分析其生产（运营）期费用。

（3）从广义费用的角度进行分析，既要分析项目实体付出的费用，也要分析各种间接费用、次级费用；既要分析货币量化的费用，又要分析非货币化的费用，在费用分析中应避免重复计算。

3.对于涉及教育、卫生、环境工程或交通运输等项目的实施会引起人力资本增值、生命延续或疾病预防等方面的效果，应测算人力资本增值的价值、可能引起的死亡增加或减少的价值以及预防控制措施对疾病健康等影响的价值，将其计算结果纳入项目经济分析评估之中。如果货币量化缺乏可靠的依据，应采用非货币的方法进行量化计算。

（1）对于项目实施可能引起人力资本增值的效果，如教育项目引起的人才培养数量和素质的提高，在劳动力市场发育成熟的情况下，其价值应根据"有项目"和"无项目"两种情况的税前工资率的差别进行估算。

（2）对于以增加或减少死亡的价值作为项目的效果（应尽可能地分析死亡的风险带来的增加或减少的价值），可根据社会成员为避免死亡而愿意支付的价格进行计算，亦可采用人力资本法，通过分析人员死亡造成为社会创造收入减少来评价死亡引起的损失，据以测算生命的价值，还可通过分析不同工种的工资差别来测算人们对生命价值的支付意愿。

（3）当项目的效果表现为对健康产生影响时，一般应通过分析疾病的发病率与项目影响之间的关系来测算发病率的变化所导致的收入损失，考察看病、住院、医药等医疗成本及其他各种相关支出的变化，并综合考虑人们对避免疾病以获得健康生活所愿意付出的代价，测算其经济价值。

4.效益表现为时间节约的项目，其经济价值应采用有无对比分析法，根据不同人群、货物、出行目的等来计算其时间节约的价值，应符合下列具体要求：

（1）出行时间节约的价值，应根据出行目的对时间的敏感程度分析受益者为得到这种节约所愿意支付的货币数量，并根据具体利用的性质分别测算。如果所节约的时间被用于工作，应综合考虑将节约的时间用于工作所带来的产出增加，以及由企业负担的所得税前工资、保险、退休金及有关的其他劳动成本，分析计算其时间节约的价值；如果所节约的时间用于闲暇，应从受益者个人的角度，综合考虑个人、家庭情况、收入水平、对闲暇的偏好等因素，采用意愿调查评估的方法计算其时间节约的价值。

（2）货物时间节约的价值，是指为得到这种节约，受益者所愿意支付的货币量。应根据不同货物对时间的敏感程度分析受益者为了得到这种节约所愿意支付的价格，测算其时间节约的价值。

（三）项目外部效果的评估

项目外部效果是经济评估的重要内容。在对项目进行经济评估时，应复核项目的外部效果，关键是适当划分效果的计算范围，应注意对下列内容的评估：

1.项目外部效果的计算范围是否合理，有无重复计算和漏算现象发生，外部效果的计量是否正确，要防止只计算效益而不计算费用。

2.对于项目外部费用与效果的经济价值，应根据项目的具体情况，尽可能地选择适当方法进行货币量化，进行定量分析，并将计算结果计入项目的总费用或效益中。

3.如果项目的外部影响不易货币量化，则可采用意愿调查评估法，通过对支付意愿或受偿意愿的调查评估，推断出项目有关外部影响的经济价值。若项目的外部影响无法量化的，则应做定性描述。

4.项目外部效果的计算范围应考虑环境与生态影响的效果、技术扩散的效果和产业关联的效果。为防止计算扩大化，外部效果一般只计算一次相关效果，不应连续计算。

5.项目外部效果计算应尽可能做到计算范围和方法的规范、统一和可比。

四、转移支付

在项目的投资建设和生产（运营）过程中，某些货币收支并不真正反映资源投入和产出的变化，只是表现为资源的支配权从某个经济实体转移到另一个经济实体手中，因而并不影响社会的最终产品和资源的增减，亦不会引起国民收入的变化。这种纯属货币转移而不伴随资源增减的财务收支在项目宏观经济评估中称为项目的转移支付，在经济评估中不记作项目的宏观经济费用与效益。转移支付的主要内容包括：

1.国家和地方政府的税收；

2.国内银行借款利息；

3.国家和地方政府给予项目的补贴。

如果以项目的财务评估为基础进行宏观经济评估时，应从财务效益与费用中剔除在项目宏观经济评估中记作转移支付的部分。

在项目宏观经济评估时，应复核在可行性研究报告的宏观经济评价中是否从项目原效益和费用中剔除了增值税、消费税、所得税、进口环节的关税、城镇土地使用税、城市维护建设税、资源税以及企业支付的国内借款利息和国家给企业的各种形式的补贴等转移支付的部分。

五、项目经济费用和效益的调整评估

在项目宏观经济评估中的项目经济费用和效益，可以在财务评估的财务收入和支出的基础上进行调整，亦可用影子价格等国家参数直接估算。在一般情况下，只对价格扭曲较大的主要投入物和产出物的财务价格调整为影子价格，据以计算项目的经济费用和效益。对这些经济费用和效益进行评估时，重点评估经济费用和效益的调整是否符合国家规定的调整原则，调整的内容是否完整，应包括固定资产投资、流动资金、经营费用和销售收入的调整。

经济费用和效益调整的原则：一是调整不属于经济效益和费用的内容，应剔除属于宏观经济的内部转移支付；二是分析与计算项目的间接费用和效益（即外部效果）；三是按照投入物和产出物的影子价格、影子汇率、影子工资率和社会折现率等国家经济参数，对有关经济数据进行调整。

（一）固定资产投资的调整

应按财务评估的固定资产投资构成逐项进行调整。

1.从财务评估的投资中剔除设备和材料的进口关税和增值税（非应税项目）、城镇土

第八章　项目宏观经济评估

地使用税、建设期国内借款利息和涨价预备费等转移支付。

2.用影子汇率、影子价格、运输费和贸易费用调整国内外设备的购置费、安装费和其他费用。如调整引进设备价值,需要调整汇率、国内运输费与贸易费用;调整国内设备价值,则需要采用设备影子价格计算其本身的价值和影子运费与贸易费用。

3.调整建筑费用。一种是直接调整三材(钢材、木材和水泥)和人工费用,还需调整其他用量大的材料和建筑用电等费用,分别采用影子价格和实际财务价格调整并计算建筑费用;另一种是可直接运用国家统一制定的建筑工程影子价格换算系数,调整建筑工程费用。

4.安装费用的调整,可按照主要安装材料(如钢材)采用材料影子价格进行调整,如使用引进的安装材料,还要采用影子汇率调整。

5.土地费用的调整,则按项目占用土地的机会成本重新计算土地的影子费用,它应能反映土地的市场基准地价或土地的机会成本与社会新增资源消耗之和。在评估时要分析土地的基准地价或机会成本的计算是否准确,是否反映当地土地资源的稀缺程度。

6.其他费用调整。如其他国外费用则采用影子汇率进行调整,剔除涨价预备费。

综合上述调整原则,在完成各项调整数值后,将调整后的各项数值列入经济费用效益分析投资费用估算调整表中(见表8-1)。

表8-1　　　　　　　　**经济费用效益分析投资费用估算调整表**

人民币单位:万元;外币单位:万美元

序号	项目	财务分析			经济费用效益分析			经济费用效益分析比财务分析增减
		外币	人民币	合计	外币	人民币	合计	
1	建设投资							
1.1	建设工程费							
1.2	设备购置费							
1.3	安装工程费							
1.4	其他费用							
1.4.1	其中:土地费用							
1.4.2	专利及专有技术费							
1.5	基本预备费							
1.6	涨价预备费							
1.7	建设期利息							
2	流动资金							
	合计(1+2)							

注:若投资费用是通过直接估算得到的,本表应略去财务分析的相关栏目。

(二)流动资金的调整

在项目宏观经济评估中,流动资金仅指国家为项目实际消耗的资源,即原材料、修理用备品备件、燃料等库存、在产品和产成品占用的资金。其可采用下列两种调整计算方法:

1.详细估算法

详细估算法,可根据以影子价格计算调整后的经营费用,重新估算流动资金。

2.扩大指标估算法

扩大指标估算法,可根据以影子价格计算调整后的销售收入、产品成本费用或固定资产价值,重新估算流动资金。

按流动资金构成或经营成本逐项进行调整，调整由于流动资金估算基础的变动引起的流动资金占用量的变动。

（1）首先应剔除作为转移支付的非定额流动资金（如货币资金、结算资金）部分，因为它们未造成国家资源的实际消耗或增加。

（2）按影子价格进行详细的分项调整。

（3）亦可按调价后的销售收入、经营成本或固定资产价值乘以相应的资金率进行粗略估算的调整，这时须注意剔除非定额流动资金部分。将调整后的流动资金的各项数值列入项目宏观经济评估流动资金调整计算表和经济费用效益分析投资费用估算调整表当中。

（三）经营费用的调整

应对项目财务评估的经营费用进行分解，分别调整为可变成本与固定成本，可以先用货物的影子价格、影子工资等参数调整费用要素，然后加总求得经营费用。

1.可变成本部分应按外购原材料、燃料、动力的影子价格重新计算各项费用。

2.固定成本部分应剔除折旧费和流动资金利息，并计算固定资产和流动资金的资金回收费用。

3.应对修理费和工资进行调整，而对其他费用不予调整；修理费可按调整后的固定资产原值（扣除国内借款的建设期利息等）和修理费率重新计算。

4.工资则按工资换算系数计算出影子工资。

5.其他需要调整的部分。根据项目的实际情况，仅对价格扭曲较大的因素进行合理调整，将调整后的各项费用列入经济费用效益分析经营费用估算调整表中（见表8-2）。

表8-2　　　　　　　　　经济费用效益分析经营费用估算调整表　　　　　　人民币单位：万元

序号	项目	单位	年投入量	财务分析		经济费用效益分析	
				单价（元）	年成本	单价（元）	年费用
1	外购原材料						
1.1	原材料 A						
1.2	原材料 B						
1.3	原材料 C						
1.4	⋮						
2	外购燃料及动力						
2.1	煤						
2.2	水						
2.3	电						
2.4	重油						
2.5	⋮						
3	工资及福利费						
4	修理费						
5	其他费用						
	合计						

注：若经营费用是通过直接估算得到的，本表应略去财务分析的相关栏目。

第八章　项目宏观经济评估

（四）销售收入的调整

先确定项目产出物的影子价格，重新计算销售收入。

1.应根据项目规定的生产规模（产量）采用影子价格计算产出品的销售收入。

2.确定产出品的影子价格，应根据项目产品的货物类型，按规定的不同定价原则对其进行测算。

3.当产品品种较多时，可用影子价格重新计算销售收入，将调整后的数据列入项目直接效益估算调整表中（见表8-3）。

表8-3　　　　　　　　　　　**项目直接效益估算调整表**

收入效益单位：人民币万元，外币万美元

产出物名称		投产第一期负荷（%）				投产第二期负荷（%）				正常生产年份（%）			
		A产品	B产品	…	小计	A产品	B产品	…	小计	A产品	B产品	…	小计
年产出量	计算单位												
	国内												
	国际												
	合计												
财务分析	国内市场 单价（元）												
	国内市场 现金收入												
	国际市场 单价（美元）												
	国际市场 现金收入												
经济费用效益分析	国内市场 单价（元）												
	国内市场 直接效益												
	国际市场 单价（美元）												
	国际市场 直接效益												
合计（万元）													

注：若直接效益是通过直接估算得到的，本表应略去财务分析的相关栏目。

在评估时应注意分析产品当中的外贸货物或非外贸货物的划分是否正确，选用的产品影子价格是否恰当，是否结合具体情况严格按照《建设项目经济评价方法与参数》等国家有关规定合理定价。

（五）固定资产余值和流动资金回收额的调整

应按照调整后的固定资产原值和流动资金进行计算。

当涉及外汇借款时，应使用影子汇率计算外汇借款的本金与利息的偿付额。

（六）编制报表

对项目外部效果也应编制相关报表，主要包括项目间接费用估算表（见表8-4）和项目间接效益估算表（见表8-5）。

表8-4　　　　　　　　　　　项目间接费用估算表　　　　　　人民币单位：万元

序号	项目	合计	计算期					
			1	2	3	4	…	n
⋮	⋮	⋮	⋮	⋮	⋮	⋮	⋮	⋮

表8-5　　　　　　　　　　　项目间接效益估算表　　　　　　人民币单位：万元

序号	项目	合计	计算期					
			1	2	3	4	…	n
⋮	⋮	⋮	⋮	⋮	⋮	⋮	⋮	⋮

第四节　项目经济费用效果分析

一、经济费用效果分析的概念

经济费用效果分析是指通过比较项目预期的效果与所支付的费用，来判断项目费用支付的有效性或经济合理性，这是投资项目经济评估和投资项目方案比较的基本分析方法之一。

经济费用效果分析的"费用"是指为实现项目预定目标所付出的财务代价或经济代价，应采用货币计量；"效果"是指项目的结果所得到的成果、效用、效应或效能，体现项目目标的实现程度。根据项目要实现的目标，一个项目可选用一个或几个效果指标。

当投资项目的产出成果和劳务难以或无法用货币计量时，就可用实物量表示项目的产出成果或劳务的效果（效用），如果表明项目的效能、质量、使用价值和受益等形式很难用绝对值表示时，则可采用移动率、利用率、完成概率、命中率、保养率和可靠度等相对值来表示。

二、经济费用效果分析的作用

经济费用效果分析通常是应用费用（或成本）与效果（或效用）的比率和差额来表示项目的经济效益及净效益。比率是为获得一定效果（效用）所需花费的费用（成本），即效果（效用）的单位费用（成本）；差额表现为费用（成本）的节约额。这两类指标的结论可作为该项目投资方案决策的依据；当有多种方案供选择时，单位费用（成本）最低的方案可作为最佳备选方案。因此，经济费用效果分析亦可称为成本效用分析。对于项目的产出或效果可用货币量化的投资项目，可采用费用效益比选或效益比选与费用比选的方法进行项目的单个方案比选。经济费用效果分析也可以对项目的总体方案进行比选，其结果作为项目经济效益评估的最终结论。

三、经济费用效果分析的方法

（一）经济费用效果分析有三种基本方法

1.最小费用法

当效果相同时，应选择费用最低的方案为优，亦称固定效果法。

2.最大效果法

当费用相同时，应选择效果最好的方案为优，亦称固定费用法。

3.增量分析法

增量是指两个备选方案之间的费用差额和效果差额。当效果和费用均不固定，在若干个备选方案中的效果和费用之间均有较大幅度的差别时，应采用增量分析法。当发生追加费用和增量效果时，应选择增量效果的单位追加费用最低的方案为优，即当增量的效果（ΔB）能够抵补增加的费用（ΔC），且达到 $\Delta B/\Delta C \geqslant 1$ 的要求时，则应选择费用高的方案；否则，当 $\Delta B/\Delta C < 1$ 时，则应选择费用低的方案。应注意不可盲目选择方案自身 B/C 比值大的方案。

（二）增量分析多方案比选的步骤

若项目有两个以上的备选方案进行增量分析时，应按以下步骤选优：

1.将各方案费用由小到大排序；

2.从费用最小的两个方案开始比较，通过增量分析选择优胜方案；

3.将优胜方案与邻近的下一个方案进行增量分析，选出新的优胜方案；

4.重复第三步的过程直到最后一个方案，最终被选定的优胜方案即为最优方案。

四、经济费用效果分析指标

经济费用效果分析的基本指标是效果费用比（E/C）和费用效果比（C/E）。前者应取单位费用效果最大的方案，后者应取单位效果费用最低的方案。

（一）项目效果费用比指标的计算公式

$R_{E/C} = E/C \geqslant [E/C]_。$

式中：$R_{E/C}$——效果费用比值，表示单位费用应达到的效果；

E——项目效果，即项目结果所起到的作用、效应或效能，可采用非货币指标，选择能真实反映项目目标实现程度的指标，可用绝对值计量，也可用相对值百分比（%）或系数表示；

C——项目的全寿命周期费用，即从项目建设投资开始到项目终结的整个过程期限内所发生的投资、运营成本及期末处理全过程的折现费用，应采用货币表示的现值或年值；

$[E/C]_。$——项目效果费用比值最低可接受的单位项目成果效用基准指标。

（二）项目费用效果比指标的计算公式

$R_{C/E}=C/E\leqslant[C/E]_o$

式中：$R_{C/E}$——费用效果比值，表示单位效果应付出的费用；

　　　$[C/E]_o$——项目费用效果比值最高可接受的单位成本费用基准指标。

基准指标的确定需要根据国家的经济状况、技术水平、社会需求、行业特点和以往同类项目E/C比值水平进行综合分析，由有关部门按行业项目的类别专门测定、定期公布和调整。例如，每吨自来水可接受的成本、每吨污水处理的费用和城市公共交通人公里的成本等。

五、经济费用效果分析的适用范围

1.经济费用效果分析最适用于对某些领域效果难于或不能货币化的价值进行评估，如环境、生态、生命与健康、人类自然与文化遗产的价值，通过义务教育促进人的全面发展的价值等；

2.对发达程度不同的地区、不同收入阶层以及当代人福利与未来人福利的公平分配的评估；

3.对项目主体效益难以货币化或直接货币收益不能反映项目效果本质特征的项目的评估；

4.在项目可行性研究中对不同技术经济环节（如厂址选择、工艺比较、设备选型、总图运输、环保和安全措施等）之间的综合评估等。

上述情况都很难直接与项目最终的货币效益一起测算，故适宜采用经济费用效果分析方法，并可将其评估结论作为项目经济评估的结论。

六、经济费用效果分析需注意的问题

1.备选方案必须具有共同的既定实物目标，目标不同的方案和不能满足目标最低要求的方案是不可比的。

2.备选方案应具有可比的寿命周期，必须确保对比方案的寿命周期相同。

3.项目费用的测算应强调采用全寿命周期费用，包括投资、经营成本、期末资产回收和拆除费用、恢复环境的处置清理费用等，可按现值或年值计算。

4.项目效果可采用有助于说明项目收效的任何量纲。选择项目效果的计量单位应采用能切实度量项目目标的实现程度和便于计算的非货币效果指标。如果有多个效果指标，需要采用加权平均方法处理为统一的变量。

5.备选方案应具有两个以上的互斥方案，最终选择一个。

复习思考题

1.何谓项目宏观经济评估？评估的目的是什么？评估的对象主要是指哪类项目？

2.项目宏观经济评估应循着哪些工作步骤进行？包括哪些内容？

3.如何对项目的经济效益和费用进行识别、计算及调整？

4.何谓外部效果？包括哪些内容？如何计算并评估？

5.什么是转移支付？它包括哪些主要项目？在项目宏观经济评估中对转移支付应如何处理？

6.何谓影子价格？在项目宏观经济评估中为何要在价格调整时使用影子价格？它的经济含义和作用是什么？如何对其进行衡量计算和评估？

7.如何计算和评估特殊投入物的影子价格？应包括哪些内容？

8.项目宏观经济评估主要有哪些基本报表？如何计算和判别经济效益指标？

9.分别叙述社会折现率、影子汇率、影子工资和土地影子价格等国家通用参数的经济含义、作用、测算方法、使用条件及参考使用值。如何使用国家参数进行评估？

10.何谓经济费用效果分析？经济费用效果分析有哪几种基本方法？

11.经济费用效果分析的基本指标有哪些？如何运用？

12.采用经济费用效果分析应具备哪些应用条件？

项目经济影响评估

内容提要

本章介绍了项目经济影响评估的对象、范围、作用和用途等基本概念；阐明了项目经济影响评估的内容及重点、项目经济影响产生的层次和影响效果传递的途径等；重点讲述了项目经济影响评估采用的指标和方法；并详尽解读了重大项目经济安全影响评估的内容和方法。学习本章的目的是：重点掌握项目经济影响评估的基本概念和原理，并学会根据不同类型项目的实际情况确定评估范围，合理选择评估指标和方法，准确测算效果指标，努力追求科学的评估结论，为重大项目的审批、核准提供科学依据。

第一节　项目经济影响评估概述

一、项目经济影响评估的概念和对象

（一）项目经济影响评估的概念

项目经济影响评估，是评估在项目投资中因消耗社会资源所产生的费用效益给行业发展、区域经济和宏观经济带来的影响，从而判断拟建项目的经济合理性，并进一步为协调项目与行业发展、区域经济和宏观经济之间的关系提出建议、措施，以促进项目的顺利实施及提高项目的经济影响效果。

1.行业发展影响评估

行业发展影响评估，是根据行业现状分析拟建项目在行业中所处的地位、对所在行业及关联产业发展的影响，包括产业结构调整、行业技术进步、行业竞争格局等主要内容，强调对项目建设形成行业垄断的可能性进行评估。

2.区域经济影响评估

区域经济影响评估，是从区域经济的角度出发，分析投资建设项目对所在区域乃

第九章 项目经济影响评估

至较大区域范围的经济发展的影响，包括对区域现存的发展条件、经济结构、城镇建设、产业空间布局、市场竞争结构、当地财政收支、劳动就业、土地利用、社会收入分配、生态环境等方面的现实和长远影响进行分析。通过分析，做到有效合理地配置人、财、物等资源，使部门之间、企业之间、生产性建设和非生产性建设之间在地区分布上统筹协调，提高社会的经济效果，保持良好的生态环境，促进地区开发建设的顺利进行。

3.宏观经济影响分析

宏观经济影响分析，是指从国民经济整体角度出发，综合分析投资建设项目对国家宏观经济发展的影响。其包括对国民经济总量增长、产业结构调整和升级、生产力布局和重大产业布局、自然资源开发、劳动就业结构变化、物价变化和收入分配等方面的影响分析，对国家承担投资项目建设的能力（即国力）、重要产业的国际竞争力及区域之间协调发展的影响分析，以及项目时机选择对国民经济影响的分析等。其旨在帮助决策者理清并判断投资项目利好，国家承担项目投资建设的能力，项目对国民经济总量的增长和结构改善的贡献，项目对劳动就业、收入分配、物价变化等方面的影响，项目可能存在的各种风险，从而选择有利的投资机会和建设时机，促使项目顺利进行开发建设，实现生产力在宏观经济范围内的合理布局，并推动国民经济协调快速地发展。对涉及国家经济安全的重大项目，应分析该项目对国家经济安全的影响，并提出维护措施。

（二）项目经济影响评估的对象

1.按投资项目特征划分的重大建设项目

（1）投资规模巨大、建设工期较长（跨五年计划或十年规划）的项目；

（2）实施前后对所在地区或国家的宏观经济结构、社会结构和相关群体利益格局有较大影响的项目；

（3）导致地区或国家的技术进步和产业升级，引发关联产业或新兴产业群体产生、发展和变化的项目；

（4）对生态与环境影响大、范围广的项目；

（5）对国家经济安全影响较大的项目；

（6）对国家或区域的长期财政收支影响较大的项目；

（7）项目的投入或产出对进出口影响大的项目；

（8）在国民经济和社会发展中占有重要战略地位的特大型建设项目；

（9）其他对区域经济或宏观经济有重大影响的项目。

2.按项目类型划分的特大型投资建设项目

（1）重大基础设施项目，如铁路、高速公路、水利工程、港口等项目；

（2）重大资源开发项目，如气田或油田开发，其他矿藏开采，油、气长距离管道输送等项目；

（3）重大高科技攻关项目，如尖端科研国际合作项目，航空、航天、国防等高科技项目；

（4）重型工业企业建设项目；

（5）大规模区域开发项目；

（6）特大型生态环境保护工程项目等。

在上述项目中直接影响限于局部区域的投资项目应进行区域经济影响评估，而直接影响国民经济全局与整体的投资项目应进行宏观经济影响评估。

二、项目经济影响评估的作用和任务

（一）项目经济影响评估的作用

项目经济影响评估是进一步评估项目对行业、区域和宏观经济的影响程度，为重大项目的审批和核准、区域和产业发展政策的制定调整以及宏观经济的长期规划与政策制定提供科学的决策依据。

（二）项目经济影响评估的任务

重大项目经济影响评估的任务主要体现在下列几个方面：

1.分析项目经济影响的范围、途径及影响程度

（1）分析项目投资建设的效益及费用分布情况。

（2）分析项目实施对本行业、本地区和国家经济社会发展目标实现的影响程度。

（3）分析项目投资建设的受益者或受损者，以及其损益程度。

（4）分析项目对经济影响的途径、传递方式和范围。

2.分析项目对本行业、本地区和宏观经济的适应性

（1）通过对拟建项目进行经济影响评估，判断国家或当地政府承担项目投资建设的能力，考量项目对国民经济总量增长和结构改善的贡献，理清项目对劳动就业、收入分配、物价变化、财政收支平衡和外汇收支等的影响；

（2）基于项目可能存在的各种风险，分析投资时机的恰当性，本地区或国民经济发展水平对该项目的支持程度；

（3）分析拟建项目与本地区或宏观经济环境的相容性；

（4）分析项目实施对培育产业市场环境、促进竞争、优化市场经济次序、提高资源配置效率、优化区域（行业）布局及推动区域经济协调发展所做出的贡献等。

3.研究制定适合经济发展的措施

（1）从行业、区域和宏观经济发展总体战略角度，对产业结构的调整及经济发展的空间布局提出政策建议，便于当地能更好地利用项目提供的机遇，促进经济发展，以确保项目建设与区域开发战略目标的协调性；

（2）从宏观经济发展战略的角度，评估项目的目标定位，论证项目的投资是否符合国家经济发展总体布局的要求；

（3）从区域经济协调发展的角度，进行相关的战略规划背景分析，提出优化布局、确保项目效益得到充分发挥的政策建议。

三、项目经济影响评估的重点和内容

投资项目建设应能促进行业、区域与宏观经济有序、高效地运行并可持续发展，故评估的侧重点是项目与行业、区域发展战略及国家长远规划的关联性及适应性。

项目经济影响评估的内容如下：

第九章 项目经济影响评估

（一）直接贡献和间接贡献

1.直接贡献

直接贡献通常表现为：促进经济增长，优化产业和地区的经济结构，提高居民的收入，增加就业，减少贫困人口数量，扩大进出口，改善生态环境，增加地方或国家的财政收入，保障国家经济安全等。

2.间接贡献

间接贡献通常表现为：促进人口合理分布和流动，促进城市化，带动相关产业发展，克服经济瓶颈，促进经济社会均衡发展，提高居民生活质量，合理开发、有效利用资源，促进技术进步，提高产业的国际竞争力等。

（二）不利影响和有利影响

1.项目对产业布局可能产生的不利影响

项目对产业布局可能产生的不利影响包括：非有效占用土地资源，污染环境，破坏生态平衡，危害历史文化遗产；出现供求关系与生产格局的失衡，引发通货膨胀；冲击地方的传统经济；产生新的相对贫困阶层及隐性失业群体；对国家的经济安全可能带来不利的影响。

2.项目对产业布局产生的有利影响

项目对产业布局产生的有利影响为：

（1）项目对当地技术进步及对三次产业结构调整的贡献；

（2）项目对产业技术结构、产业技术装备水平、产业投资结构、产品技术结构等调整目标的贡献；

（3）项目对城市化及空间布局的影响；

（4）项目的产业聚集效应形成核心产业并带动相关的配套产业聚集和发展，引发产业关联和新产业群出现的可能性及应对策略；

（5）项目对克服经济瓶颈和均衡发展以及对增进本地区产业发展的空间区位优势的贡献。

3.项目对区域经济产生的有利影响

（1）可能改变所在区域的功能与发展条件，如对基础设施和交通、能源供应条件的发展产生有利于投资建设的环境条件等；

（2）可能改变所在区域的产业结构，建立一套全新的经济结构，迅速推进地区经济的成长和进步，促进城市规模扩大；

（3）促进区域产业循环的形成，形成所在区域的核心产业及一系列辅助性产业，形成地方产业集聚，推动区域整体发展；

（4）促进和保障当地经济有序、高效运行及可持续发展；

（5）项目对区域资源的开发和有效利用，进而优化当地资源配置。

4.项目对宏观经济产生的有利影响

（1）促进国民经济总量增长；

（2）带来国民经济结构的优化；

（3）增加劳动力就业，改变就业结构；

（4）推动国家城市化进程，提升国民经济的整体实力，促进现代化建设；

（5）有利于改变地区发展不平衡的现状，促进地区之间的产业合理布局并协调发展；

（6）有利于改变国民收入分配格局，缩小贫富差距；

（7）有利于加快技术进步，提高技术进步对经济增长的贡献份额。

第二节　项目经济影响的产生和传递

一、项目经济影响的产生

项目对所在地区、行业及宏观经济发展产生的影响，可以从不同层面体现出来：

1.个人层面

项目的实施对社会成员个人的影响表现在各个方面，如个人作为生产因素对项目的人力资本投入，能获得的工资收入或对个人权益的损害等，并通过个人又传递到行业、区域等更广泛的层面。

2.社会组织层面

项目的实施对该层面的影响包括对各种社会法人组织及其他各种机构的影响，如通过项目的实施，对推进现代企业制度的建立、企业结构改革、产权制度改革、实现政府职能转变等方面的影响。

3.产业及部门层面

项目的实施对产业及行业部门的影响，包括项目与区域产业发展政策及结构改革目标是否协调，项目在哪些领域符合（或不符合）正在实施的当地产业结构调整政策等。

4.区域经济与宏观经济层面

这个层面的影响包括项目的实施对区域经济发展所产生的影响以及拟建项目与区域经济及宏观经济层面的政策导向是否协调一致，包括经济增长政策、外汇政策、财政预算政策、扶贫政策、环保政策、就业政策和收入分配政策等方面。

二、项目经济影响效果的传递途径

1.价格传递效果

一些重大项目因其投入与产出的数量很大，可能对供求关系产生重大影响，且对相关的产品或服务价格也会产生重大影响，从而产生相应的区域经济和宏观经济影响效果。

2.上下游产业链影响

项目的投资建设会对上下游产业链及价值链的构成产生重大影响，并对区域产业结构及价值链的空间布局产生影响，通过对产业链的整合及资源的配置调整，发挥项目对区域、产业及宏观经济影响的效果。

3.乘数效应

项目的实施对有关生产要素的利用会产生影响，从而产生一系列的连锁反应（即波及效应）现象，导致区域和宏观经济运行格局的改变，可以采用投资乘数加速作用原理、投资与经济增长理论来分析投资对经济发展的拉动作用。

4.技术扩散

生产技术含量高的项目，有利于推动高新技术产业化和产业技术进步，用高新技术改造传统技术，并推动产业结构调整及区域或宏观经济发展，提升相关产业的竞争力。

5.瓶颈缓解效应

某些项目的建设可能是另一些产业发展的基础条件，通过该项目的建设可以缓解瓶颈制约因素，再通过产业关联效应的传递，即可推动当地空间布局及产业结构的变化。例如，重大交通运输基础设施建设项目可直接改变当地的时空格局，缓解交通运输瓶颈制约问题，促进当地产业布局调整，带动关联产业的发展。

第三节　项目经济影响评估的指标、原则和方法

一、项目经济影响评估的指标

（一）经济总量指标

经济总量指标反映项目对国民经济总量的贡献，包括增加值、净产值、社会纯收入和财政收入等经济指标。经济总量指标可使用当年值、净现值总额和折现年值。

1.增加值

增加值是指项目投产后对国民经济的净贡献，即每年形成的国内生产总值，按下式计算：

增加值=项目范围内全部劳动者的报酬+固定资产折旧+生产税净额+营业盈余

2.净产值

净产值是指项目全部效益扣除各项费用（不包括工资及附加费用）后的余额，用于反映新创造的价值。

3.社会纯收入

社会纯收入是指净产值扣除工资及附加费用后的余额。

增加值、净产值和社会纯收入的年值可分别由各自的总现值折算。在投资项目进行具体计算时应根据项目发挥效益的类别逐项进行。

（二）经济结构指标

经济结构指标反映项目对经济结构的影响，主要包括影响力系数、三次产业结构和就业结构等指标。

1.影响力系数指标

影响力系数亦称带动度系数，是指项目所在的产业每增加一个单位最终需求时，对国民经济各部门产生的增加产出的影响，用下式表示：

$$影响力系数=\frac{\sum_{i=1}^{n}b_{ij}}{\sum_{j=1}^{n}\sum_{i=1}^{n}\frac{b_{ij}}{n}}$$

式中：b_{ij}——完全消耗系数，表示生产第j个部门的一个最终产品对第i个部门的完全消耗量；
　　　n——国民经济的产业部门总数。

影响力系数大于1表示该产业部门增加产出对其他产业部门产出的影响程度超过社会平均的水平。影响力系数越大，该产业部门对其他产业部门的带动作用越大，对经济增长的影响越大。

2.三次产业结构指标

三次产业结构（亦称"三次产业贡献率"）指标可以用各产业的增加值计算，反映各产业在国内生产总值中所占份额的大小及分配比率。投资项目建设前后产业结构的变化反映了项目对产业结构的影响，应评估项目建设对所在地区三次产业增加值变化的贡献情况。

3.就业结构指标

就业结构指标包括就业的产业结构、就业的知识结构等指标。就业的产业结构是指各产业就业人数的比例；就业的知识结构是指不同知识水平人数的比例。投资项目建设前后就业结构的变化反映了项目对就业结构的影响。

（三）社会与环境指标

1.就业效果指标

就业效果指标，一般用项目单位投资带来的新增就业人数表示。其可用总就业效果、直接就业效果和间接就业效果指标表示。（详见第十章）

2.收益分配效果指标

收益分配效果指标，用于检验项目收益在国家、地方、企业和职工之间的分配比重是否合理，用贫困地区收入分配系数来衡量老少边穷地区的居民收益情况，以缩小贫富差距。（详见第十章）

3.对资源和环境的影响效果指标

对资源和环境的影响效果指标，主要包括节能效果、节约时间效果、节约用地效果、节约水资源效果等指标。（详见第六、七章）

（四）国力适应性指标

国力适应性指标主要用以评估建设规模大和耗费各种资源多的重大投资项目对国家财力、国家物力及人力的需求。

1.国家财力

国家财力是指在一定时期内国家拥有的资金实力。其主要包括国内生产总值（即国民收入）、国家财政收入、信贷总额、外汇储备以及可利用的国外资金等指标，其中最主要的指标是国内生产总值和国家财政收入。财力承担能力一般通过国内生产总值增长率、重大项目年度投资规模占国内生产总值比重、全社会固定资产投资和国家预算内投资的比重等指标来衡量。对于运用财政资金的项目，则用项目的财政投入占国家财政收入比例的高低来衡量。

2.国家物力

国家物力是指国家所拥有的物质资源。国家对投资项目物力承担能力的评估一般通过项目对能源、钢材、水泥和木材等主要物资的年度需要量占同期可供产量的比重来衡量。

3.人力

应根据项目的具体情况分析其对特殊技能人才的需求及人力资源的开发利用情况。

总之，国力适应性指标主要用于反映以国家的财力、人力、物力承担重大项目的投资建设能力。国力承担能力评估应与对国家未来经济发展的预测结合起来进行。

二、项目经济影响评估的原则和方法

（一）项目经济影响评估的原则

项目经济影响评估应遵循系统性原则、综合性原则、定性分析与定量分析相结合的原则。

1. 系统性原则

重大项目本身就是一个系统，同时它又是国民经济大系统当中的一个子系统。为了保证重大项目的建设成功和国民经济系统的稳定运行，应从全局的观点，运用系统论的方法来评估建设项目对区域经济、行业发展和宏观经济可能带来的各方面的影响。项目与区域发展战略、产业结构及布局、国民经济中长期发展规划之间的关联性和适应性是评估的重点。

2. 综合性原则

重大投资项目的建设期长、投资额大、影响面广，其建设期与生产运营期的投入会给原有经济体系的产业、投资、就业、供给、消费等各种结构、价格体系和空间布局等带来重大的影响。因此，必须对重大投资项目进行综合性的区域、行业与宏观经济影响评估。

3. 定性分析与定量分析相结合的原则

对重大项目进行经济影响评估，不仅要对其有形的经济效果进行定量评估，还要对大量的非经济效果以及难以用价值指标量化的无形效果进行定性评估，以达结论可靠。

（二）项目经济影响评估的方法

1. 定量指标评估法

该方法是借助各种类型的指标进行评估，通常可采用经济总量指标、经济结构指标、社会与环境指标、国力适应性指标等进行评估。

2. 经济数学模型法

该方法是根据投资项目在行业、区域、宏观经济的增量（总产出与总投入、项目所需求的资源与劳动力、项目的进出口总额等），建立各种具有科学依据和反映项目特点的经济数学模型，分别计算"有项目"与"无项目"时的经济总量指标、经济结构指标、社会与环境指标、国力适应性指标，然后根据有无对比分析原则进行评估。

在评估中常用的经济数学模型有：宏观经济计量模型、宏观经济递推优化模型、全国或地区投入产出模型、系统动力学模型、动态系统计量模型和定量分析模型等。

对于区域经济、行业发展和宏观经济的影响评估通常宜做专题研究。

第四节　　重大项目的经济安全影响评估

一、概述

（一）国家经济安全的概念和内容

1. 国家经济安全的概念

国家经济安全是指国家的经济在不受损害的条件下能正常运行，即确保本国最根本的经济利益不受损害的态势。其主要内容包括：

（1）国家经济在整体上主权独立、基础稳固、运行健康、增长稳定、持续发展；

（2）在国际经济活动中具有一定的自主性、防卫力和竞争力；

（3）不会因某些问题的演化而使整个经济受到过大的打击和遭受过多的损失；

（4）能够避免或化解某些可能发生的局部性或全局性的危机。

2.国家经济安全的内容

国家经济安全由国家产业安全、金融市场安全、国际收支安全、市场体系安全、国家外债安全、财政资金安全等众多分系统组成，而与投资项目最密切相关的是国家产业安全。项目的投资建设活动可能会影响到相关产业的安全，进而影响到整个国家的经济安全。

（二）项目经济安全影响评估的内容和目的

（1）项目经济安全影响评估的主要内容包括：经济发展水平和国际竞争力评估；资源潜力及其发展能力评估；资源、人力资本利用效率评估；经济发展空间完整性评估；社会稳定和防止、解决社会冲突能力评估等。

（2）对于可能给国家经济安全带来影响的重大项目，要从维护国家经济安全的高度，对其进行宏观经济影响评估，以确保项目的投资建设有利于维护国家利益，并提高国家相关产业的国际竞争力，使国家产业发展和经济运行免受侵害。

（3）项目的经济安全影响评估主要从产业技术安全、资源供应安全、资本控制安全、产业成长安全、市场环境安全和产业竞争力安全等方面进行。

二、项目经济安全影响评估的方法

（一）产业技术安全评估

产业技术安全评估应以下列内容为评估重点：

（1）分析项目采用的关键技术是否具有自主性知识产权；当项目采用的核心技术及关键部件主要依靠国外进口时，要分析其可能给国家产业安全带来的威胁；

（2）分析运用技术壁垒对项目法人进行保护的能力；

（3）分析技术的创新能力；

（4）分析产品的各项技术、环保、卫生、安全等标准的完备性和完善性，并分析项目所在行业组织或企业推动及参与产品技术标准制定工作的能力。

（二）资源供应安全评估

资源供应安全评估应重点分析资源供应情况及其对国家经济安全可能产生的影响。

（1）分析项目所需重要资源的来源情况及其对国家经济增长的制约程度，评估所在行业的经济增长对该资源的依赖程度及资源支撑力；

（2）对于依赖国内供应资源的项目，需要评估经济发展对相关资源的需求增量情况，以及在资源开发利用中存在的问题等；

（3）对于依赖进口资源的项目，应评估全球供求格局和价格变化的影响，分析突破垄断格局、保障运输线路安全和国际市场变动等情况；

（4）评估资源供应风险等。

（三）资本控制安全评估

资本控制安全评估的重点内容是：

（1）评估项目在所涉及产业链的各个环节中，对关键产业资本的控制能力，应着重分析项目在关键环节中依赖外资等其他资本的程度；

（2）若外资进入或以并购方式控制有关国家战略性产业的项目，必须慎重分析产业所面临的风险；

（3）分析因资本聚积和扩张所致垄断而带来的不正当竞争等风险；

（4）若项目的投资方案中利用了国外资本、市场、技术和人才，应着重分析相关企业竞争力提升的效果。

（四）产业成长安全评估

产业成长安全评估重点为：

（1）分析项目所依托的产业发展在优化结构、提高质量和效益方面的作用，确保速度、结构、质量和效益相统一。

（2）幼稚产业需要在对外开放与产业安全中寻求平衡，因此应着重分析重大项目实施对这类产业提升研发创新能力所带来的影响。

（3）评估重大项目的实施对促进上下游产业建立战略协作关系产生的影响。这种战略协作关系体现在生产、技术、供应链、价格、合资合作、知识产权及人才等方面的强化合作，可以确保产业成长的安全，提高抵御风险的能力。

（4）分析重大项目的实施对产业集中度的影响。加强资本集中，可实现产业规模经济效益，提升产业在国际竞争力等方面的影响效果。

（五）市场环境安全评估

市场环境安全评估的重点是：

（1）分析国外对拟建项目所在产业的发展设置障碍的情况。

（2）分析国际市场对相关产业市场生存环境的影响。

（3）对市场准入情况进行有效控制，避免无序竞争和资源浪费的情况发生。

（4）分析项目投资满足国家有关产业、技术、环保、能源等政策要求和科学发展观的情况。项目投资应科学合理地保护和支持国内产业发展，优化市场环境和竞争秩序。

（六）产业竞争力安全评估

产业竞争力安全评估的重点反映在如下方面：

（1）分析项目法人在管理创新、成本控制、研发能力等核心竞争力方面的素质，在自主知识产权和自主品牌方面的竞争实力及创新发展能力；

（2）分析政府主管部门和行业组织对提升行业竞争力、贯彻可持续发展战略、建设市场经济法律体系等方面的情况；

（3）分析行业组织在树立安全理念、维护国家产业经济安全、提升综合竞争力等方面的情况。

复习思考题

1.试述项目经济影响评估的概念、对象和范围。

2.项目经济影响评估的作用是什么？应完成哪些任务？

3.项目产生的经济影响主要体现在哪些层次？其影响效果又通过哪些途径进行传递和扩散？

4.项目对区域、行业和宏观经济影响评估的重点和内容是什么？分别叙述其直接和间接贡献、有利与不利影响。

5.项目经济影响评估应遵循什么原则？可采用哪些方法进行评估？

6.项目经济影响评估的指标有哪几类？如何计算和运用这些指标进行评估？

7.简述国家经济安全的概念和内容。

8.国家经济安全影响评估应包括哪些内容？

第十章

项目社会效益与影响分析评估

内容提要

本章阐明了项目社会评估和特定群体社会影响评估的理论和方法；详尽叙述了项目社会效益和影响评估的指标体系与计算方法；并介绍了项目与社会相互适应性分析的指标；简述了项目社会评估中的利益相关者分析及公众参与的概念。学习本章的目的是：正确理解项目社会评估的概念、作用、特点和评估方法；明确项目社会效益和影响评估的指标体系与计算方法；重点学会选用和计算项目社会效益与影响分析、项目与社会相互适应性分析的指标。

第一节　概　述

一、项目社会评估的基本概念与作用

（一）项目社会评估的概念

项目社会评估是对由于投资项目建设引起社会环境变化所造成的社会和个人日常生活品质影响进行分析评价。其是在调查和预测拟建项目建设、生产、运营的社会影响与社会效益的基础上，分析项目所在地区的社会环境条件对项目的适应性和接受程度，通过分析项目涉及的各种社会因素判断项目的社会可行性。

（二）项目社会评估的作用

1.项目社会评估有利于国民经济发展目标与社会发展目标的协调一致，防止单纯追求项目的财务效益。

2.项目社会评估有利于项目与所在地区利益的协调一致，减少社会矛盾和纠纷，防止可能产生不利的社会影响和后果，促进社会稳定发展。

3.项目社会评估有利于避免或减少项目建设和生产运营的社会风险，提高投资效益，

为建设项目多目标的实现创造条件。

总之，项目社会评估可以促进在投资决策中全面衡量项目的财务、经济和社会效益，减轻项目对社会的不利影响，规避社会风险，促使项目与社会相互适应和协调发展，使项目持续发展、投资效益充分发挥，提高项目的成功率，增进国民经济整体效益，促使社会发展目标与社会政策的顺利实现。

二、项目社会评估的目的和要求

（一）项目社会评估的目的

项目社会评估是以各项社会政策为基础，分析投资项目为实现国家和地方的各项社会发展目标所做出的贡献与产生的影响，其目的是促进项目利益相关者对项目投资与实施活动的有效参与，优化项目建设实施方案，提出项目与当地社会协调发展、规避社会风险、促进项目顺利实施、保持社会稳定的方案。

1.社会发展目标

社会发展目标一般应包括经济、政治、文化、艺术、教育、卫生、安全、国防、环境等各个社会生活领域的目标。而投资项目要实现的社会发展目标主要是指经济增长速度、收入公平分配、自力更生能力、劳动就业程度、科技进步及其他社会变革等，其中最主要、最根本的还是经济增长速度和收入公平分配目标。国家和地方的各项社会发展目标的实现，有赖于各项社会政策的贯彻执行，如就业政策、公平分配政策、扶贫政策、社会福利政策和社会保障政策等。

2.项目对各项社会发展目标的贡献

项目对各项社会发展目标的贡献，是指由于项目的实施给社会创造的效益，如提高人民的文化教育水平、改善人民的劳动条件等对社会有利的影响。项目对社会发展目标的影响包括自然影响和社会影响。自然影响一般是对人民生活的间接影响，如项目对自然与生态环境的影响、对自然资源的影响；而社会影响是指对人口、劳动形式、劳动组织、社会就业、社会政治、社会稳定、人民生活收入和生活质量等的影响。这些影响有近期影响和远期影响、显在影响和潜在影响，如对生态环境的影响，就是对人民健康与生活质量的潜在影响，一般在短时期内不易被发觉。

3.项目社会评估的多重目的

项目社会评估具有多重目的，具体包括：

（1）在宏观层面上，主要目的包括：

①实现经济和社会的稳定持续和协调发展；

②满足人民的基本社会需求；

③保证不同地区间的公平协调发展；

④充分利用地方资源、人力、技术和知识，增强地方参与的程度；

⑤避免或减少项目建设和运行可能引起的社会问题。

（2）在项目层面上，主要目的包括：

①制定能够切实实现项目目标的机制和组织模式；

②保证项目的收益在项目所在地区的不同利益相关者之间的公平分配；

③预测项目的潜在风险并分析提出减少不良社会后果影响的对策措施；

④提出为实现各种社会目标而需要对项目设计方案进行改进的建议；

⑤通过参与式方法的运用增强项目所在地区民众有效参与项目的建议和管理，以维持项目产生可持续性效果的途径。

（3）防止或尽量减少项目对地区社会环境造成的负面影响。

（二）项目社会评估的要求

1.投资项目社会评估要求应用社会学的基本理论和方法，系统地调查和收集与项目相关的社会信息数据，了解在项目实施过程中可能出现的社会问题；研究和分析对项目成败可能产生影响的社会因素；提出保证项目顺利实施和效果持续发挥的建议和措施。

2.对投资项目进行社会评估是基于贯彻和落实科学发展观的需要。新的发展观强调以人为本，强调发展是一个综合的、内在的和持续的过程，强调人的参与在发展中的重要性。这就要求在投资项目进行社会评估时，必须充分考虑社会和人文的因素，要重视项目的利益相关者分析，采取公众参与式的社会评估方法，促使项目的相关群众介入项目的决策、管理和利益分配等过程。

三、项目社会评估的特点

评估实践证明，相对于财务和经济评估，项目社会评估具有下列特点：

（一）宏观性和长期性

项目社会评估必须从全社会的宏观角度考察项目的存在给社会带来的贡献和影响，项目所需实现的社会发展目标一般是根据国家的宏观经济与社会发展需要制定的，因而项目社会评估是对投资项目社会效益的全面分析，既包括与经济活动有关的宏观社会效益（即社会经济效益）、环境生态效益分析，又有更广泛的非经济的社会效益（即纯社会效果）分析。而且，有些社会发展目标的社会效益与影响具有长期性，如项目对居民健康、寿命的影响，对生态与自然环境的影响，对居民文化水平、人口素质的影响等。

（二）外部效益多，定量分析难

项目社会评估的间接效益和外部效益多，如产品质量和生活质量的提高、人民物质文化水平和教育水平的提高、自然环境与生态的改善、社会稳定与国防安全等。尤其是农业、水利和交通运输项目等基础设施和公益性项目的社会评估，主要表现在项目外的间接与相关效益上，而且这些效益大多是难以定量分析的无形效益，没有市价可衡量，如对文化、社会秩序稳定、公众素质的提高、增加闲暇时间的影响等，只可用文字进行定性描述分析。

（三）多目标性与行业特征明显

项目社会评估要涉及社会生活各个领域的发展目标，具有多目标分析的特点，要考虑分析多种社会效益与影响的需要，因而必须采用多目标综合评估法来综合考察项目的整体效益，做出项目的社会可行性的判断。由于各行业各类不同性质的投资项目社会效益的多样性，而且各行业项目的特点不同，反映社会效益的指标的差异也很大，因此，社会评估指标的行业特征较明显，一般各行业能通用的指标少，而专业性的指标多；定量指标少，定性指标多；定性分析所涉及的范围和指标差别也大。各行业的项目社会评估指标设置要注意通用与专用相结合，更应突出行业的特点。

四、项目社会评估的原则

我国各类项目社会评估应共同遵循下列原则：

1.认真贯彻执行《中华人民共和国国民经济和社会发展第十三个五年规划纲要》规定的有关社会发展的方针、政策，遵循有关投资建设的法律和规章制度。

2.以我国国民经济和社会发展规划的社会发展目标为依据，以近期目标为重点，兼顾远期目标，考虑项目与当地社会环境的关系，力求全面分析项目的社会效益和影响以及当地社区及民众对项目的不同反应，促进项目与当地社区和民众的相互适应性，推动项目的顺利实施和社会发展。

3.从项目性质特点和实际要求出发，依据客观规律，采用科学适用的社会评估方法，达到客观、公正评估的目的。

4.在项目社会评估的定量和定性分析过程中，必须遵循可比性原则，要对项目进行方案对比和优选，以及项目效益指标的计算。

5.按目标的重要程度进行排序的原则。根据项目建设目标与国家政策，对项目实现的各项社会发展目标进行重要性排序，作为项目综合效益评估的基础。

6.以人为本的原则。认真做好深入细致的社会调查，以人为中心，本着对人民负责和对国家负责的精神，统筹兼顾，搞好项目建设前的基准线情况调查，作为项目各个阶段社会评估的对比基准，提高社会评估的科学性。

7.项目社会评估工作应贯穿于项目周期的全过程，包括项目立项、可行性研究、项目评估、实施和项目后评估等各个阶段，必须以公正、客观、求实的态度做好项目社会评估工作。

第二节　项目社会评估的对象和内容

一、项目社会评估的对象与范围

（一）项目社会评估的对象

项目社会评估的对象是投资领域的各类投资项目。但因投资项目的特点、功能各异及评估的侧重点不同，故而项目社会评估在不同地区、不同行业中的内容和要求相差较大。从我国国民经济与经济持续协调发展的规划要求出发，当前进行项目社会评估的重点对象是：人民受益性项目（即公益性项目）、对当地社区人民生活影响大的项目（即基础性项目），以及容易引起社会动荡的国家与地方的重点项目（即大中型国家骨干项目和扶贫项目）。目前，项目社会评估主要是针对那些社会因素较为复杂、社会影响较为久远、社会效益较为显著、社会矛盾较为突出、社会风险较大的投资项目，其中包括需要大量移民搬迁或者占用农田较多的水利枢纽项目、交通运输项目、矿产和油气田开发项目、扶贫项目、农村区域开发项目，以及文化、教育、卫生等公益性项目。

（二）项目社会评估的范围

1.农业、林业项目

农业项目投资的目的是增加农业生产和进行农业产品加工等。林业项目投资的目的主要是植树造林、林业副产品加工等。这些投资项目的直接受益者是项目所在地的粮农和林农。因此，项目社会评估应注意分析项目与当地农民及社会的相互适应性、当地农民对项目的可接受度及项目的吸收力，分析项目的收入分配是否有利于贫困户、妇女以及承担项目者对项目的持续实施的适应能力。

2.水利项目

水利项目的建设对其所在地区的农业灌溉、防洪、发电、养鱼等产生直接效益，根据项目规模的大小，它的直接受益者不仅是当地人民，还可能涉及其他地区甚至全国人民。水利项目建设产生的社会环境影响主要涉及移民与安置问题，因此，水利项目的社会评估应侧重对移民及异地开发的扶贫项目的社会分析。

3.社会事业项目

社会事业项目主要包括教育、卫生、文化、体育和社会福利事业等为社会生产和公共生活提供服务的公益性项目。这类项目投资是以满足社会物质文化生活的需要、提高人民的素质与生活质量、为当地人民提供社会服务为目的，它具有以创造社会效益为主而不以营利为主要目标的特点。因此，对这类项目应进行全面的社会效益和影响评估，综合评估项目与当地社会的相互适应性，判断项目的社会可行性，作为项目决策的科学依据。

4.能源、交通运输及大中型工业项目

工业项目建设完成后将成为以生产有形产品为主的物质生产部门，故主要对其进行财务评估和经济评估，并在此基础上进行社会及环境影响评估；而对于能源、交通运输等基础性项目不仅要进行经济评估，而且应对其难以量化计算的非经济效益进行社会评估。

5.老少边穷地区项目

老少边穷地区是指革命老区、少数民族地区、边远地区和贫困地区。该地区的投资项目具有较大的社会风险性。由于老少边穷地区的经济发展落后，以及各地区、民族的文化历史、风俗习惯、宗教信仰、生活方式等各不相同，故而形成了建设环境的特殊性。因此，在投资项目的社会评估中，必须更加重视各种社会因素对项目的作用和影响，尽可能地促进当地人民对项目建设的参与度和支持度，使项目与当地社会和人民文化生活相适应，以保证项目的顺利实施，提高项目的整体投资效益及效益的持续性。

二、项目社会评估重点关注的人群范围

在项目社会评估中应强调以人为本，将人的因素放在中心位置。人是推动社会发展的主体，也是社会发展的受益对象。因此，项目社会评估应特别关注以下弱势群体：

（一）贫困人群

当项目的投资建设活动影响到贫困人群时，必须识别贫困人群所面对的社会风险，明确贫困人群能较大程度地参与投资项目建设过程，使贫困人群有更多的机会受益于项目。

（二）妇女群体

在项目评估中，如果预期项目对男性和女性产生的社会影响可能有所区别，致使性别问题成为项目社会评估中不可回避的重要内容，应在社会评估及项目方案的制定过程中，考虑影响社会性别问题的因素。

（三）少数民族群体

应关注项目对少数民族群体的影响：

1.对涉及少数民族的问题进行相关的社会调查；

2.对大型项目应选择恰当的抽样调查，以便尽可能获取具有代表性的观点和典型意见；

3.应特别关注并甄别少数民族群体脆弱性的潜在来源，为获取有代表意义的意见和观点，仅选择有代表性的目标群体进行协商。

（四）非自愿移民群体

因征用土地、房屋拆除和迁移而受到影响的人群是项目的主要相关者。非自愿移民涉及社会、经济、政治、文化、宗教、环境以及技术等诸多因素，因此应高度重视对项目的非自愿移民群体的社会风险进行评估。

综上所述，对各类投资项目和不同人群范围一般均应进行项目社会评估。根据项目性质、行业特点、人群特征，以及各个项目所处的具体环境，项目社会评估的内容、深度和侧重点应有不同的要求。

三、项目社会评估的结构体系和内容

（一）项目社会评估的结构体系

对投资项目进行社会评估的结构体系如图10-1所示。

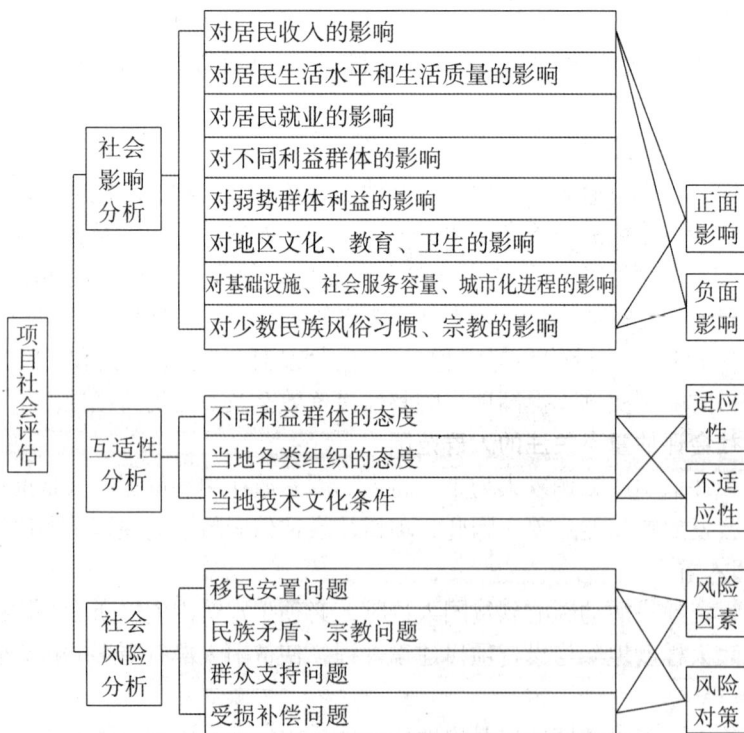

图10-1　项目社会评估的结构体系

第十章　项目社会效益与影响分析评估

（二）项目社会评估的内容

投资项目社会评估基于以人为本的根本原则，将评估内容大致概括为三大部分：项目的社会效益与影响评估、项目与社会相互适应性分析和项目的社会风险分析。

1.项目的社会效益与影响评估

项目的建设对实现社会发展目标会产生社会效益与影响。社会效益与影响评估可从国家、地区和项目三个层次着眼，对社会环境、自然与生态环境、自然资源及社会经济等四个方面进行分析。一般地说，从国家与地区（省、自治区、直辖市）层次的分析属于项目的宏观影响分析，而项目与社区的相互影响分析属于项目的微观影响分析。

项目的社会效益与影响评估旨在分析预测该项目可能产生的正面影响（通常称为社会效益）和负面影响，具体包括下列几方面内容：

（1）项目对所在地区居民收入的影响。主要分析预测由于项目实施可能造成当地居民收入增加或者减少的范围、程度及原因；收入分配是否公平，是否扩大贫富收入差距，并提出促进收入公平分配的措施和建议。扶贫项目应着重分析减轻当地居民的贫困程度和帮助脱贫人口的数量。

（2）项目对所在地区居民生活水平和生活质量的影响。分析预测项目带来的居民居住水平、消费水平、消费结构、人均寿命的变化及原因。

（3）项目对所在地区居民就业的影响。分析预测项目的建设、运营对当地居民就业结构和就业机会的正面与负面影响。其中，正面影响是指可能增加的就业机会及就业人数；负面影响是指可能减少原有的就业机会及就业人数，以及由此引发的社会矛盾。

（4）项目对所在地区不同利益群体的影响。分析预测项目的建设与运营使哪些人受益或受损，以及对受损群体的补偿措施和途径。兴建露天矿区、水利枢纽工程、交通运输工程、城市基础设施等，一般都会引起非自愿移民，应给予相关分析，并特别重视。

（5）项目对所在地区弱势群体利益的影响。分析预测项目的建设与运营对当地妇女、儿童、残疾人员之利益产生的正面影响和负面影响。

（6）项目对所在地区文化、教育、卫生的影响。分析预测项目的建设和运营对当地文化教育水平、卫生健康状况引起的变化，对当地人文环境影响的程度，并提出降低不利影响的措施建议。公益性项目要特别加强对这项内容进行分析。

（7）项目对当地基础设施、社会服务容量和城市化进程等的影响。分析预测在项目建设和运营期间增加或者占用当地的基础设施，包括道路、桥梁、供电、给排水、供气、服务网点等产生的影响。

（8）项目对所在地区少数民族风俗习惯和宗教的影响。分析预测项目的建设与运营是否符合国家的民族政策和宗教政策，是否充分考虑了当地少数民族的风俗习惯、生活方式和当地居民的宗教信仰，是否会引发民族矛盾、宗教纠纷，以免影响当地的社会安定。

通过以上分析，对项目的社会影响做出评价，并编制项目社会影响分析表，见表10-1。

表10-1   项目社会影响分析表

序号	社会因素	影响的范围、程度	可能出现的后果	措施建议
1	对居民收入的影响			
2	对居民生活水平与生活质量的影响			
3	对居民就业的影响			
4	对不同利益群体的影响			
5	对弱势群体的影响			
6	对地区文化、教育、卫生的影响			
7	对地区基础设施、社会服务容量和城市化进程的影响			
8	对少数民族风俗习惯和宗教的影响			

2. 项目与社会相互适应性分析

项目与社会相互适应性分析主要是分析项目与当地社会的相互适应性，同时根据项目的性质、功能、规模及重要性，分析项目与国家和地方（省、自治区、直辖市）发展重点的适应性问题。分析的目的是双向性的，既要使项目与社会相适应，防止发生社会风险，以保证项目生存发展的持续性，也要使社会适应项目的生存发展需要，以促进社会的发展与进步。

互适性分析要具体预测项目能否被当地的社会环境、人文条件所接纳，以及当地政府、居民支持项目存在与发展的程度，考察项目与当地社会环境的相互适应关系。

（1）分析预测与项目直接相关的不同利益群体对项目建设、运营的态度及参与程度，选择可以促使项目成功的各利益群体的参与方式，对可能妨碍项目存在与发展的因素提出防范措施。

（2）分析预测项目所在地区的各类组织对项目建设、运营的态度，在哪些方面、在多大程度上对项目可能予以支持和配合。应分析当地政府对项目的态度及协作支持的力度，特别是大型项目，在后勤保障上更加离不开社会支撑系统，如需要由当地提供基础设施条件（交通、电力、通信、供水等）、提供生活供应条件（粮食、蔬菜、肉类等）和提供社会福利条件（医疗、教育等）的项目。社会支撑系统是保障项目正常运行的重要前提。当地群众对项目的态度及参与程度也是分析的重要内容，尤其是国家重大建设项目更要注重这项内容的分析。通过此项分析判明项目的受益者（或受损者）、受益（或受损）程度、补偿明细。

（3）分析预测项目所在地区的现有技术、文化状况能否适应项目的建设和发展。在为发展地方经济、改善当地居民生产生活条件兴建的水利、公路交通、扶贫等项目中，分析当地居民的教育水平能否适应项目要求的技术条件，能否保证实现项目的既定目标。

通过项目与所在地的互适性分析，就当地社会对项目的适应性和可接受程度做出评价，并编制社会对项目的适应性和可接受程度分析表，见表10-2。

表10-2　　　　　　　　社会对项目的适应性和可接受程度分析表

序号	社会因素	适应程度	可能出现的问题	措施建议
1	不同利益群体			
2	当地各类组织的态度			
3	当地技术文化条件			
⋮	⋮			

3.项目的社会风险分析

项目的社会风险分析是对可能影响项目的各种社会因素进行识别和排序，选择影响面大、持续时间长、容易导致较大矛盾的因素进行预测，分析可能出现这种风险的社会环境和条件。那些可能诱发民族矛盾、宗教矛盾的项目，尤其要注重社会风险分析，并应提出防范措施。例如，进行大型水利枢纽项目建设，其移民安置和受损补偿问题即是突出的社会风险因素。通过社会风险因素分析，编制项目社会风险分析表，见表10-3。

表10-3　　　　　　　　项目社会风险分析表

序号	风险因素	持续时间	可能导致的后果	措施建议
1	移民安置问题			
2	民族矛盾、宗教问题			
3	群众支持问题			
4	受损补偿问题			
⋮	⋮			

第三节　项目社会评估的步骤与方法

一、项目社会评估的步骤

对于大中型建设项目，在项目评估阶段进行全面的社会评估时，必须遵循基本的工作程序，其具体可分为以下八个工作步骤：

1.筹备与计划

项目的社会评估工作应由独立的经国家批准的有资格的咨询评估单位承担，在项目评估机构的统一领导下组成社会评估小组，熟悉项目的基本情况，明确调研地点和内容，制订工作计划，做好分析评估的准备工作。

2.确定项目的评估目标和范围

应根据投资项目的建设目的、功能，运用逻辑框架法，分析研究项目的各种相关社会因素，明确项目的评估目标，确定项目的评估范围，包括项目直接影响的空间范围和时间范围。空间范围是指项目所在的社区、县市或更广泛的地域；时间范围是指项目的寿命期或预测的影响年限。

3.选择评估指标

应根据国家（地方）的社会发展目标与政策，结合项目的功能、产出等具体情况，确定项目可能产生的效益与影响、项目与社会相互适应的各种因素，选择适当的定量与定性评估指标。

4.社会调查预测，确定评价标准

项目社会评估首先要进行详细深入的社会调查，其次要识别社会因素，最后确定评价标准。

（1）社会调查。调查所在地区的基本情况及受影响地区的社会经济情况，预测在项目寿命期（或影响年限）内的社会变化，作为评估的基本资料。社会调查可采用多种调查方法，如查阅历史文献、统计资料、问卷调查、现场访问、观察、开座谈会等。

（2）识别社会因素。分析社会调查获得的资料，对项目涉及的各种社会因素进行分类。一般可分成三类：影响人类生活和行为的因素；影响社会环境变迁的因素；影响社会稳定与发展的因素。从中识别与选择影响项目实施和成功的主要社会因素，作为社会评估的重点和论证比选方案的内容。

（3）确定评价标准。在广泛调查研究和分析的基础上，收集项目本身及在评价空间范围内的社会、经济、环境等多方面的信息，预测在项目建设阶段有无可能发生变化，然后确定评价标准。

5.进行项目社会评估

依据调查预测资料，对多个方案逐一进行定量和定性评估。首先，计算各项社会效益与影响的定量指标，运用"有无对比分析法"和评价标准评估其优劣；其次，对项目与社会相互适应性的因素进行定性分析；再次，判断各项指标对项目实施与社会发展目标的重要程度，确定效益指标与影响因素的权重并排序；最后，采用多目标综合分析法对各方案进行社会综合评估，得分高者为优。

6.论证比选最优方案

对项目可行性研究拟定的建设地点、技术方案和工程方案中涉及的社会因素进行定性定量分析及比选，推荐社会正面影响（即效益）大、负面影响小的方案。用关键指标对各备选方案的综合评估结果进行对比分析，并结合项目的财务和经济评估结果，选出财务、经济和社会效益均好的方案为最优方案。该方案应是不利影响最小、受损群众最少、社会补偿措施费用最低和社会风险最小。如果各项要求产生矛盾，则须通过方案调整，对不利因素和社会风险采取补救措施，并将估算的各项费用计入项目总投资中。

7.进行专家论证

应按照项目的不同情况与要求，分别召开不同类型、专题和规模的专家论证会，选出最优方案进行论证，提出改进建议，根据专家论证意见，对优选方案进行修改、调整、补充和完善。

8.评估总结，编写"项目社会评估报告"

针对评估过程中的重要问题、有争议的问题、尚未解决的遗留问题以及防止社会风险的措施与费用等情况进行反复的分析论证后，写出书面报告，提出项目的社会可行性结论与建议，编写"项目社会评估报告"，作为项目评估报告的重要组成部分，上报主管部门、审批单位或委托单位。

二、项目社会评估的方法

（一）定量评估方法

投资项目的社会评估主要采用以下具体方法：确定评估的基准线调查法、有无对比分析法、综合分析法等。

1.确定评估的基准线调查法

基准线调查法是指在项目建设前对其所在地区的社会经济状况及计算期内可能变化的情况加以调查、预测，核实项目预期的目标、投资、效益和风险，查清项目所在地区的人文、自然资源和社会环境现状，预测项目对所在地区的影响和效益，作为项目实施后各阶段社会评估的对比基准。

2.有无对比分析法

有无对比分析法是指对"有项目"与"无项目"的情况进行对比分析。"有项目"情况就是拟建项目在建设运营中引起各种社会经济变化后的社会经济状况；而"无项目"情况就是所确定的评估基准线情况。这样，"有项目"情况扣除在同一时间内的"无项目"情况，就得出由拟建项目引起的效益增量和各种影响。在有无对比分析中应分清在这些效益和影响中拟建项目的作用和项目以外的作用。如果很难确定拟建项目本身的作用，则可确定一个与项目所在地区条件基本相同，又无其他项目建设的区域作为参比中的"无项目区"来进行有无对比。最后，采用表10-4的分析模式进行综合分析。

表10-4　　　　　　　　　　　　　　　　有无对比综合分析表

项目 效益	有项目	无项目	差别	分析
财务效益				
经济效益				
经济影响				
环境影响				
社会影响				
综合结果				

3.综合分析法

投资项目社会评估的综合分析法可采用矩阵分析总结法和多目标分析综合评估法，前者适用于定性总结分析，后者适用于定量指标分析。

（1）矩阵分析总结法，首先，将社会评估的各项定量与定性分析指标按权重排列顺序列于项目社会评估综合表（见表10-5）中；其次，由评估者对此表所列的各项指标进行分析，阐明每个指标的评估结果及其对项目的社会可行性的影响程度，将一般可行而且影响小的指标逐步排除，着重考察分析影响大和存在风险的问题及指标，充分权衡其利弊得失，并说明补偿措施和费用情况；最后，归纳指出影响项目社会可行性的关键所在，做出对项目社会评估的总结评估，得出项目从社会因素方面可行与否的结论。此法简单明了，易于掌握，特别适用于直接受益性项目的社会评估。

表10-5 项目社会评估综合表

序号	社会评估指标 （定量与定性指标）	分析评估结果	简要说明 （包括措施、补偿及费用）
1			
2			
3			
⋮	⋮	⋮	⋮
	总结评估		

（2）多目标分析综合评估法。在此法中可采用德尔菲法、矩阵分析法、项目规划法、层次分析法和多层次模糊综合评估法等具体方法。评估人员可根据项目定量与定性分析指标的复杂程度和评估要求任意选择其中所列方法。

评估程序一般是组织若干专家，根据国家和部门（地方）有关社会发展的政策目标，结合具体情况，对各分项指标予以评分，确定每个指标在项目评估中的重要程度，给予相应的权重，最后按加权平均法（或期望值法）计算出项目的综合社会效益。

一般来说，在多目标分析综合评估法中，对项目的有利影响和贡献作为正效益，而将不利影响、费用和代价作为负效益。对于社会适应性的定性分析指标，也可适当给予权重评分。项目与社会相互适应性分析的目的是研究采取恰当措施加强两者相互间的适应性，以取得更好的项目整体效益。因此，由多目标分析综合评估法得出社会评估总分的高低，只能作为一种总结分析的参考数据，不是决策的唯一依据。除此之外，还应考虑所采取的各种方案实施之难易程度与费用高低，有无投资风险及风险大小等，才能得出各方案社会可行性的优劣结论。

（二）定性评估方法

当对于项目涉及的社会因素、社会影响和社会风险不能用统一的指标、量纲和判据进行评估时，社会评估可根据项目的具体情况采用灵活的评估方法。在项目前期准备阶段，采用的社会评估方法主要有快速社会评估法、详细社会评估法和参与式评估法。

1.快速社会评估法

快速社会评估法是一种简捷方法。运用该方法可大致了解拟建项目所在地区社会环境的基本状况，识别主要的社会影响因素，粗略地预测可能出现的情况及其对项目的影响程度。快速社会评估法主要是根据现有资料和现有状况，着重于负面社会因素的分析判断，一般以定性描述为主。快速社会评估法的步骤如下：

（1）识别主要社会因素。对影响项目的社会因素进行分组，可按其与项目之间的关系和预期影响程度划分为三级，即影响一般、影响较大和影响严重。侧重分析那些影响严重的社会因素。

（2）确定利益群体。对项目所在地区的受益、受损利益群体进行划分，着重对受损利益群体的情况进行分析。按受损程度，划分为三级，即受损一般、受损较大、受损严重。重点分析受损严重群体的人数、结构，以及他们对项目的态度和可能产生的矛盾。

（3）估计接受程度。大体分析当地现有经济条件、社会条件对项目存在与发展的接受程度，一般分为三级，即高、中、低。应侧重对接受程度低的因素进行分析，并提出使项目与当地社会环境相互适应的措施建议。

2.详细社会评估法

详细社会评估法是在快速社会评估的基础上，进一步研究与项目相关的社会因素和社会影响，进行详细论证，并预测风险度，结合项目备选的技术方案、工程方案等，从社会分析角度进行优化。详细社会评估法采用定量与定性分析相结合的方法进行过程分析，主要步骤如下：

（1）识别社会因素并排序。对社会因素按其正面影响与负面影响、持续时间长短、风险度大小、风险变化趋势（减弱或者强化）分组，应着重对那些持续时间长、风险度大、可能激化的负面影响进行论证。

（2）识别利益群体并排序。对利益群体按其直接受益或者受损、间接受益或者受损、减轻或者补偿受损措施的代价分组。在此基础上详细论证各受益群体与受损群体之间、利益群体与项目之间的利害关系，以及可能出现的社会矛盾。

（3）论证当地社会环境对项目的适应程度。详细分析在项目建设与运营过程中可以从地方获得支持与配合的程度，按好、中、差分组。应着重研究地方利益群体、当地政府和非政府机构的参与方式及参与意愿，并提出协调矛盾的措施。

（4）比选优化方案，将上述各项分析的结果进行归纳、比选，推荐合理方案。

3.参与式评估法

进行详尽的项目社会评估时一般采用参与式评估法，即吸收公众参与评估项目建设的技术方案、工程方案等。这种方式有利于提高项目方案的透明度；有助于取得项目所在地各有关利益群体的理解、支持与合作；有利于提高项目的成功率，预防不良的社会后果。一般来说，公众参与程度越高，项目的社会风险就越小。参与式评估法可采用下列形式：

（1）咨询式参与。由社会评估人员将项目方案中涉及当地居民生产、生活的有关内容直接交给居民讨论，征询意见，通常采用问卷调查法。

（2）邀请式参与。由社会评估人员邀请在不同利益群体中有代表性的人员座谈，注意听取反对意见，并进行分析。

（3）委托式参与。由社会评估人员将项目方案中特别需要当地居民支持、配合的问题，委托给当地政府或机构，组织有关利益群体讨论，并收集反馈意见。

第四节 项目社会效益与影响评估

一、社会效益与影响的评估指标体系

我国的社会效益与影响评估是以各项社会政策（如就业政策、公平分配政策、扶贫政策、社会福利政策与社会保障政策等）为基础，分析项目对国家、地方各项社会发展目标的贡献与影响，主要分析项目对社会环境、自然与生态环境、自然资源及社会经济四个方

面产生的效益与影响。衡量各种效益与影响的具体评估指标如下：

（一）对社会环境的影响指标

项目对社会环境的影响主要包括对社会政治、安全、人口、文化教育等方面的影响，这是项目社会效益与影响评估的重点。可设置下列评估指标：

1.就业效益；

2.收入公平分配效益；

3.对当地人口及文化教育、卫生保健的影响；

4.对社会安全、稳定、民族关系及妇女地位的影响；

5.对国家的国际威望及国防的影响；

6.对社区人民生活、基础服务设施、社会结构、社会生产组织的影响；

7.对社区人民生活质量、宗教信仰、生活习惯与道德规范的影响；

8.对社区人民社会福利、社会保障、人际关系及凝聚力的影响。

（二）对自然与生态环境的影响指标（详见第七章）

在项目的环境影响评估基础上，分析当项目采取环保措施后的环境质量状况、各项污染物的治理情况。可设置下列评估指标：

1.对环境质量的影响；

2.对自然环境的污染治理；

3.对自然景观的影响，如破坏绿地等；

4.传播有害细菌，危害野生动植物生存；

5.破坏森林植被，造成水土流失；

6.诱发地震及其他灾害。

（三）对自然资源的影响指标（详见第六章）

对自然资源的影响指标主要是评估项目对自然资源的合理利用、综合利用、节约使用等政策目标的反应。设置的评估指标有：

1.节约自然资源综合指标，如节约土地（耕地）、能源、水资源、海洋资源、生物资源、矿产资源等；

2.国土开发效益；

3.自然资源综合利用效益；

4.其他。

（四）对社会经济的影响指标（详见第九章）

对社会经济的影响指标主要是从宏观经济角度分析投资项目对国家、地区及行业的经济影响。可设置下列指标：

1.项目技术进步的效益；

2.项目节约时间的效益；

3.促进地区经济发展；

4.促进部门（行业）经济发展；

5.促进国民经济发展（包括改善产业结构、生产力布局及提高投资效益等方面的影响）。

综上所述，社会效益与影响评估指标可按其衡量方式归为两大类：

第一类：用定量的价值形式表示的社会效益指标，主要有收入分配效益、劳动就业效益、节约自然资源、综合能耗、环境保护质量及相关投资等效益指标；

第二类：用定性指标来表示的社会效果指标，如先进技术的引进、社会基础设施的建设、环境保护、生态平衡、资源利用、时间节约、地区开发和经济发展、城市建设的发展、人口结构和工业经济结构的改变，以及人民科学文化水平的提高等，还有产品功能质量、审美效果、政治、军事等方面的其他定性指标。

二、社会效益与影响定量指标的计算

（一）收入分配效益指标

根据项目宏观社会经济发展的收入分配目标，须对项目建成后的国民收入净增值按社会主义分配原则进行合理分配，主要有社会机构（集团）、地区和国内外三类分配形式。

1. 社会机构（集团）的分配效益

它表示项目国民收入净增值在社会各阶层、集团机构和社会成员之间的分配效益情况，一般用分配指数表示。分配指数有以下四种：

（1）职工分配指数，即在正常生产年份职工所获工资及附加福利的增值在项目年度国民收入净增值中所占的比重。其表达式为：

$$职工分配指数=\frac{工资收入+福利}{年国民收入净增值}\times100\%$$

（2）企业（部门）分配指数，表示在正常生产年份企业或部门所获得的利润、折旧和其他收益总额占项目年度国民收入净增值的比重。其表达式为：

$$企业（部门）分配指数=\frac{年利润+折旧+其他收益}{年国民收入净增值}\times100\%$$

（3）国家（含地区）分配指数，是指在正常生产年份项目上缴国家的税金、利润、折旧、利息和保险费等收益在项目年度国民收入净增值中所占的比重。其表达式为：

$$国家（含地区）分配指数=\frac{年税金+年利润+年折旧+年利息+保险费等}{年国民收入净增值}\times100\%$$

（4）未分配（积累）增值指数，一般由国家掌握，即为正常生产年份的扩建基金、后备基金和公共社会福利基金总额在年度国民收入净增值中所占的比重。其表达式为：

$$未分配（积累）增值指数=\frac{年扩建基金+年后备基金+公共社会福利基金}{年国民收入净增值}\times100\%$$

以上四种分配指数的总和等于1。

2. 地区分配效益

它是指项目所取得的国民收入净增值在各个地区之间的分配情况，也就是项目的净增值能分配给项目所在地区的增值效益，可用地区分配指数表示。地区分配指数即项目在正常生产年份支付给当地工人的工资、当地企业利润、当地政府税收和地区福利收入（住宅和公用设施）等增值与项目年度国民收入净增值之比值。其表达式为：

$$地区分配指数=\frac{年工资+年利润+年税金+年福利}{年国民收入净增值}\times100\%$$

我国的社会效益与影响评估应考虑"避免地区差距扩大"和扶贫项目的社会发展目标，并按照"大中型建设项目在同等条件下优先在民族地区安排"的原则，设置"贫困地区分配效益指标"，以有利于促进国民经济在地区间的合理布局，并促进国家扶贫目标的实现。贫困地区分配效益指标分两步计算：

第一步，计算贫困地区收入分配系数（D_i）：

$$D_i = \left(\frac{\bar{G}}{G}\right)^m$$

式中：D_i——贫困地区 i（指某省、自治区、直辖市）的收入分配系数。

$\bar{G}$——项目评估时的全国人均国民收入水平。

G——项目评估时的当地人均国民收入水平。

m——国家规定的扶贫参数，它是由国家统一制定的反映国家对贫困地区从投资资金分配上照顾贫困地区倾向的价值判断。国家确定的 m 值愈高，则贫困地区的收入分配系数愈大，按国家确定的扶贫参数 m 值对各贫困地区计算出的收入分配系数应大于 1，一般在 1 至 1.5 之间。

第二步，计算贫困地区收入分配效益（B_D）：

$$B_D = \sum_{t=1}^{n} (CI - CO)_t D_i (1 + i_s)^{-t}$$

式中：$\sum_{t=1}^{n} (CI - CO)_t D_i (1 + i_s)^{-t}$——国家规定的项目经济净现值（ENPV）的计算式。当式中各年净现金流量（CI-CO）乘以收入分配系数 D_i 后使项目的经济净现值增值，就有利于在贫困地区建设的投资项目优先通过经济评估，并能被国家所接受。

3.国内外分配效益

国内外分配效益主要用于评估技术引进和中外合资等涉外的投资项目。对于涉外投资项目，应检验建设项目所获得的国内净增值在国内和国外之间的分配比重，要考虑国外投资者的分配效果与项目在国内所得的国民收入净增值分配指数之间应达到的合理的分配比例，可用下述两种分配指数表示：

（1）国内分配指数，是指项目在国内获得的国民收入净增值在项目总的国内净增值中所占的比重，按下式计算：

$$国内分配指数 = \frac{项目国民收入净增值}{项目国内净增值} \times 100\%$$

项目国内净增值=项目国民收入净增值+汇出国外付款

（2）国外分配指数，是指项目汇出国外付款在项目总的国内净增值中的比重，按下式计算：

$$国外分配指数 = \frac{项目汇出国外付款}{项目国内净增值} \times 100\%$$

项目汇出国外付款=国外贷款本息+国外贷款利润+外籍人员工资+其他国外付款

以上的国内和国外分配指数的总和应等于 1，同时国内分配指数要大于国外分配指数，才能有利于提高国内经济建设的投资效果。

第十章　项目社会效益与影响分析评估

在项目实际评估中，还应将上述各项分配指数的计算结果与国家的方针政策、经济发展的分配目标相对照，如能相符，则可根据有关评估准则做出决策；如不相符，则应据以对某些数据进行适当调整。

在实际评估时，具体判别标准应遵循下述原则：

当政府的分配目标意在提高职工的收入、改善工人的生活条件时，则应取职工分配指数高的项目或方案；如意在增加国家的收入，则应选择国家分配指数高的项目或方案。

当政府的分配目标意在增加国民收入、提高全民族的生活水平时，则应选择国内分配指数高的项目与方案；而如果国外付款的分配指数过高，必然会降低国民收入净增值，则应采取措施，减少国外贷款，使用国内物资以代替国外进口，或者重新考虑投资的融资方式。

总之，收入分配效益指标在社会评估中具有重要的地位。因为收入分配是否公平不仅是经济问题，还是社会公平的重要问题。国外对收入分配效益指标之所以很重视，就是为了达到国民收入的公平分配，以利于社会的稳定和发展。

【例10-1】某建设项目达到正常生产年份的全部净增值分配情况见表10-6，试评估该项目的收入分配效益。

表10-6　　　　　　　　某建设项目的年净分配收益　　　　　　　人民币单位：万元

序号	项　　目	年分配数
1	项目国内净增值	40 000
2	支付国外费用（含外籍工人工资、原料、设备、利息）	15 000
3	项目国民收入净增值（包括折旧）	25 000
4	职工收入（包括工资和福利）	3 000
5	企业收益（包括利润和折旧）	8 000
6	国家收益（包括所得税、利润、保险费、利息）	12 000
7	不参加分配（积累部分=扩建+后备+社会福利）	2 000
8	地区总收益（工人工资+企业利润+利息+税金+福利）	10 000

注：地区总收益是分配给建设地区的净收益。

【评估】收入分配效益的指标计算：

（1）职工分配指数$=\frac{3\,000}{25\,000}\times100\%=12\%$

（2）企业分配指数$=\frac{8\,000}{25\,000}\times100\%=32\%$

（3）国家分配指数$=\frac{12\,000}{25\,000}\times100\%=48\%$

（4）未分配（积累）增值指数$=\frac{2\,000}{25\,000}\times100\%=8\%$

上述分配效益符合我国分配原则：国家得大头（48%+8%=56%），企业得中头（32%），个人得小头（12%），且四个分配指数的总和为1。

（5）地区分配指数$=\frac{10\,000}{25\,000}\times100\%=40\%$

这说明地区分配能占项目国民收入净增值的40%，该项目对当地具有很大吸引力。

（6）国内分配指数=$\dfrac{25\,000}{40\,000}$×100%=62.5%

（7）国外分配指数=$\dfrac{15\,000}{40\,000}$×100%=37.5%

计算结果表明，国内分配效益较好，即国民收入净增值（含折旧）收益占项目整个国内净增值的62.5%，国民收入净增值超过了国内净增值的50%，说明国内收益大于国外投资收益，是合适的，该项目投资是可接受的。

（二）就业效益指标

建设项目的就业效益是指在项目建成后给社会创造的新的就业机会。项目的就业效益一般用每单位投资所提供的就业人数来衡量，或者用提供每个就业机会所需投资的多少来衡量。

按照项目的投资结构和劳动力结构，就业效益指标主要有：

1.总就业效益指标

总就业效益指标，是项目建设后给社会带来的直接就业和间接就业的总效果与该项目直接投资和相关项目间接投资之和的总投资之比，用下式计算：

总就业效益=$\dfrac{新增总就业人数}{项目总投资}$（人/万元）≥定额指标

或　总就业效益=$\dfrac{项目总投资}{新增总就业人数}$（万元/人）≤定额指标

新增总就业人数=直接就业人数+间接就业人数=熟练就业人数+非熟练就业人数

项目总投资=直接投资+间接投资

从总就业效益指标还可派生出直接和间接就业效益指标。

2.直接就业效益指标

直接就业效益指标，即拟建项目本身直接投资所能提供的直接就业机会。项目新增的直接就业人数一般指项目投产后的正常生产年份新增的固定就业人数，用下式计算：

直接就业效益=$\dfrac{新增直接就业人数}{项目直接投资}$（人/万元）

或　直接就业效益=$\dfrac{项目直接投资}{新增直接就业人数}$（万元/人）

3.间接就业效益指标

间接就业效益指标，即与投资项目有关联的配套或相关项目，以及项目所在地区和部门所增加的附加投资（即间接投资）而创造的间接就业人数，如为旅游旅馆项目服务的交通运输、商业、房地产、工艺美术服务、当地的生活福利、市政设施等部门所需的附加投资（即间接投资）与新增加的间接就业人数之比。间接就业效益指标取决于相关部门的劳动利用率，在计算时应注意新增间接就业人数与间接投资的计算口径要一致。其计算公式是：

间接就业效益=$\dfrac{新增间接就业人数}{项目间接投资}$（人/万元）

或　间接就业效益=$\dfrac{项目间接投资}{新增间接就业人数}$（万元/人）

对于就业效益指标，从国家层次分析，一般是项目单位投资所提供的就业机会越多，就业效益指标愈大，社会效益愈好。但项目创造的就业机会通常是与项目采用的技术和经济效益紧密相关的，如劳动密集型企业创造的就业机会多，而资金技术密集型企业需要的就业人数少，其技术经济效益也高。因此，行业不同、产品不同，就业效益指标定额也应不同。从地区层次分析，各地劳动就业情况不同，有的地区劳动力富余，要求多增加就业机会；有的地区劳动力紧张，希望建设资金技术密集型企业。因此，在待业率高的地区，若经济效益相同，则应优先选择就业效益大的项目；而在劳动力紧张的地区，就业效益指标的权重则可减少，只能作为次要的参考评估指标。国家有关部门应根据当前实际情况分别制定出最低就业效益的标准定额，并应恰当处理好提高劳动生产率和提高就业效益指标之间的关系。

【例10-2】设某项目的总投资为270万元（包括直接投资200万元，相关投资70万元），项目可提供的总就业机会为300人（其中直接就业200人，间接就业100人），详细资料见表10-7。试评估该项目的就业效益。

表10-7　项目投资与就业人数

投资类别	新就业机会			投资（万元）
	非熟练工人（人）	熟练工人（人）	总数（人）	
项目本身	50	150	200	200
供给投入项目	20	30	50	30
使用产出项目	10	40	50	40
总　计	80	220	300	270

【评估】计算就业效益：

（1）总就业效益：

总就业效益 $=\frac{300}{270}=1.11$（人/万元）

或　总就业效益 $=\frac{270}{300}=0.9$（万元/人）

如按熟练与非熟练工人计算：

熟练工人就业效益 $=\frac{220}{270}=0.81$（人/万元）

非熟练工人就业效益 $=\frac{80}{270}=0.30$（人/万元）

这说明在总投资中每10万元可创造11个新就业机会，其中包括熟练工人9名，非熟练工人3名；而创造一个新就业机会需要投资9 000元。

（2）直接就业效益：

直接就业效益 $=\frac{200}{200}=1.0$（人/万元）

或　直接就业效益 $=\frac{200}{200}=1.0$（万元/人）

这说明每10万元直接投资可提供10个直接就业机会；或每提供一个直接就业机会需要直接投资1万元。

（3）间接就业效益：

$$间接就业效益=\frac{100}{70}=1.43（人/万元）$$

或　间接就业效益$=\frac{70}{100}=0.7$（万元/人）

这说明每10万元间接投资可提供15个间接就业机会；或者每提供一个就业机会需要间接投资7 000元。

总体来看，该项目属于技术密集型的高技术工程，单位投资所需技术人员多，而且每提供一个就业机会所需投资也较高，如能与已建成的同类企业相对比，就可发现该项目的就业效益水平从而决定其取舍。

（三）节约自然资源指标

自然资源一般是指国家的土地资源、水资源、矿产资源、生物资源与海洋资源等直接从自然界获得的物质资源，它也是投资项目重要的物质来源，如项目的固定资产投资需要占用国家的土地（或耕地）、耗用水资源，还有各种矿产资源等等。为实现我国节约自然资源并合理开发与综合利用自然资源的社会目标，以及贯彻节约能源与少占耕地的国家政策，需要设置节能指标，包括项目综合能耗、节约耕地和水资源，以及节约时间的效果等指标。

1.综合能耗指标

国民收入综合能耗指标是指项目在正常生产年份为获得单位国民收入净增值所需消耗的能源。它反映项目的能源利用情况，如果项目的综合能耗水平低于行业能耗定额或社会平均能耗水平，则说明项目具有较好的节能效果，因此该指标亦称节能效果指标。

$$项目国民收入综合能耗=\frac{年综合能源消耗量}{项目国民收入净增值}（正常年份）\leqslant 行业规定定额$$

各年能耗应折合成"年吨标准煤"的消耗计算。行业的节能定额应由各主管部门根据国家规定的节能要求制定。

2.节约耕地指标

$$单位投资占用耕地=\frac{项目占用耕地面积（亩）}{项目总投资（万元）}\leqslant 行业规定定额$$

单位投资占用耕地指标应根据同类项目的经验予以评定。

3.节约水资源指标

$$单位产品生产用耗水量=\frac{项目年生产用耗水量（吨）}{主要产品生产量}\leqslant 行业规定定额$$

单位产品生产用耗水量应由主管部门按行业规定的定额考核。

4.节约时间的效果指标

节约时间的效果指标应结合具体项目进行计算，此类指标对交通运输类项目尤其重要。（详见第八章）

（四）相关投资分析指标

（1）计算有关原材料、燃料、动力、水源、运输等协作配套项目的投资效果。

（2）计算在项目投产后流动资金的占用量。

（五）环境保护效益指标

1.环境保护措施方案的选择可采用最低费用法

环境保护效益评估一般可采用以较少的环保措施费用达到符合国家标准的环境保护目标的方案。其计算公式为：

$$B=K_0+\sum_{t=1}^{n} K_t (1+i)^{-t}+\sum_{t=1}^{n} C_t \frac{(1+i)^t-1}{i(1+i)} \rightarrow 最小值$$

$$=K_0+\sum_{t=1}^{n} K_t (P/F,i,t)+\sum_{t=1}^{n} C_t (P/A,i,t) \rightarrow 最小值$$

式中：B——项目环保措施费用；

K_0——项目初始环保投资；

K_t——第t年的追加环保投资；

C_t——第t年的环保维护费用；

n——项目环保措施的服务年限。

2.环境质量指数

自然环境与生态环境影响是投资项目对社会影响的重要方面。在社会效益与影响评估中设置环境质量指数指标，是为了考核项目对环境治理的效益与影响，评估由于项目实施对环境影响的后果及由此引发的社会问题。

用于定量分析的环境质量指数指标是分析项目治理各项污染物达到国家和地方规定标准的程度，据此反映项目对环境治理的效果。这项指标有两种计算方法：

（1）简易计算法。其采用治理各项环境污染的指数之算术平均数，按下式计算：

$$环境质量指数（R_1）=\sum_{i=1}^{n} \frac{Q_i}{Q_{ic}}/n$$

式中：n——项目排出的污染环境的有害物质的种类，如废气、废渣、废水、噪声、放射物等；

Q_i——第i种污染物质的排放量；

Q_{ic}——国家或地方规定的第i种污染物质的最大允许排放量。

（2）加权平均数法。如果项目对环境影响很大，也比较复杂，则对各污染物聚集对环境影响的程度给予不同的权重，而后再求平均值，按下式计算：

$$环境质量指数（R_2）=\sum_{i=1}^{n} \frac{Q_i}{Q_{ic}}W_i/\sum W_i$$

式中：W_i——第i种污染物对环境影响的权重，W_i可以是系数或百分比，亦可以为整数、级数、指数等。

三、社会效益与影响的定性评估

对社会经济方面的影响进行分析，主要是对项目给国民经济、地区经济或部门经济发展带来的效益和影响进行定性分析，主要可包括下列几方面的评估：

（1）对提高地区或部门科技水平的影响，即项目采用的新技术和技术扩散的影响；

（2）对自然资源环境保护和生态平衡的影响；

（3）对提高产品质量和对产品用户的影响；

（4）对资源利用和远景发展的影响；

（5）对基础设施和基础结构的影响；

（6）对提高人民物质文化生活水平及社会福利的影响；

（7）对社会安全和稳定的影响；

（8）对当地人民的社会保障的影响。

第五节　项目与社会相互适应性分析

一、项目与社会相互适应性指标的设置

项目与社会相互适应性分析是在经过充分的社会调查的基础上进行的定性评估，一般以分析项目与当地社会的相互适应性为主。对于大中型项目还应分析项目与国家、地区（省、自治区、直辖市）发展重点的适应性问题。可以设置如下指标：

（一）项目与国家、地区（省、自治区、直辖市）发展重点的适应性

（二）项目文化与技术的可接受性

该指标主要分析项目对当地人民之需要的满足程度，当地人民在文化与技术上接受此项目的情况。例如，项目对人的价值观、宗教信仰和风俗习惯的影响，项目对人们的发展需求与发展目标的影响。

（三）项目存在的社会风险程度

项目存在的社会风险程度，即项目有无社会风险及其严重程度如何。该指标分析当地干部和群众对此项目的态度，项目能否被贫困户、妇女与受损群众所接受，可采取哪些措施防止社会风险。

（四）受损群众的补偿问题

该指标分析项目使谁受损、谁受益，分析影响受损与受益的因素，明确如何防止效益流失与减少受损群众的数量，并提出补偿措施。

（五）项目的参与水平

该指标分析社区干部与群众参与项目各项活动的态度、要求和参与水平。

（六）项目承担机构的能力及适应性

该指标分析项目承担机构的能力，明确应采取什么措施使其提高能力以适应项目的持续性。

（七）项目的持续性

通过上述各种适应性的分析，该指标研究项目能否持续实施和保持效益的持续发挥，对各种影响持续性的因素应采取哪些措施，以保证项目生存的持续性。

二、项目与社会相互适应性的分析方法

项目与社会相互适应性分析主要采用定性分析方法，即以文字进行描述，说明事物的性质。项目与社会相互适应性的定性分析方法要求做到以下几点：

（1）确定分析的基准线；

（2）按照可比性原则进行"有项目"与"无项目"的对比分析；

（3）制定定性分析的提纲；

（4）在衡量各种影响因素之重要程度的基础上，对各种指标和影响因素进行权重排序，以利于最终的综合分析。

定性分析要尽量采用直接或间接的数据，以便于准确地说明问题的性质与结论，例如：分析项目对人们卫生健康的影响，可采用卫生部门的标准，按医生比例、病床床位数量、某种疾病的发病率等指标加以说明。分析项目对地区文化水平的影响，可采用有无对比分析法分析当地中小学生的入学率、拥有大学毕业生的人数等指标。分析公平分配问题，可用有无对比分析法分析社区贫富收入的差距及社区居民生活变化的情况，以判断项目的收入分配使社区贫富差距扩大了还是缩小了。

第六节　项目社会评估中的利益相关者分析和公众参与

一、利益相关者分析

（一）利益相关者的确定和分类

利益相关者是指与拟建项目有利害关系的人、群体或机构。利益相关者按其重要程度可分为以下两类：

1.关键利益相关者

关键利益相关者，即项目的直接受益或受损害的人员或机构。

2.一般利益相关者

一般利益相关者，即除关键利益相关者之外的与项目的方案规划设计、具体实施等存在直接或间接关系的人员或机构，如银行机构、政府部门、非政府组织等。

项目社会评估应对关键利益相关者给予重点关注，因为他们可能会对项目的方案设计、投资决策及工程实施过程产生重要的影响，并对项目能否达到预定目标起到重要作用。可从研究现有的项目资料入手，识别关键利益相关者，通过各种社会调查，并与相关事项的决策者、政府代表、国内外专家及当地非政府组织机构进行磋商，确定关键利益相关者的代表性人物或机构。

（二）利益相关者分析的内容

利益相关者的分析具体包括以下内容：

1.利益相关者的利益构成

在对项目的利益相关者进行识别和确定后，还需要对他们从项目实施过程中可能获得的利益，以及可能对项目产生的影响进行分析，应重点分析以下问题：

（1）利益相关者对项目有什么期望？

（2）项目将为他们带来什么样的益处？

（3）项目会否对他们产生不利影响？

（4）利益相关者拥有什么资源，他们是否愿意和能够动用这些资源来支持项目的建设？其拥有的资源可以是各类物质资源，但更重要的是各类社会资源，如在当地社会网络中的地位、对其他社会成员的影响力等。

（5）利益相关者有无与项目预期目标相冲突的利害关系，以及是否可能动员各类资源来阻碍项目的建设？

一个项目对相关机构的影响程度常常可以通过分析二手数据来获得答案，而对当地群众，则可能需要进行实地调查访谈才能获得答案。

2.利益相关者的影响力及分析

获得所需信息之后，应从以下几方面对利益相关者的影响力和重要程度进行分析：

（1）权利和地位的拥有程度；

（2）组织机构的级别和层次；

（3）对资源的控制力；

（4）其他非正式的影响力；

（5）与其他利益相关者的权利关系；

（6）其影响力对项目取得成功的重要程度。

3.制订项目参与沟通方案

在利益相关者分析的基础上，通过制订项目利益相关者的参与方案，确保关键利益相关者能够积极参与项目决策、实施和管理等工作，发表其对项目的看法，将有价值的意见吸纳到项目的方案设计和实施中去，以保障其合理利益不受侵害。

二、公众参与

（一）公众参与的概念和方式

公众参与是通过一系列的方法或措施，促使项目的相关群体积极地、全面地介入项目决策、实施、管理和利益分享等过程的一种方法，也是社会评估的重要手段和方法。通过参与使当地的农村或城市人口、外来的专家和政府工作人员等一起对当地的社会、经济、文化、自然资源进行分析，对所面临的问题进行研究分析，从而做出计划和制订行动方案，并使方案付诸实施，在实施过程中对计划和行动方案进行监测评估，最终使当地人从项目的实施中受益。

参与式方法在社会评估中的具体运用包括下列两种方式：

1.参与式评估

参与式评估如参与式贫困评估、规划和监测评估等，主要强调项目所在地知识对专家知识的补充和完善，侧重应用参与式工具来进行数据的收集和分析，以弥补社会评估专家对项目所在地社会状况了解的不足。参与式评估根据收集到的信息资料（包括收集利益相关者的信息，特别是受项目消极影响的机构和个人的信息），制订合理的项目方案。这样就能最大限度地优化项目的运营效果，扩大项目的实施效果，并为项目运营方案的制订和优化提供依据。

2.参与式行动

该方式强调利益相关者参与到项目的具体活动中去，以便从项目的实施和发展中受益。参与式评估强调从专家评估项目的角度，注意听取项目的利益相关者的意见；而参与

第十章　项目社会效益与影响分析评估

式行动更偏重让项目的利益相关者在决策和项目实施的过程中发挥作用。当某项目的受益群体（即受项目积极影响的机构或个人）的积极参与对项目成败能起到关键作用时，参与式行动所能发挥的作用就会更加明显。

（二）公众参与的理念和原则

1.应用参与式方法的理念

在社会评估中应用参与式方法应遵循如下理念：

（1）在一般情况下当地人不依靠外部的支持就有能力认识和解决自己的问题；

（2）每一个人不论是当地人还是咨询专家，都具有自己特殊的知识和技能，都应该得到充分的尊重；

（3）分享知识、共同决策、共同行动、共同发展。

2.应用参与式方法的原则

在行为和态度上，参与式方法的应用将所有的参与人员放在完全平等的位置上，充分利用每个人的力量，并坚持以下原则：

（1）尊重每一个人及每一个群体；

（2）尊重每一个人及每一个群体的知识；

（3）站在当地人的角度看问题；

（4）理解当地不同人群所面临的困难、问题及需求。

社会评估人员在应用参与式方法时，应注重公平、公正、公开的原则，并重视倾听弱势人群的声音；与此同时，还要注意了解并理解政府的决策过程和决策机制，理解政府的决策理念和政策导向；尽量理解当地人的文化、生计、经济状况，以及他们面临的问题、需求和需要得到的帮助。通过相关利益群体的相互协调，共同探讨提高有限资源利用的经济效率，尽量满足当地人的需求。

（三）参与机制的建立和完善

制定参与机制的目的是要提高项目建设的透明度，确保项目的成功，以及提高项目的可持续性，避免工程延期或管理方面的冲突。

1.不同类型项目的参与范围、参与程度、参与途径和方法不尽相同

制定参与机制，必须权衡短期和长期目标，考虑资源和时间的限制。如果利益相关者在决策过程中感到没有受到足够的重视，可能会产生消极反应，如延误项目进度或遭到投诉，因此要考虑这些问题的应对策略。

2.参与机制的三个环节

（1）信息交流。其属于单向信息流动，包括向各有关方面披露有关项目的信息，或者收集项目受益者或受项目影响群体的数据。

（2）磋商。磋商是指利益相关者之间的信息双向交流，例如在政府和受益者或者受项目影响的群体之间的信息交流。通过磋商收集到的信息和反馈意见，必须在项目的规划和实施过程中有所体现，从而使磋商更加真诚和有效。

（3）参与过程。参与是一个过程。在这个过程中，利益相关者共同设定目标、找出问题、寻找并商讨问题解决方案，对规划方案提出优化建议等。参与实际上是分享决策控制

权的一个途径，共同进行评估、共同做出决策，并在项目的规划和实施过程中通力合作。

3. 参与式评估结果的运用

参与式社会评估的结果最后将反馈给相关部门和决策机构，必须反馈的信息如下：

（1）改善项目规划设计方案的建议，如道路交通项目的通道、线路走向等，立体交叉的位置的确定、防护设施方案的选择等。

（2）项目涉及的移民搬迁安置计划方案优化的建议，如安置点的选择、安置方式的确定、需要得到的外界支持（资金、技术）等。

（3）未来发展计划的建议，如通过制订和优化未来发展计划，扩大项目的积极影响。这些建议主要提供给当地政府部门参考，并为企业参与当地社会发展项目的建设提供参考依据。

（4）降低负面社会影响的计划建议，如通过对受影响人群的调查，了解他们的想法和计划，了解当地的资源状况，为相关部门及企业制定减少负面影响的措施提供依据。

4. 参与式评估应注意的问题

（1）参与式评估方法收集的信息资料形式多样，不便统计分析，还可能使调查结果出现片面性等风险。可通过交叉检验方法进行抽样调查分析，让当地人自己验证调查结果。

（2）参与式评估所占用的时间较长，必须为进行适当的访谈和评估活动留有足够的时间。有些参与活动可能花费较长时间，但不能为节省时间而影响质量。

（3）由于项目的不同利益相关者各自关注的利益不同，来自各个群体的意见有可能存在冲突，导致可能出现相互协调比较困难的情况，因此在实际工作中，注意设法解决某些被调查者产生不易实现的过高期望值的要求。

第七节　特定群体的社会影响评估

一、非自愿移民的社会影响评估

（一）移民的社会影响

1. 不同类型项目的移民损失程度和内容不同

（1）对于小型建设项目需要征用的小块土地，所造成移民的后果可能是有限的；

（2）对于以供水、灌溉或水力发电为目的的水库建设项目，会有大面积的土地征用，可能带来企业搬迁及人口迁移；

（3）对于城市道路、供排水和能源设施等项目，可能造成城市居民房屋、商业设施、企业不动产以及地上地下各种管网设施的拆除，并带来各种移民后果。

2. 移民安置方式

移民安置方式有就地安置、异地集中搬迁，以及集中或分散迁入安置。不同类型的移民安置方式都会造成各种社会影响。

3. 移民损失

移民损失主要包括下列几种类型：

第十章 项目社会效益与影响分析评估

（1）生产性资产的损失，包括土地、收入和谋生手段的丧失；

（2）房屋的损失，有可能是整个社区的建筑系统和各种服务基础设施的丧失；

（3）其他财产和社区资源的损失，如栖息地、文化场所和物品等的丧失。

（4）移民的损失可能是永久性的，也可能是暂时性的。

（二）移民问题社会评估的要求

1.必须对移民的社会环境和制度背景进行分析；

2.必须正确界定移民的不同需求，因为不同社会群体受到移民和占地的影响不同，所以要求也不同；

3.必须采取适当的措施尽量满足其不同需求，使移民能够维持生计；

4.在项目实施过程中，亦要界定、监督和评估因项目实施所引发的移民问题及其可能带来的社会影响。

（三）移民问题社会评估的内容

1.移民影响的社会经济调查

根据安置计划编制的要求，确定社会经济调查的内容：

（1）在项目影响区和拟安置移民的地区范围内，进行项目影响的实物指标调查，即指征地拆迁所造成的土地、人口、房屋、专项设施等损失调查；

（2）项目影响地区的社会经济状况调查，包括对项目所在地区的社会经济状况、受影响户的基本信息、贫困群体及少数民族状况的调查。

2.移民安置计划的编制

由于土地征收、征用和移民安置几乎涉及项目建设的全过程，为此要求：

（1）项目社会评估必须着重于最容易受到项目不利影响的移民问题；

（2）项目社会评估必须对征地和搬迁可能造成的影响进行全面分析，并制定相应的政策和实施方案；

（3）征地拆迁和移民补偿政策的制定应建立在与利益相关者进行全面协商的基础上；

（4）在移民安置计划的制订过程中，应广泛征求利益相关者的意见。

3.移民效果的监测与评估

移民效果的监测与评估的目的是：

（1）为了确保征地拆迁与移民安置工作有序、规范、高效进行，有关各方能够及时了解征地、拆迁与移民安置的实施情况；

（2）发现和纠正在征地拆迁与移民安置实施过程中存在的问题；

（3）按照经过批准的征地补偿安置方案顺利地实施征地拆迁与移民安置工作，最终达到移民安置的目标；

（4）规定和指导土地管理部门、项目建设单位、移民安置机构进行征地拆迁与移民安置工作，根据需要对征地拆迁与移民安置进行内部监测和外部监测的评估工作；

（5）在项目决策阶段，应提出相应的监测实施方案。

（四）监测与评估的步骤和方法

完整的监测和评估过程应包括信息收集、统计、综合分析和报告撰写等步骤。监测评估机构所采用的方法和手段，应包括文献调研、入户访谈、座谈会、实地观察、典型调查、抽样调查、统计、综合分析等方式，收集移民安置实施的相关信息，进行监测评估。

二、扶贫的社会影响评估

投资项目业主和项目专业管理人员必须重点关注项目可能涉及的贫困人口，使他们能够有机会分享项目建设可能带来的发展机遇，并尽可能地使他们从项目中受益，这也是项目社会评估应追求的目标之一。

（一）贫困的概念及其类型

1.贫困是由多种因素引起的社会现象，可从不同的侧面来理解，按贫困的最基本特征可分为收入贫困和人类贫困：

（1）收入贫困。按照我国统计部门对贫困的定义，收入贫困是"物质极度缺乏，致使一个人或一个家庭不能达到社会可接受的最低生活水平"。因此，可根据政府在某一具体的时期、地点和社会环境中规定必需物品和服务需求的最低生活支出作为贫困线，以此作为衡量贫困者的重要依据。各地政府应按照当地财政情况给予最低生活补贴，不同国家、不同地区和不同年份的收入贫困线各不相同。

（2）人类贫困。除了收入和物质消费外，人类也需要教育、医疗等基本的社会服务及社会关系。人类贫困针对的是非物质因素，有时甚至是更基本的人文需求等贫困因素。教育、健康和权利是人类贫困中最重要的内容。

2.贫困人口根据贫困程度可划分为：绝对贫困人口、相对贫困人口和临界贫困人口。对于临界贫困人口的收入，虽在绝对贫困线之上，但当受到外部影响的冲击时，其收入水平极易下降到贫困线之下。

3.根据项目对贫困人口的影响程度不同，贫困人口可划分为：项目目标受益贫困人口、潜在受益贫困人口和受损贫困人口。

（二）导致贫困的因素及其特征

贫困现象是多侧面的，而导致贫困的原因也是复杂多样的。在项目社会影响评估中，应重点关注下列导致贫困的因素：

1.环境脆弱

我国大多数的贫困人口居住在边远山区，那里气候恶劣（如寒冷、少雨等）和环境脆弱（如植被稀少、土地坡度大等），贫困和环境密切相关。

2.缺乏物质财产

该物质财产的重要性体现在：

（1）物质财产是生产、生活的基础，是影响生产效率及生活质量的主要因素。

（2）物质财产在处理家庭危机方面起到重要作用。一方面，某些财产可在市场上变换成现金；另一方面，某些财产（如房屋）是体现社会福利水平的直接指标。因此，缺乏可耕地资源、缺少饮用水、灌溉设施、生产性财产、交通设施和房屋状况欠佳等，都是导致贫困的重要因素。

3.缺少获得基本经济和社会服务的途径

许多金融政策使贫困人口不能获得正规的信贷，使其难于参与市场活动。贫困人口获得的教育机会少、知识水平低、医疗保健保障程度较差等，都是导致贫困产生的重要因素。

4.缺乏能力并与社会隔绝

边远地区的贫困人口很难融入社会主流，对影响他们生计的各类社会问题几乎没有发言权。就能力的获得而言，妇女和少数民族是相对较为弱势的群体。

5.易受自然、经济和社会风险的冲击

贫困者没有或几乎没有办法来处理各类风险。当自然灾害、产品价格变动和疾病等风险出现时，贫困者非常容易陷入贫困的恶性循环之中。

（三）建设项目的扶贫目标

1.建设项目对贫困者的影响

人们可以通过投资项目建设，有针对性地优化项目建设的实施方案，可以为贫困者创造更多的脱贫机会，可降低自然、经济和社会风险对贫困者的打击，并取得长远的扶贫效果。项目给贫困者带来的帮助可具体表现在下列几方面：

（1）创收。创收包括直接提供就业机会或有利于创收的各项活动，如农作物生产、牲畜饲养和其他经营活动。

（2）新增资产建设。新增资产建设包括土地、房屋等家庭财产建设以及生产性固定资产数量的增加和质量的提高，如道路、灌溉和饮水设施、社区林业、其他土地资源、市政设施、学校、医疗设施的建设等。

（3）提供服务。提供服务包括农业技术的推广、信贷和储蓄服务；投入和产出品的市场服务；儿童（特别是少数民族儿童）易获得教育的途径；贫困者（特别是妇女、残疾人和老人）易获得医疗保健的途径。

（4）能力培养。能力培养包括促进农民组织如信用合作和营销合作的发展；进行生产技能、营养知识、法律权利的培训；促进贫困者参与项目的设计、执行、监督和评估；促进贫困者参与社区决策的过程。

2.建设项目扶贫目标的设计

（1）扶贫可以是投资项目的首要目标，而项目的关键利益相关者和项目直接受益人就是贫困人口。这就要求制定相应的瞄准机制和制度，以此来保证贫困人口受益。

（2）扶贫可以是投资项目的次要目标，即表现为具有特定目标群体之发展项目的连带性次要目标，如造成大规模移民或征地拆迁的项目，可通过贫困分析进行实施方案的优化设计，尽可能地使建设项目对扶贫做出直接或间接的贡献。应在保证主要目标实现的前提下，尽可能地使贫困人口受益。因此，扶贫可以用不同的方式成为项目的目标之一。

（四）建设项目的扶贫分析

社会评估中的贫困人口分析在项目周期的不同阶段有不同的要求。

1.在项目建议书编制阶段，应重点了解项目对贫困者和其他群体可能造成的影响，应评估利益相关者对扶贫的具体需求。

2.在编制可行性研究报告阶段，设计贫困人口可有效参与的良好制度和有效的激励机制，这对项目能否使贫困者受益起着决定性的作用。

3.在项目实施及评估总结阶段，有效的监督评估不仅是项目达到预期目标的保证，也是实施机构改善项目实施方案及扶贫效果的重要基础。因此，在项目决策阶段，就应对贫困监测评估的实施方案提出建议。

复习思考题

1.简述我国投资项目社会评估的概念、作用和特点。

2.项目社会评估的目的和要求有哪些？应如何实施？

3.我国项目社会评估应遵循哪些原则？

4.项目社会评估的对象主要包括哪些项目？分述各类不同行业项目社会评估的内容和重点。

5.项目社会评估应重点关注的人群范围有哪些？应如何关注他们？

6.我国项目社会评估应包括哪些主要内容？具有什么样的社会评估结构体系？

7.何谓项目社会效益与影响分析？应包括哪些主要内容和评估指标？如何进行定量计算和定性分析？

8.简述项目与社会相互适应性分析的内容。为其所设置的定性评估指标有哪些？

9.简述项目社会评估的工作程序和主要评估方法。

10.在项目社会评估中如何对项目的利益相关者进行分析？

11.简述项目社会评估中如何实施有效的公众参与方式。

12.简述非自愿移民项目社会影响评估的内容、要求和方法。

13.简述贫困的概念、分类和导致贫困的因素及特征。

14.简述项目的投资建设对贫困者的影响。

15.如何设计项目扶贫目标和进行扶贫分析？

项目不确定性分析与风险分析评估

内容提要

本章介绍了不确定性分析与风险分析的评估概念，并全面系统地阐述了对项目投资效益进行不确定性分析评估和风险分析评估的原理与方法。学习本章的目的是：要明确不确定性分析评估和风险分析评估的概念、作用和内容，重点掌握盈亏平衡分析、敏感性分析、概率分析和风险分析的评估原理及操作方法。

第一节 项目不确定性分析和风险分析评估概述

一、项目不确定性分析和风险分析的评估

1.项目不确定性分析评估

项目不确定性分析评估，是对可行性研究报告中不确定性分析的结果进行评估，判别不确定性因素对项目经济效益产生的影响，预测项目抗风险能力的大小，评估项目投资在财务上和经济上的可靠性。

2.项目风险分析评估

项目风险分析评估，是对不确定性分析评估的补充和延伸，主要评估可行性研究报告是否按风险管理的要求，对项目投资活动达到预期效果目标可能存在的各种风险进行必要的分析，找出在项目计算期内可能出现的影响项目生存和发展的关键风险因素，并进行专项调研和评估，提出规避风险的具体措施和建议。

二、项目不确定性分析和风险分析评估的作用

项目财务评估和项目国民经济评估是在确定性情况下对项目所做的企业财务效益分析和经济效益分析。在项目分析时，采用调查中收集的历史资料对一些基础数据和基本指标进行特定的假设、估计和预测。其与项目建成后的实际经济效益数据存在着不可避免的偏

差，亦包含不同程度的不确定性，致使投资项目可能面临潜在的风险。

为了分析不确定性因素对项目经济评估指标的影响，预测项目可能承担的风险和经济上的可靠性，需要进行项目不确定性分析评估和风险分析评估。应在项目财务评估和项目国民经济评估中，再次分析项目投资、生产成本、销售收入、外汇汇率、产品价格和寿命期等主要不确定性因素的变化所引起的项目投资收益等各种经济效益指标的变化，进一步考核项目能否经受各种风险的冲击，以证明项目投资的可行性。

进行不确定性分析评估的目的是要尽量弄清和减少不确定性因素对经济效益评估的影响，避免当项目建成投产后出现不能获得预期的利润或造成亏损的现象，以提高项目投资决策的科学性和可靠性。

三、项目不确定性分析和风险分析评估的内容和方法

根据建设项目的类型、特点及对国民经济的影响程度，确定对项目进行不确定性分析和风险分析评估的内容和方法。一般应根据项目具体情况有选择地进行盈亏平衡分析评估、敏感性分析评估和概率与风险分析评估。在大中型项目评估中，盈亏平衡分析评估只用于项目财务评估，而敏感性分析评估和概率与风险分析评估则可同时用于项目财务评估和项目国民经济评估。对某些重大关键项目或风险较大的项目，根据评估的深度要求，可采用风险解析法、专家调查法、概率决策树分析法和蒙特卡洛模拟等方法。

第二节　　　　　　　　　盈亏平衡分析评估

一、盈亏平衡分析的作用与内容

盈亏平衡分析是对建设项目进行不确定性分析的第一步，其可直接对项目最关键的盈利性问题进行初步分析。因其计算方法简便，而得到了较为广泛的应用。

（一）作用

通过盈亏平衡分析可粗略地对项目的一些主要变量因素（如销售价格、生产成本、销售量和销售收入）与利润之间的关系进行计算分析，预测项目对市场需求变化的适应能力，有助于了解项目可承受的风险程度；通过盈亏平衡分析还有利于确定项目的合理经济规模和最佳工艺技术方案。应尽量选择盈亏平衡点低的投资方案，以确保项目的盈利能力。

（二）内容

盈亏平衡分析一般是根据建设项目正常生产年份的产品产量或销售量、可变成本、固定成本、产品价格、销售收入和税金等数据计算盈亏平衡点。在盈亏平衡点上，销售收入扣除相关税金及附加等于生产成本。其标志着该项目不盈不亏的生产运营水平，反映项目在达到一定生产能力时收益与成本费用支出的平衡关系，故亦称收支平衡点。盈亏平衡点通常用产量或最低生产能力利用率表示，也可用最低的销售收入、生产成本和保本价格来表示。由于销售收入与产品销售量、成本与产量存在线性或非线性的函数关系，因此，盈亏平衡分析可分为线性和非线性的盈亏平衡分析。

二、线性盈亏平衡分析的应用

在项目投产后的正常生产年份，产量、成本、盈利三者之间的关系均呈线性函数关

第十一章 项目不确定性分析与风险分析评估

系，此即线性盈亏平衡分析。其表明项目的收益和成本都随着产品产量的增减呈直线增减的关系。线性盈亏平衡点可通过盈亏平衡图（亦称量本利图，如图11-1所示）求取，也可通过公式计算得到。盈亏平衡分析常用于财务评估。

（一）图解法

在以收入或成本为纵轴、以产品产量或销售量为横轴的坐标（如图11-1所示）系中，按照正常生产年份的产量画出固定成本线（y=f）和可变成本线（y=Vx），再按公式y_1=f+Vx画出总成本线，然后画出销售收入-相关税金及附加线（y_2=Px-tx）（按正常生产年份的生产量、销售量和产品单价计算），这两条直线的交点即为盈亏平衡点（break-even point，BEP）。

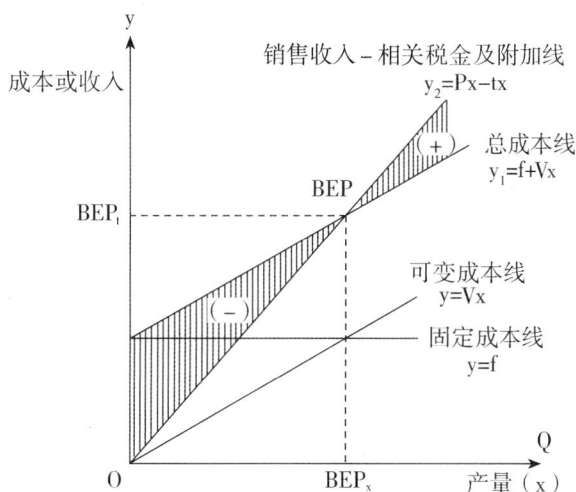

图11-1 盈亏平衡图

由盈亏平衡图可见，平衡点的总成本与（税后）总收入相等。如果生产产量超过平衡点产量，项目就盈利，而低于此点，项目就亏损。因此，平衡点越低，达到平衡点的产量、销售收入或成本也就越少。只要生产少量的产品就能达到项目的收支平衡，且达到设计生产能力时企业盈利就越多。所以，平衡点的值越小，企业的生命力就越强，项目盈利机会就越大，亏损的风险就越小。要达到这个目的，就必须降低产品的固定成本和可变成本，适当提高产品质量和单价，为此应重视科学技术进步和提高企业的经营管理水平。

（二）数学计算法

在生产期的正常生产年份，当销售收入扣除相关税金及附加等于总生产成本费用时，最低需要达到的产量、销售收入、生产能力利用率和保本价格的盈亏平衡点按下列公式计算：

1.用产量表示的盈亏平衡点

在实际分析中，如果考虑相关税金的因素，应按下列公式计算：

y_1=f+Vx

y_2=Px-tx

y_1=y_2

$$f+V_x=Px-tx$$

$$BEP_x=\frac{f}{P-V-t}$$

式中：t——单位产品税金。

$$BEP（产量）=\frac{年固定总成本}{单位产品价格-\frac{单位产品}{可变成本}-\frac{单位产品}{相关税金及附加}}$$

$$=\frac{年固定总成本}{\frac{单位产品}{价格}\times(1-\frac{相关税金}{及附加综合税率})-\frac{单位产品}{可变成本}}$$

2. 用销售收入表示的盈亏平衡点

$$BEP_s=\frac{f}{P-V-t}\times P$$

BEP（销售收入）=单位产品价格×BEP（产量）

$$=单位产品价格\times\frac{年固定总成本}{\frac{单位产品}{价格}-\frac{单位产品}{可变成本}-\frac{单位产品相关}{税金及附加}}$$

3. 用生产能力利用率表示的盈亏平衡点

$$BEP_R=\frac{BEP_x}{R_x}\times 100\%$$

$$BEP（生产能力利用率）=\frac{年固定总成本}{年产品销售收入-年可变总成本-年相关税金及附加}\times100\%$$

$$=\frac{BEP（产量）}{设计年产量}\times100\%$$

4. 用保本价格表示的盈亏平衡点

$$BEP_P=\frac{f}{R_x}+V+t$$

$$BEP（保本价格）=\frac{年固定总成本}{设计年产量}+单位产品可变成本+单位产品相关税金及附加$$

总之，平衡点越低，表明项目适应生产或市场的变化能力越大，抗风险能力越强；反之，则表明项目达到预期经济效益的可能性越小。

（三）线性盈亏平衡分析的应用

【例11-1】假设某化纤厂设计年产量为18万吨涤纶纤维，总成本为8.32亿元，其中总固定成本为1.12亿元，单位可变成本为4 000元/吨，销售单价为7 000元/吨。试用实际产量、销售收入、生产能力利用率和保本价格计算盈亏平衡点（此例中假设产品免税）。

解：按上述公式计算：

（1）用实际产量表示BEP_x：

$$BEP_x=\frac{f}{P-V}=\frac{11\,200}{7\,000-4\,000}=3.73（万吨）$$

说明产量达到3.73万吨时，该项目即可保本。

（2）用销售收入表示BEP_s：

$$BEP_s=P\times\frac{f}{P-V}=7\,000\times3.73=2.61（亿元）$$

说明当销售收入为2.61亿元时，企业即可保本。

（3）用生产能力利用率表示BEP_R：

$$BEP_R=\frac{f}{P-V}\times\frac{1}{R_X}\times100\%=3.73\times\frac{1}{18}\times100\%=0.21\times100\%=21\%$$

说明当生产能力为设计能力的21%时，企业即可不亏不盈。

（4）用销售单价表示BEP_P：

$$BEP_P=\frac{f}{R_X}+V=\frac{11\,200}{18}+4\,000=4\,622.22\,（元/吨）$$

说明能保本的最低销售价格为4 622.22元/吨。

计算结果说明，涤纶纤维产量达到3.73万吨、生产能力利用率达到设计年产量的21%、销售收入为2.61亿元、每吨售价为4 622.22元时，企业即可保本，不会产生亏损，该项目具有较大的风险承受能力。

（四）线性盈亏平衡分析的局限性

采用线性盈亏平衡分析有助于检验变量因素（如价格、固定成本、可变成本）的变化对项目收支平衡的影响。但盈亏平衡点的计算具有以下局限性：①要求项目在整个生产期内的产品组合是单一或相似的，符合产品组合规定；②要求在正常生产年份内生产成本与销售价格不变，收入是销售量的线性函数；③要求生产量等于销售量。但实际上这些约束条件不可能同时满足，这样就给盈亏平衡分析带来了某些不确定性，因此，这种分析方法只能作为对项目评估检验的辅助手段。

三、盈亏平衡分析的评估

对盈亏平衡分析的评估，主要是通过对项目投产运行后正常生产年份的盈亏平衡点（BEP）的测算，衡量项目适应生产或销售情况变化的能力，考察项目的风险承受能力；盈亏平衡点的指标可按产量、销售收入、生产能力利用率和保本价格等形式分别列出；重点评估盈亏平衡分析的计算内容、方法和结果是否正确。

第三节　敏感性分析评估

一、敏感性分析的任务、作用和目的

（一）敏感性分析的任务

当建设项目的投资、成本、价格、产量和工期等主要变量发生变化时，其经济效益的主要指标也会发生变动，对该变动的敏感程度做出分析就叫作项目的敏感性分析。项目经济效益的指标主要是指项目的内部收益率、净现值、投资收益率、投资回收期、偿还期等。敏感性分析旨在找出诸多不确定因素中引起经济效益指标敏感反应的因素，并确定其影响程度，建立主要变量因素与经济效益指标之间的对应定量关系。

项目对某种因素的敏感程度，可表示为该因素按一定比例变化时引起评估指标的变动幅度，即计算敏感度系数（列表表示）；也可表示为当评估指标达到临界点（如财务内部收益率等于财务基准收益率，财务净现值为零，或是经济内部收益率等于社会折现率）时，某个因素允许变化的最大幅度，即变化极限。超过此极限，就认为项目不可行。可通过绘制敏感性分析图求此极限值。

(二) 敏感性分析的作用和目的

敏感性分析的主要作用是提高项目经济评估的准确性和可靠性，降低投资风险。通过敏感性分析应达到下列具体目的：

1.通过敏感性分析可研究相关因素的变动对项目经济效益指标的影响程度，即引起的经济效果指标的变动幅度和变动方向。

2.通过敏感性分析找出影响项目经济效果的敏感因素，并确定其影响程度，建立变量因素与经济效益指标之间的对应定量关系（即敏感度系数），进行项目投资风险估计，进一步分析与敏感性大的因素有关的预测数据可能产生不确定性的根源，确定防范风险的重点，采取有效措施，进行重点监控和防范。

3.通过敏感性分析可区别不同项目方案对某关键因素的敏感性大小，并进行排序，以便选取对关键因素敏感性小的方案，降低项目的风险性，粗略预测项目可能承担的风险，为进一步的风险分析打下基础。

4.通过敏感性分析可找出项目方案的最好与最坏的经济效益的变化范围，使决策者全面了解项目投资方案可能出现的经济效益变动情况和风险程度，以便通过深入分析采取有效控制措施，选择最切实际的项目方案或寻找替代方案，达到减少或避免不利因素影响的目的，以改善和提高项目的投资效果，为最后确定有效可行的投资方案提供可靠的决策依据。

5.项目的经济效益指标达到临界点（如财务内部收益率达到基准收益率，财务净现值等于零）时，计算主要变量因素变化的幅度最大值（极限值）。如果超过此极限值，就认为项目是不可行的。

敏感性分析可采用单因素敏感性分析或多因素敏感性分析，如敏感面分析、乐观—悲观分析等。单因素敏感性分析是指当一个不确定性因素变化时对项目效益指标的影响程度；多因素敏感性分析是指当两个及两个以上不确定性因素同时变化时对效益指标的影响程度。通常项目只进行单因素敏感性分析。

二、单因素敏感性分析的步骤和方法

1.确定敏感性分析研究的对象

针对不同项目的特点和要求、不同研究阶段和实际需要情况，选择最能反映项目经济效益的综合性评估指标（如投资利润率、投资回收期、内部收益率、净现值等），作为具体分析对象。最常用的敏感性分析综合指标是项目投资财务内部收益率。静态投资收益率常用于项目规划阶段的评估，借款偿还期适用于贷款项目和合资项目的评估，可分析贷款和资金短缺对投资偿还能力的影响。

2.选择主要变量因素

根据建设项目特点选用对经济效益指标有重大影响的主要变量因素。其一般是指产品产量（即生产负荷）、产品价格、主要原材料或动力价格、外汇牌价、可变成本、固定成本、固定资产投资及建设工期等。

3.计算敏感度系数（变化率）

计算各变量因素对经济效果指标的影响程度，编制敏感性分析表（见表11-1）。

表11-1 敏感性分析表

序号	不确定因素	变化幅度（%）	内部收益率（%）	敏感度系数	临界点（%）	临界值
	基本方案					
1	产品产量（生产负荷）					
2	产品价格					
3	主要原材料价格					
4	建设投资					
5	汇率					

首先，按预先指定的变化幅度（±10%、±20%）改变某一个变量因素，其他各因素暂不变，计算该因素的变化对经济效益指标（如收益率或投资回收期）的影响数值，并与原方案的指标对比，计算出该变量因素的敏感度系数；然后，选另一个变量因素重复上一步骤。这样，针对不同变量因素计算出对同一效果指标的不同敏感度系数，再进行比较，选择其中敏感度系数最大的变量因素作为该项目的敏感因素，敏感度系数小的为不敏感因素。可按下式计算敏感度系数：

$$敏感度系数（变化率）（E）= \frac{\Delta A}{\Delta F} = \frac{效果评价指标变化幅度（\%）}{变量因素变化幅度（\%）}$$

式中：ΔF——不确定因素（变量因素）（F）的变化幅度（%）；

ΔA——当变量因素（F）发生变化（ΔF）时，效果评价指标（A）的相应变化幅度（%）；

E——效果评价指标（A）对变量因素（F）的敏感度系数（变化率）。

4.绘制敏感性分析图，求出变量因素变化极限值的临界点

作图表示各变量因素的变化规律，可以更直观地反映出各个变量因素的变化对经济效益指标的影响。以此可以求出内部收益率等经济效益指标达到临界点（指财务内部收益率等于行业财务基准收益率，或财务净现值等于零，或经济内部收益率等于社会折现率）时的各种变量因素变化之最大幅度，即变量因素变化的极限值。该极限值是变量因素变化使项目由可行变为不可行的临界数值。分析图如图11-2所示。

投资项目评估

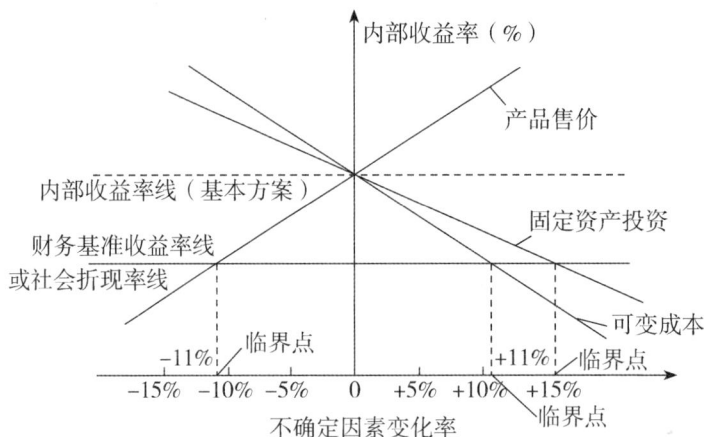

图11-2 敏感性分析图

在图11-2中，纵坐标表示项目投资内部收益率评估指标值，横坐标表示几种不确定变量因素的变化幅度（%）。图中按敏感性分析计算结果画出各种变量因素的变化曲线，选择其中与横坐标相交的角度最大的曲线为敏感性因素变化线。同时，在图上还应标出行业财务基准收益率。从某种因素对投资财务内部收益率的影响曲线与行业财务基准收益率线的交点（临界点）可以得知该变量因素允许变化的最大幅度，即变量盈亏界限的极限变化值。当变化幅度超过这个极限值时，该项目就不可行。如果发生这种极限变化的可能性很大，则表明项目承担的风险很大。因此，这个极限值对于决策十分重要。临界点可采用不确定性变量因素对基本方案的敏感度系数即变化率表示。临界点既可通过敏感性分析图直接得到，也可采用试算法或函数求解得到。

敏感性分析结果应采用敏感性分析图（如图11-2所示）或敏感性分析表（见表11-1）的形式表示。

变量因素盈亏界限的极限变化值（即临界点）的确定可用下列表达式表明：

$$V(X_K^{\#}) = V_0$$

这一表达式说明，当评估指标与其评估基准值相等时，对应的变量因素变化幅度出现临界点，所允许的变化幅度极限值即为变量因素盈亏界限的极限变化值。式中的 V_0 即为评估指标 V 的基准值。例如，当评估指标为 NPV 时，则 $V_0=0$；当评估指标为内部收益率时，则 V_0 取行业基准收益率 i 值等等。$X_K^{\#}$ 是盈亏界限的极限变化值（临界点）。

5.项目风险估计

根据变量因素的敏感度系数（E）和盈亏界限的极限值（$X_K^{\#}$）就可以对投资项目做出风险 R 估计。可按下式估计：

$$R = \frac{|E|}{|X_K^{\#}|} = \frac{|敏感度系数|}{|盈亏界限的极限值(临界点)|}$$

由上式可见，变量因素变化给评估指标带来的风险取决于评估指标对变量因素变化的敏感性（即敏感度系数大小）和变量的盈亏极限临界点。其表明，项目的风险性与变量因素的敏感性成正比，即敏感度系数（E）大的敏感因素对项目风险的影响大；项目的风险性与变量因素盈亏界限的临界点成反比，即临界点越小的项目，风险性越高。

6.决定项目方案的取舍

对找出的最强敏感性因素，应综合分析其存在不确定性的根源，并弄清哪些根源是主观原因，哪些是客观原因，以便采取相应的对策加以控制。如果不能有效地控制其不确定性，则此项目方案不可取，应重新考虑替代方案，确保达到规定的指标标准值，并注意留有余地。

三、敏感性分析评估的具体内容

敏感性分析评估应包括项目财务敏感性分析评估和项目经济敏感性分析评估。

1.项目财务敏感性分析评估主要对产品销售价、产品成本、建设投资、产品产量、建设工期和外汇汇率等因素的变化趋势进行预测分析。

根据项目的实际情况，评估单因素或多因素变化对项目财务内部收益率、财务净现值、投资回收期、借款偿还期等的影响，找出最敏感因素，进一步分析项目的抗风险能力。当经济因素变化幅度小于本行业一般情况、项目的财务内部收益率低于行业财务基准收益率时，说明该项目抗风险能力差。

2.项目经济敏感性分析评估主要对产品的影子价格、经营成本、建设投资和产品产量等因素的变化趋势进行预测分析。

根据项目的实际情况，评估单因素或多因素变化对项目经济内部收益率、经济净现值、经济换汇成本等的影响。根据项目最敏感因素变化程度的合理性，进一步分析项目的抗风险能力。当经济因素变化幅度小于本行业一般情况或项目的经济内部收益率低于社会折现率时，说明该项目抗风险能力差。

3.项目敏感性分析应该判明多种变量因素的敏感程度，并对各种因素的敏感度进行综合评估。

其分析范围可根据各因素的具体情况而定，但最大变化幅度一般不超过30%。

四、单因素敏感性分析案例

【例11-2】可研规划某钢铁厂的建设规模为年产钢材10万吨，预测钢材平均售价为550元/吨，估算不含折旧的单位产品生产成本为350元/吨（其中固定费用约占30%），建设投资估算为6 000万元，流动资金为销售收入的25%。建设期为2年，使用寿命期为5年，投产后上缴的销售税的年税率为8%。试进行该项目的敏感性分析。

（1）确定分析对象并选择变量因素：

由于是在项目可行性研究的规划阶段进行敏感性分析，故采用投资收益率指标进行分析，分析的主要变量因素选择产品价格、投资、成本和产量四个因素。

（2）计算各项数据和基本指标：

销售收入=单价×产量=550×10=5 500（万元）

销售税金=销售收入×8%=5 500×0.08=440（万元）

流动资金=销售收入×25%=5 500×0.25=1 375（万元）

总成本费用=10×350=3 500（万元）

投资项目评估

净利润=销售收入−总成本费用−销售税金=5 500−3 500−440=1 560（万元）

按上述基本数据计算出规划方案的投资收益率：

$$投资收益率=\frac{销售收入−总成本费用−税金}{建设投资+流动资金}\times100\%$$

$$=\frac{5\,500−3\,500−440}{6\,000+1\,375}\times100\%=21.15\%$$

（3）列表计算各变量因素的变化率：

对产品价格、成本、投资与产量等四个变量因素按±10%、±20%的变动幅度，分别计算出投资收益率的敏感度系数（变化率），见表11-2。

表11-2　　　　　　　不确定性因素对静态投资收益率的影响　　　　　　　金额单位：万元

序号	项目	规划方案	价格因素变动				投资因素变动				成本因素变动				产量因素变动			
			-20%	-10%	+10%	+20%	-20%	-10%	+10%	+20%	-20%	-10%	+10%	+20%	-20%	-10%	+10%	+20%
1	销售收入	5 500	4 400	4 950	6 050	6 600	5 500	5 500	5 500	5 500	5 500	5 500	5 500	5 500	4 400	4 950	6 050	6 600
2	总成本费用	3 500	3 500	3 500	3 500	3 500	3 500	3 500	3 500	3 500	2 800	3 150	3 850	4 200	3 010	3 255	3 745	3 990
3	年销售税金	440	352	396	484	528	440	440	440	440	440	440	440	440	352	396	484	528
4	净利润	1 560	548	1 054	2 066	2 572	1 560	1 560	1 560	1 560	2 260	1 910	1 210	860	1 038	1 299	1 821	2 082
	建设投资	6 000	6 000	6 000	6 000	6 000	4 800	5 400	6 600	7 200	6 000	6 000	6 000	6 000	6 000	6 000	6 000	6 000
	流动资金	1 375	1 100	1 238	1 513	1 650	1 375	1 375	1 375	1 375	1 375	1 375	1 375	1 375	1 100	1 238	1 513	1 650
5	全部投资	7 375	7 100	7 238	7 513	7 650	6 175	6 775	7 975	8 575	7 375	7 375	7 375	7 375	7 100	7 238	7 513	7 650
6	投资收益率（%）	21.15	7.72	14.56	27.50	33.62	25.26	23.03	19.56	18.19	30.64	25.90	16.41	11.66	14.62	17.95	24.24	27.22
7	变量因素变动1%对投资收益率的敏感度系数		-0.67	-0.66	+0.64	+0.62	+0.20	+0.19	-0.16	-0.15	+0.47	+0.48	-0.47	-0.47	-0.33	-0.32	+0.31	+0.30

注：在年总成本费用中，固定成本占30%时：

产量降低10%的总成本=10×350×0.7×0.9+10×350×0.3=2 205+1 050=3 255（万元）

产量降低20%的总成本=10×350×0.7×0.8+10×350×0.3=1 960+1 050=3 010（万元）

产量增加10%的总成本=10×350×0.7×1.1+10×350×0.3=2 695+1 050=3 745（万元）

产量增加20%的总成本=10×350×0.7×1.2+10×350×0.3=2 940+1 050=3 990（万元）

从表11-2中可以看出：当产品价格变动±1%时，投资收益率敏感度系数为-0.67～+0.64；当产量变动±1%时，投资收益率敏感度系数为-0.33～+0.31；当投资变动±1%时，投资收益率敏感度系数为-0.16～+0.20；当成本变动±1%时，投资收益率敏感度系数为-0.47～+0.48。由此得出，产品价格敏感度系数最大，为最敏感因素；其次是

第十一章 项目不确定性分析与风险分析评估

成本和产量；而投资的变化影响最小，为不敏感因素。

（4）根据表11-2中列示的数据，绘制敏感性分析曲线，如图11-3所示。

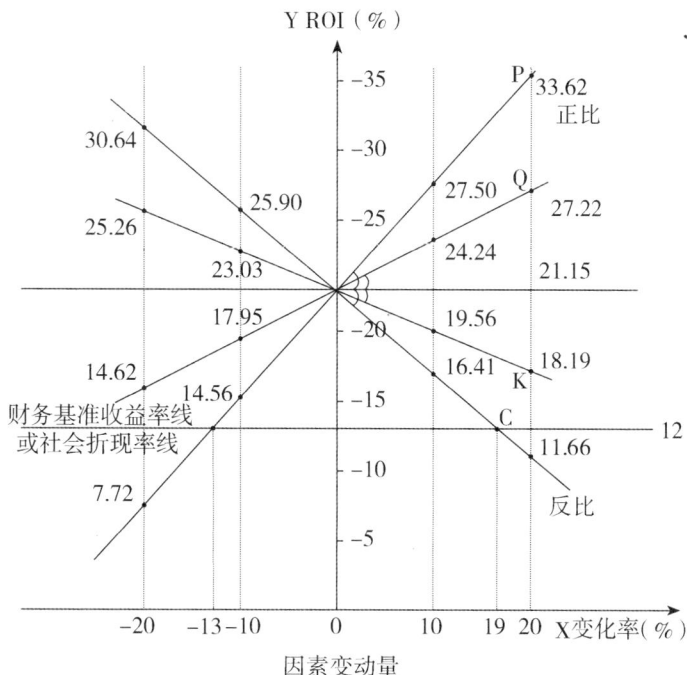

图11-3 敏感性分析曲线图

图11-3表明，产品价格（P）和产量（Q）的提高可使项目投资收益率上升，是正比关系；而投资（K）与成本（C）的增加就会导致项目投资收益率的下降，是反比关系。由于产品价格的变动对投资收益率指标的影响最大，故为最敏感因素；而投资变动的影响最小。这一结论与表11-2中计算分析的结果一致。

（5）评估指标达到临界点的极限分析：

假设该项目的财务基准收益率为12%，则从图11-3中可以看出，当项目投资收益率达到财务基准收益率12%时，允许变量因素变化的最大幅度（即极限变化临界点）是：产品价格的下降不超过13%，生产成本的增加不超过19%。如果这两项变量变化幅度超过了上述极限，项目就不可接受；如果发生这种情况的可能性很大，说明该项目投资的风险很大。

五、敏感性分析的局限性

敏感性分析能够指出项目评估指标对各种不确定因素的敏感程度，表明关键的敏感因素，显示所能允许的不确定因素变化的极限值（临界点），可以预测项目可能承担投资风险的程度。但是，敏感性分析不能表明这些不确定因素变化发生的可能性（概率）的大小，所以此法仍属于定性分析的范畴，而要对不确定因素进行深入的定量分析，则应采用概率分析和风险分析的方法。

第四节　　　　　　　概率分析评估

一、概率分析的概念

概率分析是一种定量分析方法，其使用概率方法来预测不确定和风险因素对项目经济评价指标的影响。在经济评价时，一般对于大型的重要项目，根据项目的特点和实际需要，当条件具备时可进行概率分析。

概率分析属于风险分析。概率分析的目的在于确定影响项目经济效益的关键变量及其可能的变动范围。当确定了关键变量在此范围内的概率，即可计算概率期望值并得出定量分析的结果。

概率分析评估是审核经济评价中概率分析的统计数据、经验推断以及计算方法，确保其正确性和可靠性，因此殊途同归。

二、概率分析的方法

概率分析目前常用的方法是期望值分析法和概率决策树分析法，有条件时亦可采用效用分析法和蒙特卡洛（Monte Carlo）模拟法。

（一）期望值分析法

期望值分析法一般是计算项目净现值的期望值及净现值大于或等于零时的累计概率。

期望值计算与分析步骤如下：

1.确定一个或两个不确定因素或风险因素（如投资、收益）

2.估算每个不确定因素可能出现的概率

需要借助历史统计资料和评估人员的丰富经验，以先验概率为依据进行估计和推算。

3.计算变量的期望值

应按下列公式计算：

$$E(X) = \sum_{i=1}^{n} x_i P_i = x_1 P_1 + x_2 P_2 + \cdots + x_n P_n$$

式中：$E(X)$——变量 x 的期望值；

　　　　x_i——随机变量的各种取值，x_i 为离散型随机变量；

　　　　$P_i = P(x_i)$——对应所出现变量 x_i 的概率值。

由上式可见，期望值实际上就是由各种变量取值和其概率相乘后再相加而得到的。

4.计算标准偏差

标准偏差就是能够表示数学期望值与实际值的偏差程度的一个概念，有时也叫均方差。随机变量 x 的标准偏差（σ）可定义为：

$$\sigma = \pm \sqrt{\sum_{i=1}^{n} (x - x_i)^2 P_i}$$

式中：σ——随机变量 x 的标准偏差；

　　　　x——随机变量 x 各种取值的平均值，也可用 $E(X)$ 代替；

　　　　x_i——随机变量 x 的各种取值；

第十一章 项目不确定性分析与风险分析评估

P$_i$——随机变量x的概率值。

（二）概率决策树分析法

概率决策树分析法是直观运用概率分析的一种图解方法。它主要是用于对各方案的状态、概率和收益进行比选，为决策者选择最优方案提供依据。概率决策树分析法特别适用于多阶段决策分析。

现用图11-4表示的简单决策树介绍概率决策树的绘制方法。先画一个方块，方块表示决策点；从方块引出若干条支线，用来代表各待选方案，称为方案枝，方案枝的长短没有意义，在其旁边注明方案及方案的投资支出数额；方案枝末端的圆圈表示状态结点；从结点引出的若干条支线，称其为状态枝或概率枝，代表将来的不同状态（如销售情况好、中、差），各状态出现的概率为已知，故在状态枝注明各自的概率P$_i$；状态枝后面的数值R$_i$代表不同方案在不同状态下可获得的收益值。

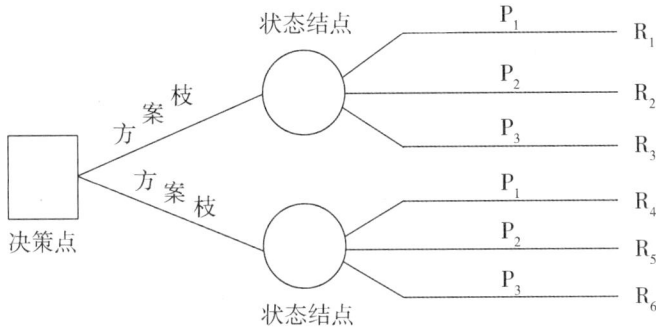

图11-4 概率决策树图

如果是多阶段（或多级）决策，则决策树在此基础上还要逐级展开。

下面通过例子来说明如何运用决策树进行方案的比选。

【例11-3】某项目有两个预选方案A和B，方案A需要投资500万元，方案B需要投资300万元，其使用年限均为10年。据估计，在此10年间产品销路好的可能性为70%，销路差的可能性为30%，设折现率i为10%。由于采用的设备及其他条件不同，故A、B两方案的年收益也不同，其数据见表11-3。试对项目方案进行比选。

表11-3　　　　　　　　　　　　**项目方案在不同状态下的年收益**

自然状态	概率	方案A（万元）	方案B（万元）
销路好	0.7	150	100
销路差	0.3	−50	10

此例只有一个决策点和两个可选方案，每个方案都会面临两种自然状态，故可画出如图11-5所示的概率决策树。

依照纵向准则，从左至右地给各结点编上序号之后，就可以计算各点的期望值：

结点②的期望值=150×（P/A，10%，10）×0.7−50×（P/A，10%，10）×0.3

= （105−15）×6.144=553（万元）

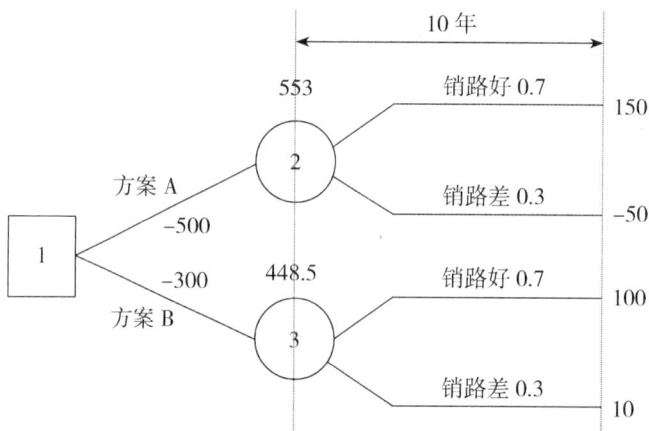

图 11-5　概率决策树图

结点③的期望值=100×（P/A，10%，10）×0.7+10×（P/A，10%，10）×0.3

=（70+3）×6.144=448.5（万元）

∴ 方案A的净现值收益=553-500=53（万元）

方案B的净现值收益=448.5-300=148.5（万元）

显然，应选取方案B。

净现值的期望值和净现值大于或等于零时的累计概率的一般计算步骤是：

（1）列出各种要考虑的不确定因素；

（2）设想各种不确定因素可能发生的情况，即其数值发生变化的各种状况；

（3）分别确定各种状态出现的可能性（即概率）；

（4）分别求出各种可能发生事件的净现值、加权平均净现值，然后求出净现值的期望值；

（5）求出净现值大于或等于零时的累计概率，累计概率值越大，项目所承担的风险就越小。

【例11-4】某项目需投资20万元，建设期为1年。根据预测，三种建设方案在项目生产期内的年收入为5万元、10万元和12.5万元，概率分别为0.3、0.5和0.2。按折现率10%计算。生产期为2、3、4、5年的概率分别为0.2、0.2、0.5、0.1。

以年收入10万元、生产期4年为例，计算各可能发生事件的概率和净现值。

事件发生的概率=P（A=10万元）×P（N=4年）=0.5×0.5=0.25

$$净现值=-200\,000×\frac{1}{1+0.10}+100\,000×\left[\frac{1}{(1+0.10)^2}+\frac{1}{(1+0.10)^3}+\frac{1}{(1+0.10)^4}+\frac{1}{(1+0.10)^5}\right]$$

=106 351（元）

式中，考虑到建设期1年，生产期第1年时，应折现2年，因此，式中折现年数应为2、3、4、5。

根据计算结果可画出计算图（如图11-6所示），并列出净现值的累计概率表（见表11-4），同时画出净现值累计概率图（如图11-7所示）。

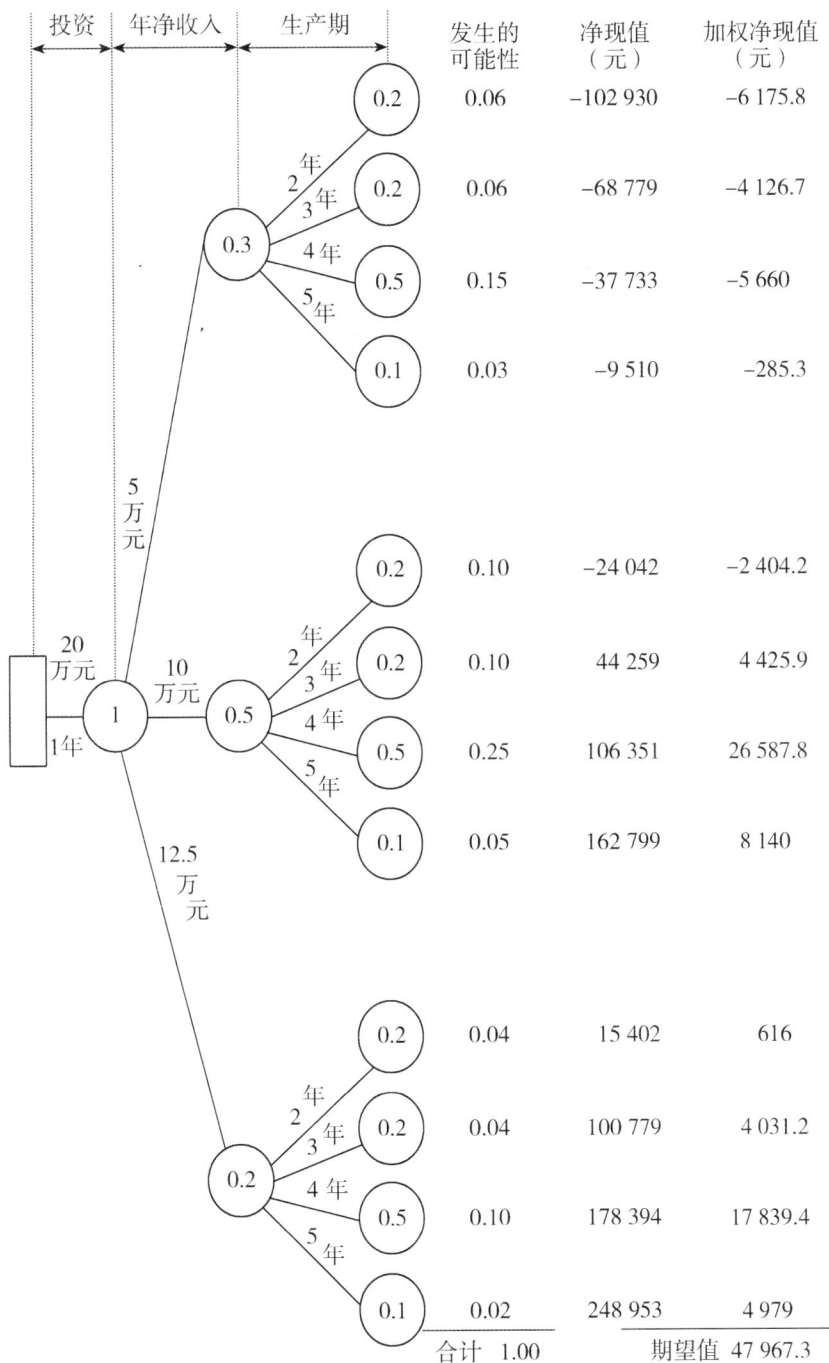

图 11-6 净现值期望值计算图

表11-4   净现值累计概率表

净现值（元）	事件发生的概率	累计概率
−102 930	0.06	0.06
−68 779	0.06	0.12
−37 733	0.15	0.27
−24 042	0.10	0.37
−9 510	0.03	0.40
15 402	0.04	0.44
44 259	0.10	0.54
100 779	0.04	0.58
106 351	0.25	0.83
162 799	0.05	0.88
178 394	0.10	0.98
248 953	0.02	1.00

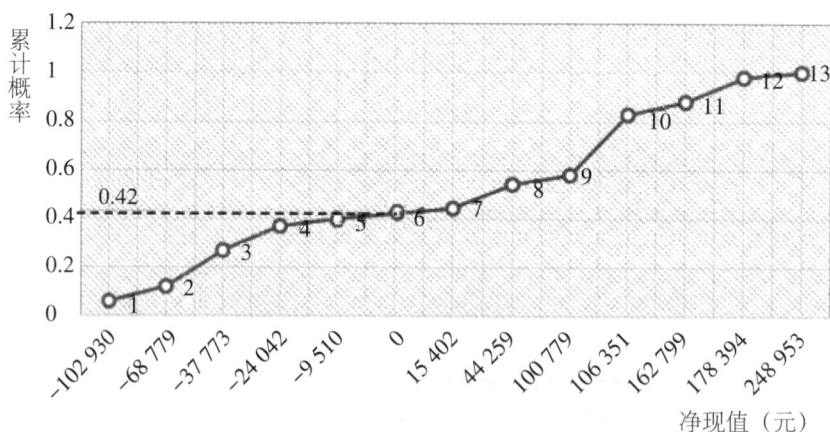

图11-7 净现值累计概率图

由表11-4和图11-7得出：

P（NPV≥0）=1−P（NPV<0）=1−0.42=0.58

上式中，0.42为NPV=0时的概率，由插值法计算得出。

根据计算结果，这个项目的净现值的期望值为47 967.3元，净现值大于等于零的概率为0.58，说明该项目是可行的。

第五节　　　　　　　　　　风险分析评估

一、风险分析评估概述

（一）风险分析评估的目的和作用

投资项目风险分析评估是综合分析和识别投资项目在建设与生产运营过程中存在的潜在风险因素，揭示风险的来源，采用定量和定性分析方法估计各种风险因素发生的可能性及影响程度，判明关键风险因素，提出规避风险的对策和措施；通过风险分析评估的信息反馈，改进和优化设计方案、降低项目风险损失、提高项目投资决策的科学化水平。

风险分析评估借助了不确定性分析的测算结果，因此是不确定性分析的补充和延伸，但在内容上各有侧重。其重点研究决定项目成功与否的关键风险因素，是项目决策过程中的重要环节。风险分析评估的目的是帮助决策者理性而科学地进行投资决策。

（二）风险分析评估的内容

风险分析评估主要包括对投资项目风险的识别、风险属性的分析、风险量的估算及风险规避措施方案的评估。

1.项目风险识别评估。要全面认真地对可行性研究报告中相关内容进行风险再识别及审核，评估风险存在的理由是否充分。为了确保识别全部的项目潜在风险，在项目评估时，要结合项目的具体特点，详细调查项目（企业）的全部情况，包括涉及社会、政治、经济、法律等的外部投资环境，市场情况，生产经营管理体系与运作机制，以及项目法人的财务实力等情况，逐一不漏地分析项目可能面临的各种风险；进而采取调查、访谈、分析等方式，得出风险因素存在的一般规律；最后充分利用同类项目曾经出现风险的历史经验以及同类项目的评估资料，根据项目的实际情况，正确判断该项目存在的各类风险。

2.项目主要风险及规避措施方案评估。在审核了识别的项目各类风险之基础上，进一步分析各类风险的属性和特性；计算风险因素发生的概率，对项目的主要风险做出评估，对其可能造成的各种影响再进行定量分析；最后对风险规避措施方案进行评估。

（三）风险分析评估的步骤（如图11-8所示）

风险识别 ⟹ 风险估计 ⟹ 风险评估 ⟹ 风险对策 ⟹ 风险分析评估结论

图11-8　风险分析评估流程图

1.风险识别

运用系统论的观点对项目进行全面的考察和综合分析，通过专家调查等方法辨别影响项目的主要风险因素，剖析因素的基本单元，建立项目风险因素的层次结构图，判断各因素之间的独立性。

2.风险估计

根据主观概率和客观概率确定风险因素基本单元的概率分布，并根据风险发生的可能性及其对项目的影响程度，运用概率论和数理统计的分析方法（如层次分析法、概率决策树分析法、CIM模型及蒙特卡洛模拟法等分析法），对单因素风险和项目整体风险进行风险程度估计，计算项目效益指标相应的概率分布或累计概率、期望值、标准差，确定主要风险因素或综合风险因素的概率分布。

3.风险评估

根据风险识别和风险估计的结果，分析项目风险的根本来源，依据项目风险评估标准，判断其可接受性，评估影响项目成败的关键风险因素。

4.风险对策

根据风险评估的结果，研究在项目实施过程中规避、控制与防范风险的有针对性的对策和措施，为项目全过程的风险管理提供依据。

5.风险评估结论

对项目风险进行归纳，提出风险分析评估结论。

对于重大投资建设项目，应按上述5个步骤进行全过程的项目风险分析评估。

对于一般投资建设项目，可以直接在敏感性分析的基础上，确定各个变量因素的变化区间及概率分布，采用概率决策树分析法计算项目净现值的期望值、净现值大于或等于零时的累计概率，或采用蒙特卡洛模拟法计算效益指标的概率分布、期望值及标准差，并根据计算结果进行风险评估，得出评估结论。

二、风险因素的识别

投资项目风险因素识别的总体思路是：要理清项目可能会存在哪些风险因素，其给项目会带来怎样的影响，产生的具体原因是什么；在明确风险来源后，通过风险程度的评估，确定项目损失程度和发生的可能性，揭示出项目的主要风险因素；有针对性地提出风险防范对策与措施。

（一）风险因素识别的原则

1.基于识别投资项目风险基本特征的原则

投资项目风险的最基本特征是具有不确定性，应从这个基本特征出发去识别项目的风险因素。

2.基于投资项目风险具有行业和项目自身特殊性的原则

不同的行业和项目（由于其自身的特点不同）有可能产生不同的投资风险，因此要根据项目特点有针对性地去识别项目投资风险因素，做到具体项目具体分析。

3.基于投资项目风险具有阶段性的原则

在项目投资建设与生产运营的不同阶段会产生不同的主要投资风险，应根据不同阶段去具体分析和识别潜在的风险因素。

4.基于投资项目风险具有相对性的原则

一个投资项目涉及的参与方有很多，包括项目投资者、业主、咨询公司、承包商、银行（金融机构）、政府等，而不同的风险管理主体会产生不同的风险因素，或者同一风险因素对不同的参与方产生的风险影响程度不同。因此，应从不同的角度去识别项目投资的主要风险，注意风险因素识别的相对性。

（二）风险因素识别的方法

项目风险因素识别主要采用分解和分析方法，旨在把综合性的风险问题逐步剖析和分解为多层次的风险因素基本单元，建立项目风险因素的层次结构图。具体操作方法包括系统分解法、流程图法、专家调查法、问卷调查法、头脑风暴法和情景分析法等。例如，在系统分解法中运用的树形分析法，通过专家调查法将风险因素层层剖析，直到最根本的风险单元，可以明确风险的最根本的基础来源，以此判断各风险因素的独立性。

（三）投资项目常见的风险因素

对投资项目的风险分析评估应贯穿于项目投资建设和生产运营的全过程。在项目可行性研究阶段，投资项目的风险分析评估应着重识别下列风险因素：

1. 市场风险

对于竞争性项目，市场风险是常遇到的主要风险。市场风险的主要来源一般为三方面：一是市场供需总量的实际情况与预测值发生偏离；二是项目产品市场竞争力或者竞争对手情况发生重大变化，致使项目产品缺乏市场竞争能力；三是项目产品和主要原材料的实际市场价格与预测价格发生较大偏离。由于市场风险导致项目的产品销路不畅、产品价格低迷、产量与产品销售收入达不到预期目标，从而造成项目发生损失。

对上述三方面的市场风险来源还可以深入分解并予以识别：

（1）市场供需总量的偏差可以分解为供方市场和需方市场的偏离情况，再进一步把各方分解为国内与国外的情况。同时，可能会分解到区域因素、替代品的出现及经济环境对购买方的影响等方面。

（2）产品市场竞争力风险因素又可分解为产品质量、生产成本及竞争对手等因素。

（3）价格偏离还可分解为影响国内价格与国际价格的诸多因素，并因产品和项目的不同可能存在较大差别。

将上述风险因素的分解过程进行归纳，绘制成树形的层次结构图（如图11-9所示）。

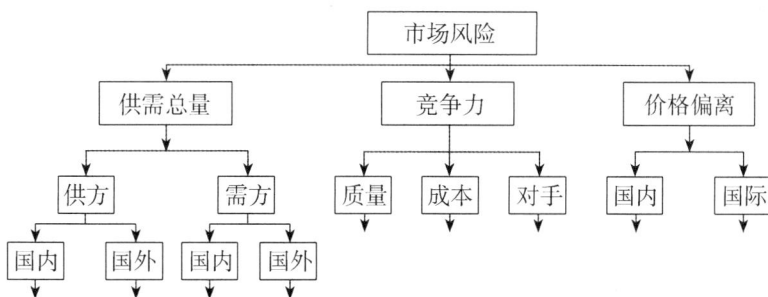

图11-9 市场风险因素树形层次结构图

2. 资源风险

矿山、油气开采等资源开发项目的重要风险因素是资源风险，如金属矿、非金属矿、石油、天然气等资源的储量、品位、可采储量、开拓工程量等，应根据国家发展和改革委员会批准的地质储量设计项目的生产规模。由于地质结构复杂，受勘探技术、时间和资金的制约，实际储量与预测量会产生较大偏差，导致项目的产量降低、开采成本增加或开采期缩短等风险。

3.技术风险

技术风险系指投资项目采用技术（包括引进技术、高新技术）的先进性、可靠性、适用性和可得性发生重大变化，造成项目的生产能力利用率降低、生产成本增加、消耗指标偏高和产品质量达不到预期要求等风险。对于高新技术开发项目，还必须考虑技术的成熟程度及技术的更新速度所带来的风险。技术的可得性、技术与原料的匹配问题也是应考虑的风险因素。

4.工程风险

工程风险系指由于工程地质条件、水文地质条件发生重大变化，致使项目工程量增加、投资增加和工期延长，最终造成项目发生经济损失的风险。对于地质复杂的地区，尤其应慎重考虑这方面的风险因素。

5.资金风险

资金风险可产生于诸多方面。

（1）项目由于工程量预计不足、设备材料价格上涨等造成投资估算与实际不符；

（2）由于计划不周等导致建设工期的拖延；

（3）由于外汇汇率、利率和税率等发生不利变化导致项目投资额的增加；

（4）由于资金供应不足、融资结构不合理、融资成本升高等风险因素造成资金来源中断；

（5）资金来源的可靠性、充足性与及时性等风险因素造成资金来源中断。

上述各种情况都会导致资金风险，致使项目或工期拖延或被迫终止，使项目产生重大的经济损失。

6.外部协作配套条件风险

交通运输、供水、供电、供气、港口码头及上下游配套等主要外部协作和配套条件若发生重大变化或未能如期落实，势必造成投资项目的建设和运营困难，或致使项目不能发挥预期效益，如此带来的风险谓之外部协作配套条件风险。

7.外部环境风险

外部环境风险系指由于项目外部的自然环境、经济环境和社会环境等因素较之预测发生变化，从而导致项目建设运营发生巨大损失。例如，投资政策和政治因素是海外投资项目的重要外部环境风险。

8.其他风险

其他风险，如项目管理风险、组织风险等。

三、风险估计

风险估计是估计风险发生的可能性及其对项目的影响程度，通常采用定性分析与定量分析相结合的估计方法。首先进行定性估计，通常采用专家调查法；其后进行定量估计，一般可采用概率决策树分析法和蒙特卡洛模拟法等方法。

四、风险评估

风险评估是在风险估计的基础上，通过相应的指标体系和评估标准，再次判别和估计项目风险发生的可能性及产生的损失程度。一般应先划分好风险程度的等级标准，然后根据项目的实际情况，采用适宜的评估方法对项目进行单因素风险或项目整体风险程度的再次估计。

（一）风险等级划分

风险等级应根据风险因素对投资项目的影响程度和风险发生的可能性大小进行划分，一般可分为一般风险、较大风险、严重风险和灾难性风险四个等级，具体划分标准如下：

1.一般风险

此类风险发生的可能性不大，或者即使发生，造成的损失也较小，一般不影响项目的可行性。

2.较大风险

此类风险发生的可能性较大，或者发生后造成的损失较大，但造成的损失程度是项目可以承受的。

3.严重风险

严重风险有两种情况：一是风险发生的可能性大，风险造成的损失大，使项目由可行变为不可行；二是风险发生后造成的损失严重，但是风险发生的概率很小，采取有效的防范措施后，项目仍然可以正常实施。

4.灾难性风险

此类风险发生的可能性很大，一旦发生将产生灾难性后果，项目无法承受。

（二）风险评估方法

风险评估应与风险因素识别相结合，才能计算准确的风险程度。对于可量化的风险因素采用定量分析方法进行估计和分析；对于不可量化的风险因素则可进行定性描述，并且尽可能深入分解，使定性因素定量化。因此，风险评估应采取定性描述与定量分析相结合的方法，如此才能对项目可能面临的风险因素做出全面的估计。

在投资决策过程中，应根据项目的具体情况和要求选用风险评估方法，如采用简单估计法、概率分析和项目整体风险估计法等。

1.简单估计法

（1）专家评估法。该方法以发函、开会或其他形式（如网上调查）向专家进行咨询调查，对项目风险因素及其风险程度进行评定，将多位专家的经验集中起来形成分析结论。为减少评估结论的主观性和偶然性，尽可能做到客观公正和符合实际，需聘请的评估专家人数宜为10~20人。

具体操作程序是：首先聘请数位熟悉项目行业情况和有实际经验的专家对各类风险因素的风险程度做出独立判断；其后将他们的意见进行集中归纳和分析，按照四种风险程度进行分类，并编制项目风险因素和风险程度分析表（见表11-5）。

投资项目评估

表11-5　　　　　　　　　　项目风险因素和风险程度分析表

序号	风险因素名称	风险程度				说明
		灾难性	严重	较大	一般	
1	市场风险					
1.1	市场供需总量					
1.2	产品市场竞争力					
1.3	价格偏离					
2	资源风险					
2.1	资源储量					
2.2	品位					
2.3	采选方式和成本					
2.4	开拓工程量					
2.5	大宗原材料、燃料供应可靠性和价格					
3	技术风险					
3.1	先进性					
3.2	适用性					
3.3	可靠性					
3.4	可得性					
3.5	匹配性					
4	工程风险					
4.1	工程地质					
4.2	水文地质					
4.3	工程量					
5	资金风险					
5.1	汇率					
5.2	利率					
5.3	资金可靠性					
5.4	资金供应充足性					
6	政策风险					
6.1	政治条件变化					
6.2	经济条件变化					
6.3	政策调整					
7	外部协作配套条件风险					
7.1	交通运输配套条件					
7.2	供水、电、气配套条件					
7.3	其他配套条件					
8	外部环境风险					
8.1	社会环境					
8.2	自然环境					
8.3	经济环境					
9	其他风险					

第十一章　项目不确定性分析与风险分析评估

（2）风险因素取值评定法。此法是专家定量评定法，就是由专家调查和定量评定项目风险因素的最乐观估计值、最悲观估计值和最可能值，计算出期望值和期望平均值，并与可行性研究中已确定方案的数值（简称为可研采用值）进行比较，计算两者的偏差值和偏差程度，据以判断项目的风险程度。偏差值和偏差程度越大，说明风险程度越高。其具体计算方法见表11-6。

表11-6　　　　　　　　　　　　　　风险因素取值评定表

专家号	最乐观估计值（A）	最悲观估计值（B）	最可能值（C）	期望值（D=［（A）+4（C）+（B）］/6）
1				
2				
3				
⋮				
n				
期望平均值				
偏差值				
偏差程度				

注：①期望平均值$=\dfrac{\sum\limits_{i=1}^{n}(D)_i}{n}$

式中：i——专家号；

　　　n——专家人数。

②偏差值=期望平均值-可研采用值（已确定方案值）

③偏差程度$=\dfrac{偏差值}{可研采用值(已确定方案值)}$

简单估计法只能判断单个风险因素的风险程度。若需研究风险因素发生的概率和对项目的影响程度，则应进行概率分析。

2.概率分析

概率分析是运用概率和数理统计方法，对风险因素的概率分布和风险因素对评估指标的影响程度进行定量分析。首先预测风险因素发生的概率，将风险因素作为自变量，预测其取值范围和概率分布；其后将选定的评估指标作为因变量，测算评估指标的相应取值范围和概率分布；之后计算评估指标的期望值、方差或标准差和离散系数，以及项目成功的概率，表示风险因素的风险程度、产生的概率和对项目的影响程度（具体方法详见本章第四节"概率分析评估"）。

3.项目整体风险估计法

上述的简单估计法和概率分析仅能测算单个风险因素的风险程度，其可以找出影响项目的关键风险因素，而对于重大投资项目或估计风险很大的项目，则应进行投资项目整体风险分析。该法一般采用概率分析法求出评估指标的概率分布，计算出期望值、方差或标准差与离散系数，也可求得净现值大于或等于零时的累计概率，或以其他项目效益指标表明项目由可行转为不可行的累计概率。在具体计算操作中，对于离散型的风险变量，可采用概率分析的理论计算法，运用概率决策树的形式进行分析；对于连续型的风险变量，则可采用蒙特卡洛模拟法进行分析评估。

五、风险防范对策的研究

项目前期决策阶段的风险对策研究是项目投资周期内整个项目风险管理的重要组成部分。在项目投资风险分析评估后，应针对不同风险因素研究提出相应的规避与防范风险的对策，以避免风险的发生或将风险损失降低到最低限度。

（一）风险防范对策研究的作用

（1）根据风险评估的结果，研究规避、控制与防范风险的措施，为项目全过程的风险管理提供依据。

（2）有助于提高项目投资的安全性和决策的可靠性，促使项目成功。

（3）项目决策分析阶段的风险防范对策研究可为项目实施和经营过程中的风险监督、控制与管理提供科学依据。

（4）风险防范对策研究的结果应及时反馈到项目决策分析与评估的各个方面，作为修改部分数据或调整投资方案、进行项目方案再设计的重要依据。

（二）风险防范对策研究的原则

风险防范对策研究应遵循下列原则：

（1）贯穿项目全过程风险管理的原则；

（2）遵循动态管理的原则；

（3）在制定风险防范对策与措施的过程中遵循成本与效益相匹配的原则；

（4）风险处理成本最小原则；

（5）在项目经济分析评估中进行的风险防范对策研究应遵循社会费用最小原则；

（6）总体风险权衡原则。

（三）风险防范对策的形式

风险防范对策主要有以下几种形式：

1.风险回避

风险回避即要断绝风险来源，是一种彻底规避风险的做法。在项目评估阶段采取风险回避对策，有可能彻底改变方案甚至否定项目建设方案，因此项目在某种程度上可能会丧失获利的机会。故此，只有当风险因素可能造成的损失相当严重（如产品市场存在严重风险）时，或者采取措施防范风险的代价过于昂贵且风险发生的频率较高，在得不偿失的情况下，才应慎重地采用风险回避对策。

2.风险控制

风险控制是针对可控制的风险，采取防止风险发生、降低风险发生的可能性和减少风险损失程度的对策，也是绝大部分投资项目所采用的主要风险防范对策。

风险控制措施应根据项目的具体情况提出具体的应对措施，包括在项目内部采取技术措施、工程措施和管理措施等；同时可以通过项目外部的合作方式采取分散风险的措施，

第十一章 项目不确定性分析与风险分析评估

减少项目本身承担的风险，如采用多方出资的 BOT 方式就是一种很好的分散融资风险的方法。

3.风险转移

风险转移是将项目所发生风险的一部分转移给他人承担的风险防范方式。风险转移可分为保险转移和非保险转移两种。保险转移是以向保险公司投保的方式，将项目的部分风险损失转嫁给保险公司承担，如对难以人为控制的灾害性风险可采用保险转移方式。非保险转移是将项目的部分风险转移给项目承包方，如对于项目技术、设备、施工等可能存在的风险，可以通过签订承包或采购合同（协议），将部分风险损失转移给合同的另一方承担。

4.风险自担

风险自担是将可能发生的风险损失留给项目业主自己承担。这种方式适用于已知风险可能会发生，但项目可获得高利润回报；或者是风险损失较小，发生频率不高，项目可以自行承担风险损失等情况。

上述风险防范对策形式不是互斥的，在实际工作中可以组合使用，而且可以将这些风险对策运用于项目实施的各个方面，贯穿于项目周期投资管理的全过程。

六、综合风险分析评估

在进行了风险因素识别及风险防范对策研究的基础上，需要做出综合风险分析评估。即将项目的主要风险进行归纳和综述，说明其起因（主要来源）、风险程度和可能造成的后果，展现出项目主要风险的全貌，综合汇总风险对策研究结果，最后编制出风险与对策汇总表，其格式见表11-7。

表11-7   **风险与对策汇总表**

序号	主要风险	风险起因	风险程度	后果与影响	主要对策
1	A				
2	B				
⋮	⋮				

复习思考题

1.何谓不确定性和风险？两者各具有哪些特征？

2.简述不确定性分析与风险分析的概念、作用及两者的区别和联系。

3.不确定性分析包括哪些内容？可采用哪些方法？如何进行评估？

4.盈亏平衡分析可采用哪些方法？需要计算的指标是什么？如何评估？

5.什么是敏感性分析？它的目的与任务是什么？单因素敏感性分析按照什么步骤进行？如何计算敏感度系数与临界点？其意义何在？

6.概率分析的步骤是什么？如何计算期望值和均方差？

7.在项目评估阶段主要应识别哪些项目风险因素？风险识别的方法和原则是什么？

8.如何进行风险分析评估和风险等级划分？可采用哪些风险防范对策？

第十二章

投资方案比较评估与项目总评估

内容提要

本章阐述了投资方案比较评估及项目总评估的基本概念。学习本章的目的是：了解投资方案比较评估的原理，包括其内容、目的、依据、原则及步骤等，理解投资方案的分类及方案比选方法，重点掌握投资方案比选的具体方法、方案比较指标的选择和方案优化组合方法，并熟悉项目总评估的基本内容与要求。

第一节　　投资方案比较评估原理

一、投资方案比较评估的内容

投资方案比较选择是可行性研究与项目评估的核心，它贯穿了可行性研究与项目评估的全过程，反映了项目可行性研究的最终成果。投资方案比较评估的最终目的是确定投资项目可接受或最佳投资方案。

投资方案比较评估应主要从以下两方面着手：

（一）过程评估

过程评估，即对各种可供选择的技术方案（如生产规模、产品方案、工艺流程和设备选型等）和建设方案（如原材料、燃料供应方式、厂址选择、总平面设计方案及资金筹措方案等）进行技术经济评估。过程评估用于比较和筛选方案，选出最佳经济方案纳入项目评估报告。

（二）最终评估

最终评估，即对项目的总体建设方案进行综合经济评估，选出最佳投资效益的总体建设方案并纳入项目总评估报告。最终评估是项目评估的重要组成部分，亦是决定项目投资命运的关键所在。

由此可见，项目投资方案比较评估的内容应包括两个方面：

1.项目单个技术方案或建设方案的技术经济评估；

2.项目总体建设方案的综合技术经济评估。

二、投资方案比较评估的目的

投资方案比选是寻求合理的建设和技术方案的重要手段。在项目可行性研究过程中，根据项目实际情况提出了各种可能的备选方案，并进行了各项方案的技术经济比选和筛选，如生产规模、产品方案、工艺流程和主要设备的比较选择，原材料、燃料和动力供应方式的比较选择，厂址方案、总平面设计方案及资金筹措方案等的比较选择。项目可行性研究对筛选出的若干方案进行了经济效果计算。项目评估需要对这部分内容进行分析与核查，并结合其他因素进行详细的再论证、再比较选择，最终筛选出获得最佳投资效益的投资建设方案，其能够最有效地分配和使用有限的资源与资金。因此，投资项目方案比较评估是项目评估的核心内容。

三、投资方案比较评估的依据

各类方案的经济效果是方案比选的主要依据。对于不同的方案，原则上应根据项目的财务效益评估、宏观经济评估或社会效果的结论进行比选，也可按照项目本身特点及评估要求确定不同的方案比选依据。

四、投资方案比较评估的原则

投资方案比较评估必须遵循多方案比选的原则，应满足以下条件：

1.备选方案应在两个或两个以上，且为互斥方案或可转化为互斥方案。方案比选应遵循效益与费用计算口径对应一致的原则。

2.备选方案必须具有共同的既定目标，对于目标不同的方案或是不能满足最低效果要求的方案不可进行比较。

3.备选方案的投入物应能用货币量化。

4.对于效果不能用货币量化的方案，可采用同一种非货币计量单位来衡量其效果（效用）。

5.备选方案应具有可比的寿命周期（计算期）、项目功能、服务年限、计算基础资料、设计深度和计算方法，如果备选方案的计算期不一致时，可采用年值计算方法。

6.效果的计量单位，应能切实度量项目目标的实现程度，且便于计算。若项目目标不止一个或项目的效果难以直接度量，则需建立次级分解目标进行度量，并可借助层次分析法对项目的效果进行加权评分计算。

7.对于重大基础设施和公益性项目的方案比较，原则上应通过宏观经济评估和综合评估来确定。

五、投资方案比较评估的步骤

1.评估项目目标；

2.审查或新设备选方案；

3.将项目目标转化为具体可量化的效果指标；

4.再次识别费用与效果要素，并核算各个备选方案的费用与效果；

5.利用相关指标，综合比较、分析各个方案的优缺点；

6.推荐最佳方案或提出优先采用的次序。

第二节　投资方案分类与方案比选方法

一、投资方案的分类

在投资方案的比较优选过程中，按照方案相互之间的经济关系和有无约束条件，可将投资方案进行如图12-1所示的分类。

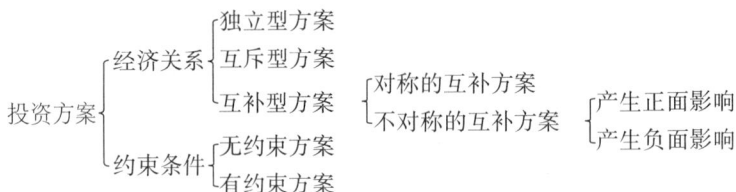

图12-1　投资方案的分类

（一）按照经济关系分类

1.独立型方案

独立型方案是指方案的采纳与否只受自身条件的制约，方案之间不具有排斥性。也就是说，在独立型方案中，选择某一方案并不排斥选择另一个方案，它们在经济上互不相关，接受或放弃某个方案并不影响其他方案的取舍。

2.互斥型方案

互斥型方案是指同一个项目有若干个备选方案，而且各个方案彼此不可以相互代替。因此，方案具有排他性，采纳方案组中的某一个方案就会自动排斥这组方案中的其他方案。

3.互补型方案

投资方案之间有时也会出现经济上互补的问题，它们之间相互依存的关系可能是对称的，也可能是不对称的。

（1）对称的互补方案。例如，在开发某地煤炭基地的同时，必须建设铁路、电厂项目，它们无论在建成时间、建设规模方面都需要彼此适应和匹配，缺少其中任何一个项目，其他项目就不能正常运行，因此，它们之间在经济上既是互补的，又是对称的。诸如此类经济上既互补又对称的投资方案可以作为一个"综合体"统筹考虑。上例中即可把煤炭基地与其中的铁路、电厂项目综合起来作为一个联合企业项目。

（2）不对称的互补方案。例如，建造一座建筑物（方案A）和增加一个空调系统（方案B）。建筑物（方案A）本身是有用的，增加空调系统（方案B）后使建筑物（方案A）更有用（产生了正面影响）；但是不能说，采用空调系统（方案B）也包括了建筑物（方案A）。这种经济上互补而不对称的方案，可以转化为有空调的建筑物（方案C）和没有空调的建筑物（方案A）两个互斥方案的经济比较选择问题。这就使方案互补不对称方案转化为两个互斥方案进行比选，这种不对称方案是可产生正面影响的。

不对称的互补方案亦有可能产生负面影响。例如，在一个江河渡口可考虑两个方案：一个是建桥方案（方案A），另一个是轮渡方案（方案B），这两个方案都是要花费费用

第十二章　投资方案比较评估与项目总评估

的。此时，如果增设AB混合方案形成备选方案组（包括方案A、方案B和AB混合方案三个方案参加比选），则在AB混合方案中，方案A的收入将受到方案B的影响，两者互为负影响。

（二）按照约束条件分类

按有无约束条件，可将投资方案划分为无约束方案和有约束方案：

1. 无约束方案

无约束方案，系指没有资金、劳动力、材料、设备及其他资源拥有量限制的方案。这里主要是指无资金约束的方案，即在达到要求的基准收益率的条件下，项目总是能筹集到所需要的资金，并非资金数量无限。

2. 有约束方案

有约束方案，系指只能从一组方案中选择一部分方案进行投资，这就出现了资金合理分配的问题。通常可通过方案排列组合（按优劣排序并能满足约束条件的独立方案最优组合）来优选方案。由于各个方案组合之间是互斥的，故此有约束条件的独立方案比选又是互斥方案组合的选择问题。

二、方案比选方法

方案比选可按各个方案所含的全部因素（含相同因素与不同因素）计算各自的全部经济效益和费用，进行全面的对比；也可以仅就不同因素计算相对经济效益和费用，进行局部的对比，必要时考虑相关效益和相关费用。

投资方案比较评估应遵循效益与费用计算口径的对应一致原则和各方案之间的可比性原则，包括项目功能、服务年限、计算基础资料、设计深度和计算方法的可比性。对于不同结构类型的投资方案，要按照方案的计算期、产出效益、产品产量，以及资金约束条件和方案之间的经济关系等实际情况，选用适当的比选方法和评估指标，以避免使用方法和指标不当而产生相反的评估结论。

依据投资方案比选的原则，互斥型方案进行经济比选评估时可采用如图12-2所示的方法。

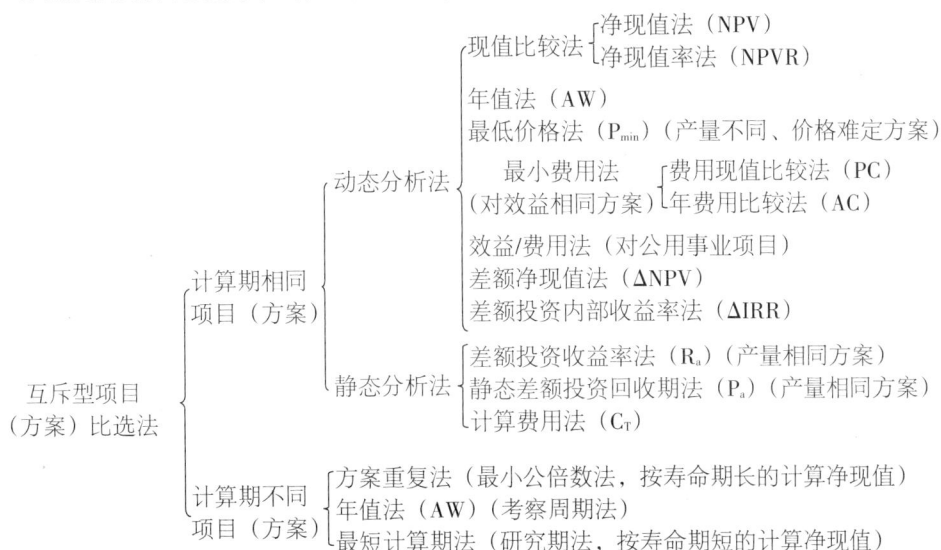

图12-2　互斥型方案的经济比选方法

第三节　投资方案比较评估的具体计算方法

一、方案比较评估的一般方法

（一）差额投资内部收益率法

差额投资内部收益率也称增量投资内部收益率（ΔIRR）。差额投资内部收益率是当两个互斥方案各年净现金流量差额的现值之和等于零时的折现率。其表达式为：

$$\sum_{t=1}^{n}[(CI-CO)_2-(CI-CO)_1]_t(1+\Delta FIRR)^{-t}=0 \quad （财务评估时）$$

式中：$(CI-CO)_2$——投资大的方案的年净现金流量；

　　　$(CI-CO)_1$——投资小的方案的年净现金流量；

　　　$\Delta FIRR$——差额投资财务内部收益率；

　　　n——计算期。

$$\sum_{t=1}^{n}[(B-C)_2-(B-C)_1]_t(1+\Delta EIRR)^{-t}=0 \quad （宏观经济评估时）$$

式中：$(B-C)_2$——投资大的方案的年净现金流量（年净效益流量）；

　　　$(B-C)_1$——投资小的方案的年净现金流量（年净效益流量）；

　　　$\Delta EIRR$——差额投资经济内部收益率。

当进行方案比较时，可按上述公式计算差额投资内部收益率，并与财务基准收益率（i_c）或社会折现率（i_s）进行对比。当 $\Delta FIRR \geq i_c$（财务评估时）或 $\Delta EIRR \geq i_s$（宏观经济评估时），以投资大的方案为优；反之，以投资小的方案为优。

当多个方案进行比较时，要先按投资额由小到大排序，再依次就相邻方案两两比较，从中选出最优方案。

【例12-1】某项目投资计划有4个投资建设方案。每一选址方案的财务现金流量情况见表12-1。假定该项目所在行业或部门规定的财务基准收益率为15%，试用差额投资内部收益率法比较和选择最优投资方案。

表12-1　　　　　　　　　　　　**各投资方案财务现金流量表**　　　　　　　　　　单位：万元

投资方案	建设期		生产期		
年份	1	2	3	4～15	16
A	-2 024	-2 800	500	1 100	2 100
B	-2 800	-3 000	570	1 310	2 300
C	-1 500	-2 000	300	700	1 300
D	-1 600	-2 700	460	1 000	1 600

上述4个厂址方案比选的基本步骤如下：

（1）按方案投资额由小到大的顺序排列诸方案，即按C、D、A、B顺序排列。

（2）计算C、D两方案的差额投资内部收益率，$\Delta FIRR=31.28\%>i_c$（$i_c=15\%$），故D方案优于C方案。

（3）计算D、A两方案的差额投资内部收益率，$\Delta FIRR=14.71\%<i_c$，故D方案优于A方案。

（4）计算A、B两方案的差额投资内部收益率，$\Delta FIRR=14.79\%<i_c$，故A方案优于B方案。

（5）计算D、B两方案的差额投资内部收益率，$\Delta FIRR=14.76\%<i_c$，故D方案优于B方案。

经过几次筛选，可知D方案是最理想的投资方案。

（二）净现值法

净现值法是将分别计算的各方案的净现值（NPV）进行比较，以净现值较大的方案为优。

$$NPV=\sum_{t=1}^{n}(CI-CO)_t(1+i_c)^{-t}>0$$

【例12-2】根据例12-1的资料，试用净现值法比较各投资方案。

财务基准收益率为15%时，各选址方案的财务净现值如下：

A方案：NPV=596.5（万元）

B方案：NPV=586.4（万元）

C方案：NPV=14.4（万元）

D方案：NPV=604.7（万元）

计算结果表明，D方案的财务净现值最高，是最理想的厂址方案。

（三）年值法

年值法是将分别计算的各方案净效益的等额年值（AW）进行比较，以年值较大的方案为优。年值的表达式为：

财务评估时：

$AW=FNPV\cdot(A/P,i,n)$

宏观经济评估时：

$AW=ENPV\cdot(A/P,i,n)$

式中：FNPV——财务净现值；

ENPV——经济净现值；

（A/P，i，n）——资金回收系数。

【例12-3】根据例12-1的资料，试用年值法进行各投资方案的比选。

经查表，（A/P，15%，16）=0.16795，根据例12-2计算得到的各方案财务净现值，可计算各方案的年值（AW）：

A方案：AW=596.5×0.16795=100.2（万元）

B方案：AW=586.4×0.16795=98.5（万元）

C方案：AW=14.4×0.16795=2.4（万元）

D方案：AW=604.7×0.16795=101.6（万元）

计算结果表明，D方案的年值最高，是最理想的厂址方案。

（四）净现值率法

净现值率法亦可作为投资方案比选的一种方法。运用净现值率法进行方案比选，既适用于各方案投资额相等的项目，也适用于各方案投资额不等的项目。净现值率最大的方案为最佳方案。

净现值率法是将分别计算的各方案净现值率（NPVR）进行比较，以净现值率较高的方案为优。净现值率的表达式为：

财务评估时：

$$FNPVR=\frac{FNPV}{I_p}$$

宏观经济评估时：

$$ENPVR=\frac{ENPV}{I_p}$$

式中：FNPVR——财务净现值率；

ENPVR——经济净现值率；

I_p——全部投资的现值。

【例12-4】假设例12-1中4个投资方案各年的投资额见表12-2，试用净现值率法进行各投资方案的比选。

表12-2 各厂址方案的投资情况 单位：万元

年份 厂址方案	1	2	3
A	2 024	2 800	550
B	2 800	3 000	650
C	1 500	2 000	300
D	1 600	2 700	500

解：根据财务基准收益率15%计算，各方案的投资现值为：

A方案：I_p=2 024×（P/F，15%，1）+2 800×（P/F，15%，2）+550×（P/F，15%，3）

=4 238.8（万元）

B方案：I_p=2 800×（P/F，15%，1）+3 000×（P/F，15%，2）+650×（P/F，15%，3）

=5 130.6（万元）

C方案：I_p=1 500×（P/F，15%，1）+2 000×（P/F，15%，2）+300×（P/F，15%，3）

=3 013.9（万元）

D方案：I_p=1 600×（P/F，15%，1）+2 700×（P/F，15%，2）+500×（P/F，15%，3）

=3 761.7（万元）

根据例12-2计算得到的各方案财务净现值，可计算它们的净现值率：

A方案：$FNPVR=\frac{596.5}{4\ 238.8}=0.141$

B方案：$FNPVR = \dfrac{586.4}{5\,130.6} = 0.114$

C方案：$FNPVR = \dfrac{14.4}{3\,013.9} = 0.005$

D方案：$FNPVR = \dfrac{604.7}{3\,761.6} = 0.161$

计算结果表明，D方案的财务净现值率最大，是最理想的厂址方案。

二、计算期不同的方案比较评估方法

计算期不同的方案，由于时间的不可比性，不能直接进行比较，为此，必须进行适当处理，以保证时间的可比性。保证时间可比性的方法有多种，最常用的是年值法、方案重复法和最短计算期法。

1.年值法

其计算公式为：

$AW = FNPV \cdot (A/P, i, n)$

2.方案重复法（亦称最小公倍数法）

该方法以诸方案计算期的最小公倍数作为比较方案的计算期，将诸方案计算期的各年净现金流量进行重复，直到与最小公倍数计算期相等；然后，计算净现值、净现值率或差额投资内部收益率，进行方案比选。以净现值法为例，其表达式为：

$$NPV'_1 = NPV_1 \cdot \sum_{j=0}^{m_1-1} (1+i)^{-n_1 j}$$

$$NPV'_2 = NPV_2 \cdot \sum_{j=0}^{m_2-1} (1+i)^{-n_2 j}$$

式中：NPV'_1、NPV'_2——第一、第二方案的重复净现值；

NPV_1、NPV_2——第一、第二方案的净现值；

m_1、m_2——$m_1 = M/n_1$，$m_2 = M/n_2$；

M——第一、第二方案计算期的最小公倍数；

n_1、n_2——第一、第二方案的计算期；

i——财务基准收益率或社会折现率；

j——计算期的年份。

3.最短计算期法（或称研究期法）

该方法与延长计算期以达到时间可比性要求的方案重复法相反，最短计算期法通过缩短较长的计算期来满足时间可比性的要求。以净现值法为例，其表达式为：

$NPV'_1 = NPV_1$

$NPV'_2 = NPV_2 \cdot (A/P, i, n_2) \cdot (P/A, i, n_1)$

式中：n_1——较短计算期方案的计算期；

n_2——较长计算期方案的计算期。

【例12-5】A、B两项目的计算期分别为10年和15年，它们的净现金流量情况见表12-3。试分别用年值法、方案重复法和最短计算期法比选这两个项目（财务基准收益率为12%）。

项 目\年 份	1	2	3	4~9	10	11~14	15
A	-560	-730	420	420	650	—	—
B	-1 200	-1 600	-920	820	820	820	1 540

表12-3 　　　　　　　　A、B两项目的净现金流量表　　　　　单位：万元

解：根据财务基准收益率12%计算，两项目的财务净现值为：

$FNPV_A$=655.4（万元）

$FNPV_B$=745.2（万元）

（1）用年值法比选，则：

AW_A=$FNPV_A$·（A/P，i，n）

　　　=655.4×（A/P，12%，10）

　　　=655.4×0.17698=116.0（万元）

AW_B=$FNPV_B$·（A/P，i，n）

　　　=745.2×（A/P，12%，15）

　　　=745.2×0.14682=109.4（万元）

计算结果表明，A方案优于B方案。

（2）用方案重复法比选，A、B两项目计算期的最小公倍数为30年，所以，m_A=3，m_B=2，即：

$$FNPV'_A=655.4×\sum_{j=0}^{2}(1+0.12)^{-10j}=934.4（万元）$$

$$FNPV'_B=745.2×\sum_{j=0}^{1}(1+0.12)^{-15j}=881.3（万元）$$

计算结果表明，A方案优于B方案。

（3）用最短计算期法比选：

$FNPV'_A=FNPV_A$=655.4（万元）

$FNPV'_B=FNPV_B$·（A/P，12%，15）·（P/A，12%，10）

　　　　=745.2×0.14682×5.65

　　　　=618.2（万元）

计算结果表明，A方案为优。

三、效益相同或基本相同的方案比较评估方法

对效益相同或基本相同但难以具体估算的方案进行比较优选时，为简化计算，可采用最小费用法（包括费用现值比较法和年费用比较法）。因为应用净现值、内部收益率等评估指标计算评估方案时，必须进行净现金流量的计算，但有些项目如环保、国防、教育和卫生等项目所产生的效益是无法用货币直接计量的，因此不能用上述指标进行评估。但是，在对多个方案进行比选时，如果诸方案产出价值相同或基本相同，或者诸方案能提供相同服务或能满足相同需要，则可通过对各方案的费用比较进行选择。根据效用极大化目标的要求和费用较小的方案较之费用较大的方案更为可取的原则，可按所消耗的总费用最小为标准来选择最优方案，即最小费用法。将总费用折算成现值称费用现值比较法，将总

第十二章 投资方案比较评估与项目总评估

费用折算成年值称年费用比较法。

1.费用现值比较法（简称现值比较法）

费用现值比较法是计算各比较方案的费用现值（PC）并进行对比，以费用现值较低的方案为优。其表达式为：

$$PC=\sum_{t=1}^{n} CO_t(P/F,i_c,t)$$

$$=\sum_{t=1}^{n}(I+C'-S_v-W)_t(P/F,i_c,t)$$

式中：I——年全部投资，包括建设投资和流动资金；

C'——年经营费用；

S_v——计算期末回收固定资产余值；

W——计算期末回收流动资金；

CO_t——年现金流出量。

【例12-6】某项目有两个投资方案（见表12-4），其效益基本相同。假定折现率为10%。根据表12-4的资料，试比较哪个方案较好。

表12-4 　　　　　　　　　　　　投资方案现金流量　　　　　　　　　　单位：万元

年份 项目	甲方案				乙方案			
	1	2	3~10	11	1	2	3~10	11
I	200	400			300	400		
C'			200	200			180	180
$-S_v$				−30				−35
−W				−200				−250
合 计	200	400	200	−30	300	400	180	−105

PC_甲=200×（P/F，10%，1）+400×（P/F，10%，2）+200×［（P/A，10%，8）×

（P/F，10%，2）］−30×（P/F，10%，11）

=1 383.7（万元）

PC_乙=300×（P/F，10%，1）+400×（P/F，10%，2）+180×［（P/A，10%，8）×

（P/F，10%，2）］−105×（P/F，10%，11）

=1 360.1（万元）

计算结果表明，乙方案较好。

2.年费用比较法

年费用比较法是将分别计算的各方案年费用（AC）进行比较，以年费用现值较小的方案为优。年费用的表达式为：

$$AC=PC\cdot(A/P,i,n)=[\sum_{t=1}^{n}(I+C'-S_v-W)_t(P/F,i_c,t)](A/P,i_c,n)$$

【例12-7】试用年费用比较法比选例12-6中的两个投资方案。

解：根据财务基准效益率10%和例12-6中的计算结果，可计算两投资方案的年费用：

$AC_甲 = PC_甲 \cdot (A/P, 10\%, 11)$

$\qquad = 1\,383.7 \times 0.15396 = 213.0$（万元）

$AC_乙 = PC_乙 \cdot (A/P, 10\%, 11)$

$\qquad = 1\,360.1 \times 0.15396 = 209.4$（万元）

计算结果表明，乙方案的年费用较小，故应选择乙方案。

四、产品产量不同、价格难以确定的方案比较评估方法

对于产品相同但产量（服务量）不同，而且价格（服务收费标准）难以确定的比较方案，当其产品为单一产品或能折合为单一产品时，一般可采用最低价格（最低收费标准）法分别计算各比较方案的净现值等于零时的产品价格（最低收费标准）并进行比较，以产品价格（收费标准）较低的方案为优。其最低价格 P_{min} 可按下式求得：

$$P_{min} = \frac{\sum_{t=1}^{n}(I + C' - S_v - W)_t (P/F, i, t)}{\sum_{t=1}^{n} Q_t (P/F, i, t)}$$

式中：Q_t——第 t 年的产品（或服务）量。

【例12-8】设某企业要开发某种新产品，有 A、B 两种投资方案，产品销售价格一时难以确定。已知两方案的建设期为一年，分别投资 2 100 万元和 3 300 万元；第二年投产，每年产量分别为 30 万箱和 50 万箱，年生产经营费用为 1 100 万元和 1 600 万元，到第九年项目终了时回收固定资产余值和流动资金，分别为 420 万元和 630 万元。财务基准收益率为 12%。试用最低价格法比选 A、B 两个投资方案。

解：根据已知条件，可以求得 A、B 两个投资方案产品的最低价格：

A 方案：

$$P_{min} = \frac{2\,100 \times (P/F, 12\%, 1) + 1\,100 \times [(P/A, 12\%, 9) \times (P/F, 12\%, 1)] - 420 \times (P/F, 12\%, 9)}{30 \times [(P/A, 12\%, 9) \times (P/F, 12\%, 1)]}$$

$\qquad = 44.3$（元/箱）

B 方案：

$$P_{min} = \frac{3\,300 \times (P/F, 12\%, 1) + 1\,600 \times [(P/A, 12\%, 8) \times (P/F, 12\%, 1)] - 630 \times (P/F, 12\%, 9)}{50 \times [(P/A, 12\%, 8) \times (P/F, 12\%, 1)]} = 18.7$（元/箱）

计算结果表明，B 方案的最低价格较低，企业应采纳 B 方案。

五、产量相同或基本相同方案的比较评估方法

当两个投资方案产量相同或基本相同时，可采用静态的简便比较方法，如差额投资收益率（R_d）法或静态差额投资回收期（P_d）法。因为当两个方案产量相同或能够满足相同的需要时，投资额相对大的方案的生产经营成本要比投资额相对小的方案低些，此时需要对两方案的投资与生产经营成本进行综合比较才能得出正确结论。

1.差额投资收益率法

差额投资收益率法是指通过计算两个方案的差额投资收益率来进行方案比选的一种方法。差额投资收益率是两个比较方案的经营成本差额与投资差额之比，是指单位差额投资每年所获得的生产经营成本的节约额。其计算公式为：

第十二章　投资方案比较评估与项目总评估

$$R_a = \frac{C'_1 - C'_2}{I_2 - I_1} \times 100\% = \frac{\Delta C'}{\Delta I} \times 100\%$$

式中：I_1、I_2——两个比较方案的投资额，且$I_2 > I_1$，ΔI为差额投资；

C'_1、C'_2——两个比较方案的年生产经营成本，且$C'_2 < C'_1$，$\Delta C'$为生产经营成本节约额。

当两个方案产量相同时，C'_1和C'_2分别为两个比较方案的年经营总成本（$C'_1 > C'_2$），I_2和I_1分别为两个方案的全部投资（$I_2 > I_1$）；当两个方案产量不同时，C'_1和C'_2分别为两个比较方案的单位产品成本（$C'_1 < C'_2$），I_1和I_2分别为两个方案的单位产品投资（$I_1 > I_2$）。

当差额投资收益率大于设定的折现率时（在财务评估中为基准收益率，在宏观经济评估中为社会折现率），则说明投资大的方案较优，否则投资小的方案合理。

【例12-9】某项目有两个投资方案，甲方案投资额为100万元，年经营成本为40万元，乙方案投资额为60万元，年经营成本为50万元。假定项目所在行业的基准收益率为20%，试进行方案比选。

解：将例中有关数据代入上式，得：

$$R_a = \frac{50 - 40}{100 - 60} \times 100\% = 25\%$$

25%>20%，说明甲方案较好。

2.静态差额投资回收期法

静态差额投资回收期法是指通过计算两个方案的差额投资回收期来进行方案比选的一种方法。静态差额投资回收期是两个比较方案投资差额与经营成本差额之比。它是指投资大的方案以每年所节约的生产经营成本额来回收差额投资的期限。其计算公式为：

$$P_a = \frac{I_2 - I_1}{C'_1 - C'_2} = \frac{\Delta I}{\Delta C'}$$

式中：I_2——投资大的方案的投资；

I_1——投资小的方案的投资；

C'_2——投资大的方案的年经营成本；

C'_1——投资小的方案的年经营成本。

进行方案比较时，可按上述公式计算静态差额投资回收期，并与基准投资回收期进行对比。当静态差额投资回收期短于基准投资回收期时，投资大的方案较优；反之，则投资小的方案为优。

【例12-10】以差额投资收益率法中例12-9的资料为例。假定基准投资回收期为5年，试进行方案比选。

解：将例中有关数据代入上式，得：

$$P_a = \frac{100 - 60}{50 - 40} = 4 \text{（年）}$$

4年<5年，说明甲方案较好。

第四节 投资方案比较指标的选择和投资方案优化组合

一、投资方案比较指标的适用范围

（1）净现值（NPV）、内部收益率（IRR）和净现值率（NPVR）是在对单个方案进行投资项目经济评估、对互斥方案进行比较选优和对独立方案项目进行排队与组合选优等时经常使用的评估指标。用 NPV、IRR 和 NPVR 这 3 个指标来判断项目的可行性所得出的结论是一致的，因此，可以选用任一指标进行评估判断。

（2）在进行方案比选时，总费用现值和年费用现值指标是没有一定限制条件的。在无资金约束条件时，可以采用净现值和差额投资收益率指标，但在事先已明确资金有限定范围时，则可采用净现值率来比选择优。

（3）当多个项目进行排队和组合优选时，亦可采用净现值率选择既符合资金限制条件又能使净现值率最大的方案组合，以实现有限资金的合理利用。

根据上述分析，投资方案比较指标的应用范围见表 12-5。

表 12-5   投资方案比较指标的应用范围

指标 / 用途	净现值	内部收益率	净现值率
项目经济评估（单个方案的可能性判断）	当 NPV≥0 时，可考虑接受	当 IRR≥i 时，可考虑接受	当 NPVR≥0 时，可考虑接受
方案比较（互斥方案优选）	当无资金限制时，可选择 NPV 较大者	一般不用，可计算 ΔIRR，当 ΔIRR≥i 时，以投资较大的方案为优	存在明确的资金限制时，选择 NPVR 较大者
项目排队（独立方案组合选优）	不单独使用	一般不采用	按 NPVR 大小将项目排序，选择满足资金约束条件的项目组合，使 NPVR 最大

二、方案比选评估指标的选用

（1）在项目不受资金约束的条件下，可采用差额投资收益率法、净现值法和年值法；当有明确规定的资金限额时，一般可采用净现值率法和净现值法。

（2）对计算期不同的方案进行方案比选时，宜采用年值法和年费用比较法。如果采用差额投资收益率法、净现值率法等方法进行比选时，则应对各方案的计算期进行适当调整处理。

（3）对效益相同或效益基本相同但难以具体估算的方案进行比选时，可采用最小费用法，包括费用现值比较法和年费用比较法。

三、有约束条件下，投资方案优化组合

在项目比较和选优过程中，最常见的约束是资金的约束。受资金总拥有量的约束，不可能采用所有经济上合理的项目。

第十二章　投资方案比较评估与项目总评估

在有约束条件下，不管项目间是互斥的或是独立的，它们的解法都一样，即把所有的满足约束条件的投资项目的组合列出来，然后进行排序和取舍，实质上是将多个互不相关的独立项目的经济评估比选问题转化为在可行方案总体中互斥的方案组的选优问题，因此，在列出方案总体的项目组合的基础上可以采用互斥项目选择的方法进行选择。其具体优选步骤是：（1）形成所有可能的互斥的方案组总体；（2）把各方案按约束因素（在总投资有限时则按各方案组的初始投资额）的大小，从小到大排序；（3）除去那些不能满足约束条件的方案组；（4）留待考虑的互斥的方案组，可用差额投资收益率法或增量投资净现值法和净现值率法等从中选出最优者。

【例12-11】有3个不相关的独立方案A、B、C，各方案的投资、年净收益和寿命期见表12-6，预先的计算表明各方案的IRR均大于基准收益率15%。

表12-6　　　　　　　　　**投资方案的投资、年净收益与寿命期**　　　　　金额单位：元

方　案	投资（生产期初）	年净收益	寿命期（年）
A	12 000	4 300	5
B	10 000	4 200	5
C	17 000	5 800	10

已知总投资限额是30 000元，因此，这3个方案不能同时都选上。应当怎样选择呢？我们可按下述的步骤进行选择。

（1）列出方案A、B、C的所有可能组合，即从所有的方案中首先取一个方案，然后取两个方案来组合，最后一次取3个方案来组合，见表12-7。

表12-7　　　　　　　　　　　**投资项目备选方案组合**　　　　　　　　单位：元

组　号	方案的组合	投　资	年净收益
1	A	12 000	4 300（1～5年）
2	B	10 000	4 200（1～5年）
3	C	17 000	5 800（1～10年）
4	AB	22 000	8 500（1～5年）
5	AC	29 000	10 100（1～5年） 5 800（6～10年）
6	BC	27 000	10 000（1～5年） 5 800（6～10年）
7	ABC	39 000	14 300（1～5年） 5 800（6～10年）

（2）除去不满足约束条件的投资组合，即ABC，并按投资额从小到大排列出要考虑的互斥的投资方案组，见表12-8。

表12-8 　　　　　　　　　　　　投资方案组　　　　　　　　　　　　单位：元

组　号	方案的组合	投　资	年净收益
2	B	10 000	4 200（1～5年）
1	A	12 000	4 300（1～5年）
3	C	17 000	5 800（1～10年）
4	AB	22 000	8 500（1～5年）
6	BC	27 000	10 000（1～5年） 5 800（6～10年）
5	AC	29 000	10 100（1～5年） 5 800（6～10年）

（3）如果我们用差额投资收益率及增量投资净现值作为选择的准则，则可得出如表12-9所示的结果。

表12-9 　　　　　　　　　　增量投资净现值法方案比选　　　　　　　　　单位：元

组　号	方案的组合	增　量	增量IRR 数值	增量IRR 决策	增量NPV（15%）数值	增量NPV（15%）决策
2	B					
1	A	1-2	负值	放弃1	-1 664.78	放弃1
3	C	3-2	37.84	放弃2	8 029.81	放弃2
4	AB	4-3	负值	放弃4	-2 387.21	放弃4
6	BC	6-3	44.24	放弃3	4 079.05	放弃3
5	AC	5-6	负值	放弃5	-1 664.78	放弃5

从表12-9可知，用差额投资收益率法和增量投资净现值法来优选，得出的结果是一致的，最好的投资选择是BC，即应当上项目B及项目C。

表12-9中应用的是增量投资净现值法，如果我们用净现值来计算则不难发现，最优的方案组合必然对应净现值最大的方案（见表12-10），因此可以用净现值最大作为选择准则。

表12-10 　　　　　　　净现值法下投资方案比较值计算和选优　　　　　　单位：元

组　合	方案的组合	NPV（15%）	NPV（15%）值大小排列	决　策
1	A	2 414.27	6	
2	B	4 079.05	5	
3	C	12 108.86	3	
4	AB	6 493.32	4	
5	AC	14 523.12	2	
6	BC	16 187.91	1	选中

第十二章　投资方案比较评估与项目总评估

【例12-12】有8个独立方案，其投资现值、净现值情况见表12-11，试回答：

条件一，若可利用资金限额为240万元，应选择哪些方案？

条件二，若可利用资金限额为300万元，应选择哪些方案？

条件三，若可利用资金限额为450万元，应选择哪些方案？

表12-11　　　　　　　　　各方案的投资现值和净现值　　　　　　　　　单位：万元

方案 指标	A	B	C	D	E	F	G	H
投资现值I_p	50	60	70	80	90	100	110	120
净现值NPV	−10	30	56	72	63	60	44	−12

解：第一步，剔除无资格（不合格）方案A和方案H，因为它们的净现值小于零（为负值）。

第二步，计算有资格（合格）方案的净现值率：

$NPVR_B$=50%　　$NPVR_E$=70%

$NPVR_C$=80%　　$NPVR_F$=60%

$NPVR_D$=90%　　$NPVR_G$=40%

第三步，按净现值率大小排序为D、C、E、F、B、G，并做方案优劣顺序图（如图12-3所示）。

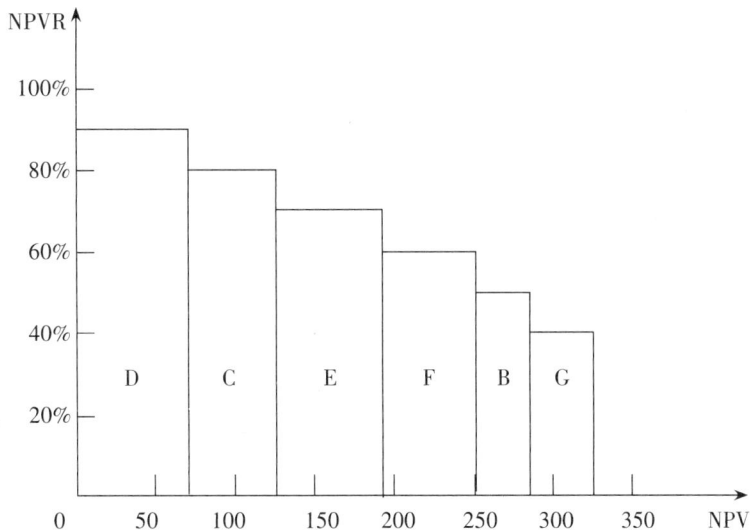

图12-3　方案优劣顺序图

第四步，选择方案优化组合。

（1）根据条件一，方案的优化组合为D、C、E。投资额正好240万元，符合资金约束条件。

（2）根据条件二，可以选择D、C、E方案，投资额为240万元；剩余60万元不够方案F投资之用。由于项目的不可分性，F方案不能被选中，但下一个方案B的投资额为60

万元，故可以选择。至此，资金全部用完。因此，最终的最佳方案组合为D、C、E、B。

（3）根据条件三，选择D、C、E、F、B方案后，还剩余50万元，不够方案G投资之用，又不能选择净现值小于零的A方案，只能选择D、C、E、F、B为最优方案组合，所剩资金应投资于其他可能达到基准收益率的项目。

第五节　项目总评估

一、项目总评估概述

（一）项目总评估的概念

项目总评估是整个评估工作的最后一个环节，其在汇总各分项评估结果的基础上，运用系统分析研究方法，对拟建项目的可行性进行全面分析和综合评估。项目总评估通过对各分项评估内容的系统整理，确保评估内容的完整性和系统性，通盘衡量整体项目，做出全面、准确的判断和总评估，提出明确的结论性意见和建议。它不仅综合反映了前期各分项评估工作的成果和质量，而且能直接为项目投资决策提供科学依据。

（二）项目总评估的必要性

项目总评估的必要性在于事物本身的复杂性。

首先，经济评估和社会评估的结论往往是初步的、分散的，一些评估指标有时可能存在相互矛盾之处，如社会效益好而经济效益差或经济效益好而社会效益差等。因此需要把分散的结论联系起来，进行综合分析，评估利弊得失，纠正在分项评估中存在的偏颇之处，用尽可能少的社会劳动消耗获得尽可能多的经济社会效益，提出尽可能满意的方案，从而得出正确的评估结论。

其次，不同的项目有不同的规模和特性，有的项目在某些问题上需要进行特别周密深入的分析。因而在经济效益与社会效益评估完成后，还需要在某些方面进行查漏补缺或重点分析。

最后，在项目可行性研究中，往往为项目设计多个不同的方案，有的表现在厂址上，有的表现在工艺上，有的表现在规模上，有的则涉及几个方面。虽然在分项评估时已对不同方案做了初步分析，但是在分项评估完成后，需要联系各个方面做进一步分析，对方案做出最后抉择。

（三）项目总评估的目的

投资项目总评估有两重目的：一是在各个方面、各个层次评估的基础上，谋求项目方案的整体优化，而并非强调某一项指标或几项指标必须达到最优；二是将从不同角度进行评估所得出的结论进行综合，得出对项目整体效果和影响的完整概念。总之，投资项目总评估应能弥补各方面、各层次评估提供信息的分散和不足，给决策者提供全面的信息，有利于权衡利弊、科学决策。

二、项目总评估的内容

投资项目总评估应根据国家宏观管理的要求和项目的具体特点，在经济效益与影响评估的基础上，进行综合分析、核算和再论证。项目总评估的内容一般包括以下几个方面：

第十二章　投资方案比较评估与项目总评估

1.综述重大方案的选择和推荐意见，重点论述项目建设方案的必要性和可行性

必要性是指项目建设符合国家的建设方针和投资的优先方向，产品适应市场需求，项目建设能解决阻碍原有企业发展的问题，并与原来的生产技术条件协调。可行性是指项目的建设条件和生产条件能得到充分保证，要评估工艺设备、生产技术等是否先进、适用、安全，分析产品方案、建设规模是否可行，论证项目所需各项投入物供应能否保证资源节约与综合利用等，并确定相关项目的同步建设方案。

2.综述项目建设方案的宏观经济效果、经济影响评估、社会效益与影响评估

其包括宏观收入和社会净收益等经济效果指标的核算和分析，考虑收入分配效果、劳动就业效果、外汇效果、综合能耗和环境保护等社会效果的核算和分析，还包括行业发展与产业结构、区域经济与宏观经济影响评估，以及各种非数量化的社会效益与影响等的定性分析。

3.综述不确定因素对项目经济效益的影响及风险程度

其包括为确保宏观经济评估和社会评估的可靠性，运用盈亏平衡分析、敏感性分析和概率分析等方法所进行的不确定性分析及风险分析，并依此所判明的项目经济效果的客观性和真实性，采取的积极有效措施，降低的风险程度。

4.综述项目非数量化的社会效果

应根据项目的具体情况及特点，确定综合分析的内容，一般应包括以下方面：

（1）对提高人民物质文化生活及社会福利水平的影响；

（2）对项目产品用户的影响；

（3）对节约及合理利用国家资源（如土地、水、矿产等）的影响；

（4）对节约能源的影响；

（5）对节约劳动力消耗或提供就业机会的影响；

（6）对环境保护和生态平衡的影响；

（7）对发展区域经济或部门（行业）经济的影响；

（8）对提高国家、地区和部门科学技术水平的影响；

（9）对宏观经济长远发展的影响；

（10）对国防建设和国家安全的影响；

（11）对工业布局、产业结构、行业垄断和经济安全的影响；

（12）对部门、地区公平分配的影响。

5.陈述在项目评估中发现的问题并提出有关建议

这主要是对各种技术方案、总体建设方案、投资方案等进行多方案选择和论证，最后推荐一个最佳可行方案，或者对原方案提出改进或"重新设计"的建议，甚至做出项目不可行的建议。总之，需要根据上述各方面的核算、分析结果进行综合分析，将结论提供给上级决策部门，作为项目投资决策的科学依据。

三、项目总评估的结论要点

项目总评估的结论应包括推荐方案的内容、结论性意见、主要比选方案的梗概、最终的结论性意见与建议。

（一）推荐方案的不同意见和存在的主要问题

多方案比较是投资项目评估的重要方法，所以在多个方面都不同程度地需要进行方案比较，最终提出推荐方案。由于任何方案都不是完美的，总有这样或那样的不足，人们对相关问题的看法也有差异，所以对于推荐方案一般会有不同的意见。因此，应对关于推荐方案的不同意见和存在的主要问题进行实事求是的描述。

（二）推荐方案的结论性意见归纳

根据对推荐方案的主要内容和分析研究结果的总体描述，归纳出对推荐方案的结论性意见。应着重说明项目建设的必要性、项目目标的可实现性、项目的外部影响、项目可能面临的风险与对策，以及项目建设的必要条件。

（三）主要比选方案的梗概

在结论部分应对由于各种原因未被推荐的一些主要比选方案进行描述，阐述方案的主要内容、优缺点和未被推荐的原因，以便决策者从多方面进行思考并做出决策。

（四）提出最终的结论性意见与建议

通过对推荐方案的详细分析论证，明确提出项目和方案可行与否的结论和意见，并对下一步工作提出建议。

下一步工作建议主要内容包括如下两个方面：

（1）在技术谈判、初步设计、建设实施过程中需要引起重视的问题，关于工作安排的意见与建议等。

（2）在项目实施过程中需要协调解决的问题及相应的意见建议。

四、项目总评估的程序

项目总评估不是简单地罗列汇总各分项评估的内容和结论，而是以可行性研究和各分项评估为基础，对所获得的数据资料加以整理、审核、对比分析、归纳判断，进行"去伪存真、去粗取精、由此及彼、由表及里"的综合分析研究，结合拟建项目的实际情况，提出项目最终评估结论和建议。为此，项目总评估应遵循下列程序进行：

1.检查和整理各分项评估资料

由于在进行项目建设必要性、生产建设条件、工艺技术与设备选型、经济效益、社会效益影响等各分项评估时，已经搜集、测算了各项基础数据和评估指标，并做出了判断和结论，因此，在项目总评估阶段，首先应检查、审核、整理和归类各分项评估所取得的数据资料和测算的指标，剔除重复和不切实际的内容，修正错误的数据，调整价格和参数，增补一些遗漏的资料，做到数据准确、内容完整、结论可靠，为编写评估报告打好基础。

2.对比分析，寻找产生差异的原因，编制对照表

在总评估时应进行两方面的对比分析，不仅要对各分项评估结论进行对比分析，而且要将这些分项评估结论同可行性研究报告的结果进行对比分析。由于项目评估与可行性研究两者的主体和分析角度不同，很可能出现不同的评估结论，因此应分析论证两者的差异，寻找原因，发现问题，做出相应的说明。例如，说明出现差异是因基础数据、预测方法和估算方法不同而产生的，抑或是纯属计算误差等。而后进行切合实际的修正、调整和补充，并编制项目评估前后的主要基础数据与技术经济指标对照表（见表12-12）。

第十二章 投资方案比较评估与项目总评估

表12-12 项目评估前后的主要基础数据与技术经济指标对照表

序号	名　称	单　位	可行性研究报告	评估报告	增　减	备　注
1	基础数据					
1.1	年产量（设计规模）	吨、台、箱等				
1.2	建筑面积	平方米				
1.3	职工人数	人				
1.4	项目总投资	万元				
1.4.1	固定资产投资	万元				
1.4.2	流动资金	万元				
	其中：铺底流动资金	万元				
1.5	资金筹措	万元				
1.5.1	资本金	万元				
	资本金占总投资比例	%				
1.5.2	中长期借款	万元				
	长期借款	万元				
	中期借款（用于流动资金）	万元				
1.5.3	短期借款	万元				
1.6	年销售收入	万元				
1.7	年税金及附加	万元				
1.8	年总成本费用	万元				
	年经营成本费用	万元				
1.9	年利润总额	万元				
1.10	年所得税	万元				
1.11	年税后利润	万元				
1.12	年外汇收入	万美元				
2	经济指标					
2.1	财务内部收益率（FIRR）	%				
	全部投资	%				
	自有资金	%				
2.2	财务净现值（FNPV）	万元				
	全部投资	万元				
	自有资金	万元				
2.3	投资回收期	年				
2.4	总投资收益率	%				
2.5	投资利税率	%				
2.6	资本金净利润率	%				
2.7	国内投资借款偿还期	年				
2.8	资产负债率	%				
2.9	流动比率	%				
2.10	速动比率	%				
2.11	经济内部收益率	%				
2.12	经济净现值	万元				
2.13	费用效益比	比例				
2.14	盈亏平衡点产量	吨、台、箱等				
2.15	盈亏平衡点生产能力利用率	%				
2.16	盈亏平衡点价格	元/台、吨、箱等				

3.提出最终结论和建议

将分项评估的初步成果客观公正地进行分类，归纳出几个主要问题，判断项目建设的必要性及可行性，并从技术、经济、社会等各方面进行多方案比较和优选，抓住关键问题，进行深入研究并补充分析，最后进行综合分析论证，做出最终结论和建议。同时应针对不同服务对象和评估目的，提出具有侧重性的建议和意见。例如，当项目评估是为政府有关部门批准立项提供决策依据时，应着重考虑项目建设是否符合国家的产业政策和布局政策，给出批准与否的建议；当项目评估是为项目贷款银行（含政策性银行和商业银行）和其他金融机构提供贷款决策依据时，则应着重考虑项目申报单位的资信、项目偿还贷款的能力与贷款的风险，给出给予贷款与否的建议和意见。

4.编写项目评估报告

此即项目总评估的最后一个步骤，展现项目评估的成果。评估报告应全面系统地反映各分项评估的内容和结果，提出综合评估结论，阐明最终结论和决策建议。

复习思考题

1.投资方案比较评估的一般方法有哪几种？如何进行判别和选用？

2.效益或产量相同（或基本相同）的方案比较评估可采用哪些方法？如何进行评估？

3.产品产量不同、价格难以确定的方案比较评估方法有哪些？如何进行评估？

4.当比较方案的计算期相同或不同时可采用什么方法进行方案比较？

5.如何进行有投资约束条件的方案优化组合方案选择？可采用哪些方法？

6.项目总评估的目的和主要内容是什么？

7.项目总评估应按哪些步骤进行？

8.简述项目总评估结论要点。

9.项目评估报告的撰写要求是什么？

中华人民共和国国家发展和改革委员会公告

2008年第37号

为进一步贯彻投资体制改革精神，做好企业投资项目的核准工作，提高委托咨询评估的质量和水平，根据《国务院关于投资体制改革的决定》（国发〔2004〕20号）精神，以及《企业投资项目核准暂行办法》（国家发展改革委第19号令）、《国家发展改革委关于发布项目申请报告通用文本的通知》（发改投资〔2007〕1169号）和《国家发展改革委委托投资咨询评估管理办法》（发改投资〔2004〕1973号）的有关规定，我委编制了《关于企业投资项目咨询评估报告的若干要求》和《企业投资项目咨询评估报告编写大纲》。现予以公告。

　　附件：关于企业投资项目咨询评估报告的若干要求
　　　　　企业投资项目咨询评估报告编写大纲

中华人民共和国国家发展和改革委员会
二〇〇八年六月二日

关于企业投资项目咨询评估报告的若干要求

一、企业投资项目咨询评估报告，是指符合资质要求的工程咨询评估机构，根据项目核准机关的委托要求，对企业报送的项目申请报告进行评估论证后编写的作为项目核准时重要参考依据的咨询评估报告。

二、根据《国务院关于投资体制改革的决定》，企业投资建设《政府核准的投资项目目录》内的项目时，应按照有关要求编写项目申请报告，并报送项目核准机关申请核准。项目核准机关根据项目具体情况，决定是否需要委托工程咨询机构进行评估，并可根据需要，在委托评估时提出评估重点。

三、工程咨询机构承担项目申请报告的核准评估工作后，要按照委托方的要求，重点从维护经济安全、合理开发利用资源、保护生态环境、优化重大布局、保障公共利益、防止出现垄断和不正当竞争等角度进行评估论证，编写企业投资项目咨询评估报告，报送委托机关，作为核准项目时的重要参考依据。

四、在企业投资项目咨询评估报告的开头部分，应编写内容提要，扼要介绍报告正文的核心内容，主要包括评估的基本背景、主要评估内容及重要评估结论和建议。

五、在企业投资项目咨询评估报告的正文部分，应根据项目自身情况、行业特点和委托方的具体要求，有选择地确定咨询评估报告的内容和论述重点。咨询评估报告正文通常包括以下内容：

（一）申报单位及项目概况；

（二）发展规划、产业政策和行业准入评估；

（三）资源开发及综合利用评估；

（四）节能方案评估；

（五）建设用地、征地拆迁及移民安置评估；

（六）环境和生态影响评估；

（七）经济影响评估；

（八）社会影响评估；

（九）主要风险及应对措施评估；

（十）主要结论和建议。

六、企业投资项目咨询评估报告原则上应对项目是否具备各项核准条件进行全面、系统分析。若项目核准机关认为相关专项审查内容不需要进行详细评估，应在委托要求中予以注明。

七、为了全面、清晰地表达咨询评估报告的相关内容，应重视有关附件、附图及附表的编写，作为咨询评估报告的重要组成部分。

八、企业投资项目咨询评估报告的具体章节安排，应结合项目自身情况及行业特点进行设置。如果拟建项目不涉及其中有关内容，可以在说明情况后不再进行详细评估。对于行业需要特别关注的核准内容，可不受本编写大纲的章节限制，根据需要设专门章节进行

附件1　中华人民共和国国家发展和改革委员会公告

评估论证，以反映行业特殊性要求。

企业投资项目咨询评估报告编写大纲

一、申报单位及项目概况

（一）项目申报单位概况。通过对项目申报单位的主要经营范围、基本财务指标、股东构成、股权结构比例、以往投资相关项目情况、已有生产能力等的核查分析，提出申报单位的申报资格以及是否具备承担拟建项目投资建设的基本条件等评估意见。

（二）项目概况。通过对项目建设背景、建设地点、建设年限、建设内容、建设规模、产品及工程技术方案、主要设备选型、上下游配套工程情况、投资规模、资金筹措方案等方面的阐述，为拟建项目的核准咨询评估相关章节编写提供项目背景基础。

二、发展规划、产业政策和行业准入评估

（一）发展规划评估。通过分析与拟建项目有关的国民经济和社会发展总体规划、区域规划和专项规划，以及城乡规划等各类规划的相关内容，评估拟建项目是否符合各类规划要求，提出拟建项目与有关规划内容的衔接性及目标的一致性等评估结论。

（二）产业政策评估。分析有关产业结构调整、产业空间布局、产品发展方向、产业技术创新等政策对项目方案的要求，评估拟建项目的工程技术方案、产品方案等是否符合有关产业政策、法律法规等的要求。

（三）行业准入评估。分析有关行业准入的法律、法规、规章和国家有关规定对拟建项目的要求，评估拟建项目和项目建设单位是否符合有关行业准入标准的规定。

（四）自主创新和采用先进技术评估。对于采用先进技术和科技创新的企业投资项目，分析拟建项目产品技术方案的技术创新水平、先进技术的采用情况、技术路线的先进性、技术装备国产化或本土化程度，评估是否符合增强自主创新能力、建设创新型国家的发展战略要求，是否符合国家科技发展规划要求。

（五）项目建设必要性评估。在发展规划、产业政策、行业准入等分析评估的基础上，评估拟建项目目标及功能定位是否合理，是否符合与项目相关的各类规划要求，是否符合相关法律法规、宏观调控政策、产业政策等规定，是否满足行业准入标准、重大布局优化、自主创新和采用先进技术等要求，对项目建设的必要性提出评估结论。

三、资源开发及综合利用评估

（一）资源开发方案评估。对于资源开发类项目，通过拟开发利用资源的可开发量、自然品质、赋存条件、开发价值等的分析评估，对开发方案是否符合资源开发利用的可持续发展战略要求、是否符合保护资源环境的政策规定、是否符合资源开发总体规划及综合利用的相关要求等提出评估意见。

（二）资源利用方案评估。对于需要占用重要资源的拟建项目，从发展循环经济、建设资源节约型社会等角度，对主要资源占用品种、数量、来源情况、综合利用方案的合理性进行分析评估；通过对单位生产能力主要资源消耗量指标与国内外水平的对比分析，对资源利用效率的先进程度提出评估论证意见；评估拟建项目是否会对地下水等其他资源造

成不利影响。

（三）资源节约措施评估。对项目申请报告中提出的作为原材料的各类金属矿、非金属矿及水资源节约措施方案的合理性提出评估意见；对拟建项目采取资源节约措施后的资源消耗指标进行对比分析，评估项目方案是否符合国家有关资源节约及有效利用的相关政策要求；对于在提高资源利用效率、降低水资源消耗及主要金属矿、非金属矿等资源消耗方面所采取的措施是否可行提出咨询评估意见。

四、节能方案评估

（一）用能标准和节能规范评估。评估项目建设方案所遵循的国家和地方有关合理用能标准、节能设计规范的选择是否恰当，是否充分考虑到行业及项目所在地的特殊要求，内容是否全面、标准选择是否适宜。

（二）能耗状况和能耗指标分析。根据项目所在地的能源供应状况，通过能耗指标与国际国内先进水平的对比分析，评估项目建设方案所提出的能源消耗种类和数量是否可靠，分析项目方案所采用的能耗指标选择是否恰当。

（三）节能措施和节能效果分析。对优化用能结构、满足相关技术政策、设计标准及节能减排政策要求等方面所采用的主要节能降耗措施是否可行提出评估论证意见。对项目方案的节能效果提出评估意见。

五、建设用地、征地拆迁及移民安置评估

（一）项目选址及用地方案评估。通过对项目建设地点、场址土地权属类别及占地面积、土地利用状况、占用耕地情况、取得土地方式等方面的分析，对项目选址和用地方案是否符合有关法律法规要求提出评估意见；对项目选址是否压覆矿床和文物，是否影响防洪、通航及军事设施安全等其他不利影响及其处理方案的合理性提出评估意见。

（二）土地利用合理性评估。对项目用地是否符合有关土地管理的政策法规的要求，是否符合土地利用规划要求，占地规模是否合理，是否符合保护耕地要求，耕地占用补充方案是否可行，是否符合因地制宜、节约用地、少占耕地、减少拆迁移民等原则要求，提出评估论证意见。

（三）征地拆迁和移民安置规划方案评估。对于涉及征地拆迁的项目，应结合项目选址和土地利用方案的评估情况，分析论证征地拆迁范围的确定是否合理；通过对生产生活安置方案，征地补偿原则、范围和方式的分析论证，评估安置补偿方案是否符合国家有关政策法规规定及当地的实际情况；从受影响人群原有收入水平，征地拆迁后对受影响人群收入的影响程度，采取的收入恢复措施是否切实可行，实施后的效果等方面进行分析，评估移民生产安置、生活安置、收入恢复和就业重建等措施方案的可行性；评估方案制订过程中的公众参与、申诉机制、实施组织机构及监督机制等规划方案是否完善，以及地方政府对移民安置规划、补偿标准的接受程度；对移民安置补偿费用估算结果、资金来源的可靠性及资金平衡状况提出评估意见。

六、环境和生态影响评估

（一）环境和生态影响程度评估。通过对项目场址的自然环境条件、现有污染情况、生态环境条件、特殊环境条件和环境容量状况以及拟建项目的排放污染物类型及排放情况

分析，水土流失预测分析，评估项目对其所在地生态环境的影响程度，以及对整个流域及区域生态系统的综合影响后果。

（二）生态环境保护措施评估。通过对生态环境保护及污染治理措施的可行性分析，评估拟建项目能否满足达标排放、保护环境和生态、水土保持等政策法规的要求，对生态环境保护措施是否合理和可行提出评估意见。

（三）地质灾害影响评估。在地质灾害易发区建设的项目和易诱发地质灾害的建设项目，要结合有关部门提出的地质灾害、地震安全等方面的专题论证结论，评估项目是否可能诱发地质灾害、存在地震安全隐患，对所提出的防御措施和对策是否可行提出评估意见。

（四）特殊环境影响评估。对于涉及历史文化遗产、自然遗产、风景名胜、自然景观和自然保护区等特殊环境保护的建设项目，评估拟建项目的环保措施是否符合相关政策法规规定，对所提出保护措施是否可行提出评估意见。

七、经济影响评估

（一）经济费用效益或费用效果分析的评估。对于产出物不具备实物形态，且明显涉及公众利益的无形产品项目，如水利水电、交通运输、市政建设、医疗卫生等公共基础设施项目，以及具有明显外部性影响的有形产品项目，如污染严重的工业产品项目，应从社会资源优化配置的角度，进行经济费用效益、费用效果分析或定性经济分析；要评估经济费用、效益的识别计算是否恰当，所采用的分析方法是否恰当；对拟建项目的经济合理性提出评估意见。

（二）行业影响评估。对于在行业内具有重要地位、对行业未来发展方向具有重要影响的建设项目，应对拟建项目对行业发展可能产生的影响进行分析评估，论证拟建项目对所在行业及关联产业发展的影响，并对是否可能形成行业垄断进行分析，对如何发挥拟建项目对行业发展的正面影响效果提出评估意见。

（三）区域经济影响评估。对区域经济可能产生重大影响的项目，应从拟建项目对区域经济发展、产业空间布局、当地财政收支、社会收入分配、市场竞争结构等方面影响的角度，评估拟建项目对区域经济所产生的影响，对如何协调项目与区域经济发展之间的关系，如何发挥项目对区域经济发展的正面影响效果，以及是否可能导致当地市场垄断等提出评估意见。

（四）宏观经济影响评估。对于投资规模巨大的特大型项目，以及可能对国民经济产生重大影响的基础设施、科技创新、战略性资源开发等项目，应从国民经济整体发展角度，分析拟建项目对国家产业结构调整升级、重大产业优化布局、重要产业国际竞争力培育以及区域之间协调发展等方面的影响。对于涉及国家经济安全的重大项目，应结合资源、技术、资金、市场等方面的分析，评估项目建设和运营对国家产业技术安全、资源供应安全、资本控制安全、产业成长安全、市场环境安全等方面的影响，提出评估意见和建议。

八、社会影响评估

（一）社会影响效果评估。通过对有关社会经济调查及统计资料的分析，评估拟建项目对就业、减轻贫困、社区发展等方面的影响，包括正面和负面影响效果。

（二）社会适应性评估。通过调查分析拟建项目利益相关者的需求，目标人群对项目建设内容的认可和接受程度，分析预测拟建项目能否为当地的社会环境、人文条件所接纳，当地居民支持拟建项目的程度，对拟建项目与当地社会环境的相互适应性提出评估意见。

（三）社会风险及对策措施评估。在确认项目可能存在负面社会影响的情况下，提出协调项目与当地的社会关系，避免项目投资建设或运营管理过程中可能存在的冲突和各种潜在社会风险因素，对解决相关社会问题、减轻负面社会影响的措施方案提出评估意见。

九、主要风险及应对措施评估

（一）主要风险综述。在前述评估论证的基础上，总结论述项目在维护经济安全、合理开发利用资源、保护生态环境、优化重大布局、保护公共利益、防止出现垄断等方面可能存在的主要风险。

（二）风险影响程度评估。对拟建项目可能存在的重要风险因素，对其性质特征、未来变化趋势及可能造成的影响后果进行分析评估。对于需要进行经济费用效益分析的项目，还应通过敏感性分析或风险概率分析，对拟建项目的风险因素进行定量分析评估。

（三）风险应对措施评估。对于可能严重影响项目投资建设及运营效果的风险因素，提出风险应对措施，并对相关措施方案的合理性及可行性提出咨询评估意见。

十、主要结论和建议

（一）主要评估结论。在前述评估论证的基础上，提出核准咨询评估的主要结论，并对拟建项目是否符合核准条件提出明确的咨询评估意见。

（二）主要措施建议。对评估中发现的拟建项目可能存在的各种问题，提出解决的对策措施建议。

十一、利用外资项目核准评估的特殊要求

（一）对于外商投资项目，按照《外商投资项目核准暂行管理办法》的规定，除论述以上内容外，还应在市场准入、资本项目管理等方面提出咨询评估意见，为核准机关对项目审核提供参考依据。

（二）对于外商并购境内企业的投资建设项目，原则上应遵循企业投资项目核准评估的一般要求进行评估论证。对于不涉及扩大生产及投资规模，不新占用土地、能源和资源消耗，不形成对生态和环境新的影响，其核准评估内容可以适当简化，应重点对境内企业情况及是否符合外商准入政策规定，并购企业职工及债权债务安排情况，并购后企业的经营方式、范围和股权结构、融资方案，中方通过并购所得收入的使用方式及其合理性进行评估论证。在经济影响分析中，应强调分析论证外商并购对国家经济安全、行业及区域市场垄断等方面的影响，对所采取的对策措施及其可行性提出咨询评估意见。

（三）借用国际金融组织和外国政府贷款项目的核准咨询评估，按照《国际金融组织和外国政府贷款投资项目管理暂行办法》的规定，除应遵循企业投资项目核准评估的一般要求外，还应阐述国外借款类别或国别、贷款规模、贷款用途、还款方案、申报情况等内容，对使用外债的必要性、可能面临的风险及规避措施提出咨询评估意见，为项目核准机关对外债管理等事项进行审核提供依据。

国家发展改革委关于发布项目申请报告通用文本的通知

发改投资〔2017〕684号

国务院各部门、直属机构，各省、自治区、直辖市及计划单列市、新疆生产建设兵团发展改革委，各计划单列企业集团、中央管理企业：

为指导企业做好项目申请报告的编写工作，规范项目核准机关核准行为，根据《企业投资项目核准和备案管理办法》（国家发展改革委第2号令）和《外商投资项目核准和备案管理办法》（国家发展改革委第12号令）有关规定，特编制项目申请报告通用文本及其说明，现予以发布，供有关方面借鉴和参考。现就有关事项通知如下。

一、项目申请报告通用文本是对项目申请报告编写内容及深度的一般要求。关于《项目申请报告通用文本》的说明，是对通用文本的解释和阐述。在编写、审核项目申请报告时，应同时借鉴和参考通用文本及说明的有关内容。

二、企业在组织编写具体项目的申请报告时，可根据拟建项目的实际情况，对通用文本中所要求的内容进行适当调整。如果拟建项目不涉及其中有关内容，可以在说明情况后，不进行相关分析。

三、项目核准机关在核准企业投资项目时，应严格按照《企业投资项目核准和备案管理办法》和《外商投资项目核准和备案管理办法》要求，在落实企业投资自主权的基础上，从维护社会公共利益的角度，对企业投资项目的"外部性"条件进行审查和把关，从是否危害经济安全、社会安全、生态安全等国家安全，是否符合相关发展建设规划、技术标准和产业政策，是否合理开发并有效利用资源，是否对重大公共利益产生不利影响这些方面进行审查。项目的市场前景、经济效益、资金来源、产品技术方案等内部性条件，均应当由企业自主决策，项目核准机关不得干预企业的投资自主权。

四、按照国家有关法律、行政法规的规定，企业向项目核准机关报送项目申请报告时，已经有关部门根据职能分工依法审查规划选址、土地利用等方面内容的，应以有关部门出具的前置审批文件为准，不再作为项目核准机关的实质性审查内容，项目申请报告也不再对相关内容进行实质性分析。列入《不单独进行节能审查的行业目录》范围内的项目，应在项目申请报告中对项目能源利用情况、节能措施情况和能效水平进行分析。

五、为适应各行业的具体情况，相应的项目核准机关应参照本通用文本制定主要行业的项目申请报告示范文本。主要行业的示范文本既要遵循通用本的一般要求，又要充分反映行业特殊情况，可根据实际需要对通用本的内容进行合理调整。

六、此次所发布的项目申请报告通用文本，适用于各类企业在我国境内建设的企业投资项目（包括外商投资项目）。境外投资项目申请报告的文本另行编制。

七、按照《招标投标法实施条例》、《工程建设项目申报材料增加招标内容和核准招标事项暂行规定》（国家计委第9号令，根据2013年国家发展改革委第23号令修改）的要求，凡需报我委核准招标内容的企业投资项目，应在提交项目申请报告时附具有关招标内容。

八、本通知自发布之日起施行。《国家发展改革委关于发布项目申请报告通用文本的通知》（发改投资〔2007〕1169号）即行废止。

附件：项目申请报告通用文本
关于《项目申请报告通用文本》的说明

国家发展改革委
2017年4月13日

附件2 国家发展改革委关于发布项目申请报告通用文本的通知

项目申请报告通用文本

第一章 项目单位及拟建项目情况

一、项目单位情况。包括项目单位的主营业务、营业期限、资产负债、企业投资人（或者股东）构成、主要投资项目、现有生产能力、项目单位近几年信用情况等内容。

二、拟建项目情况。包括拟建项目的建设背景、建设地点、主要建设内容、建设（开发）规模与产品方案、工程技术方案、主要设备选型、配套公用辅助工程、投资规模和资金筹措方案等。拟建项目与国民经济和社会发展总体规划、主体功能区规划、专项规划、区域规划等相关规划衔接和协调情况，拟建项目的产业政策、技术标准和行业准入分析。拟建项目取得规划选址、土地利用等前置性要件的情况。

第二章 资源开发及综合利用分析

一、资源开发方案。资源开发类项目，包括对金属矿、煤矿、石油天然气矿、建材矿以及水（力）、森林等资源的开发，应分析拟开发资源的可开发量、自然品质、赋存条件、开发价值等，评价是否符合资源综合利用的要求。

二、资源利用方案。包括项目需要占用的重要资源品种、数量及来源情况；多金属、多用途化学元素共生矿、伴生矿、尾矿以及油气混合矿等的资源综合利用方案；通过对单位生产能力主要资源消耗量指标的对比分析，评价资源利用效率的先进程度；分析评价项目建设是否会对地表（下）水等其他资源造成不利影响。

三、资源节约措施。阐述项目方案中作为原材料的各类金属矿、非金属矿及能源和水资源节约以及项目废弃物综合利用等的主要措施方案。对拟建项目的资源能源消耗指标进行分析，阐述在提高资源能源利用效率、降低资源能源消耗、实现资源能源再利用与再循环等方面的主要措施，论证是否符合能耗准入标准及资源节约和有效利用的相关要求。

第三章 生态环境影响分析

一、生态和环境现状。包括项目场址的自然生态系统状况、资源承载力、环境条件、现有污染物情况和环境容量状况等，明确项目建设是否涉及生态保护红线以及与相关规划环评结论的相符性。

二、生态环境影响分析。包括生态破坏、特种威胁、排放污染物类型、排放量情况分析，水土流失预测，对生态环境的影响因素和影响程度，对流域和区域生态系统及环境的综合影响。

三、生态环境保护措施。按照有关生态环境保护修复、水土保持的政策法规要求，对可能造成的生态环境损害提出治理措施，对治理方案的可行性、治理效果进行分析论证。根据项目情况，提出污染防治措施方案并进行可行性分析论证。

四、特殊环境影响。分析拟建项目对历史文化遗产、自然遗产、自然保护区、森林公园、重要湿地、风景名胜和自然景观等可能造成的不利影响，并提出保护措施。

第四章 经济影响分析

一、社会经济费用效益或费用效果分析。从资源综合利用和生态环境影响等角度，评价拟建项目的经济合理性。

二、行业影响分析。阐述行业现状的基本情况以及企业在行业中所处地位，分析拟建项目对所在行业及关联产业发展的影响，尤其对产能过剩行业注重宏观总量分析影响，避免资源浪费和加剧生态环境恶化，并对是否可能导致垄断，是否符合重大生产力布局等进行论证。

三、区域经济影响分析。对于区域经济可能产生重大影响的项目，应从区域经济发展、产业空间布局、当地财政收支、社会收入分配、市场竞争结构、对当地产业支撑作用和贡献等角度进行分析论证。

四、宏观经济影响分析。投资规模巨大、对国民经济有重大影响的项目，应进行宏观经济影响分析。涉及国家经济安全的项目，应分析拟建项目对经济安全的影响，提出维护经济安全的措施。

第五章　社会影响分析

一、社会影响效果分析。阐述拟建项目的建设及运营活动对项目所在地可能产生的社会影响和社会效益。其中要对就业效果进行重点分析。

二、社会适应性分析。分析拟建项目能否为当地的社会环境、人文条件所接纳，评价该项目与当地社会环境的相互适应性，提出改进性方案。

三、社会稳定风险分析。重点针对拟建项目直接关系人民群众切实利益且涉及面广、容易引发的社会稳定问题，在风险调查、风险识别、风险估计、提出风险防范和化解措施、判断风险等级基础上，从合法性、合理性、可行性和可控性等方面进行分析。

四、其他社会风险及对策分析。针对项目建设所涉及的其他社会因素进行社会风险分析，提出协调项目与当地社会关系、规避社会风险、促进项目顺利实施的措施方案。

关于《项目申请报告通用文本》的说明

一、编写项目申请报告通用文本的主要目的

为贯彻落实投资体制改革精神，帮助和指导企业开展项目申请报告的编写工作，规范项目核准机关的核准行为，根据《行政许可法》、《企业投资项目核准和备案管理条例》、《企业投资项目核准和备案管理办法》和《外商投资项目核准和备案管理办法》等，特编写项目申请报告通用文本，供有关方面借鉴和参考。

项目申请报告通用文本是对项目申请报告编写内容及深度的一般要求。企业在编写具体项目的申请报告时，可结合项目自身的实际情况，对通用文本中所要求的内容进行适当调整；如果拟建项目不涉及其中有关内容，可以在说明情况后不再进行详细论证。为更好地适应不同行业的具体情况和要求，相应的项目核准机关应参照本通用文本制定主要行业的项目申请报告示范文本。主要行业示范文本将充分反映行业的特殊情况，并根据需要对通用文本的内容进行合理调整。

二、项目申请报告的性质

项目申请报告是企业投资建设应报政府核准的项目时，为获得项目核准机关对拟建项

附件2　国家发展改革委关于发布项目申请报告通用文本的通知

目的行政许可，按核准要求报送的项目论证报告。项目申请报告应重点阐述项目的外部性、公共性等事项，包括维护经济安全、合理开发利用资源、保护生态环境、优化重大布局、保障公众利益、防止出现垄断等内容。

编写项目申请报告时，应根据政府公共管理的要求，对拟建项目从规划布局、资源利用、生态环境、经济和社会影响等方面进行综合论证，为有关部门对企业投资项目进行核准审查提供依据。项目的市场前景、经济效益、资金来源、产品技术方案等内容，只是供项目核准机关在核准审查过程中了解情况，不必在项目申请报告中进行详细分析和论证。同时，对规划选址、土地利用等方面，应以有关部门出具的审查意见为准，项目核准机关不再对相关内容做实质性审查。同时，列入《不单独进行节能审查的行业目录》范围内的项目，应在项目申请报告中对项目能源利用情况、节能措施情况和能效水平进行分析。

三、"项目单位及拟建项目情况"的编写说明

全面了解和掌握项目申报单位及拟建项目的基本情况，是项目核准机关对拟建项目进行分析评价以决定是否予以核准的前提和基础。因此，对项目申报单位及拟建项目基本情况的介绍，在项目申请报告的编写中占有非常重要的地位。

通过对项目申报单位的主营业务、营业期限、资产负债、企业投资人构成、主要投资项目情况、现有生产能力、近几年信用情况等内容的阐述，为项目核准机关分析判断项目申报单位是否具备承担拟建项目的资格、是否符合有关的市场准入条件等提供依据。

通过对拟建项目的建设背景、建设地点、主要建设内容和规模、产品和工程技术方案、主要设备选型和配套工程、投资规模和资金筹措方案等内容的阐述，为项目核准机关对拟建项目的相关核准事项进行分析、评价奠定基础和前提。

在规划方面，应阐述国民经济和社会发展总体规划、主体功能区规划、区域规划、城镇体系规划、城市或镇总体规划、行业发展规划等各类规划与拟建项目密切相关的内容。

在产业政策方面，对照有关法律法规、产业政策规定和要求，阐述与拟建项目相关的产业结构调整、产业发展方向、产业空间布局、行业规范条件、产业技术政策等内容。

在技术标准和行业准入方面，阐述与拟建项目相关的技术标准、行业准入政策、准入标准等内容。

取得相关前置性要件情况方面，阐述拟建项目取得规划选址、土地利用等前置性要件的情况。

四、"资源开发及综合利用分析"的编写说明

合理开发并有效利用资源，是贯彻落实科学发展观的重要内容。对于开发和利用重要资源的企业投资项目，要从建设节约型社会、发展循环经济等角度，对资源开发、利用的合理性和有效性进行分析论证。

对于资源开发类项目，要阐述资源储量和品质勘探情况，论述拟开发资源的可开发量、自然品质、赋存条件、开发价值等，分析评价项目建设方案是否符合有关资源开发利用的可持续发展战略要求，是否符合保护资源环境的政策规定，是否符合资源开发总体规划及综合利用的相关要求。在资源开发方案的分析评价中，应重视对资源开发的规模效益和使用效率分析，限制盲目开发，避免资源开采中的浪费现象；分析拟采用的开采设备和

技术方案是否符合提高资源开发利用效率的要求；评价资源开发方案是否符合改善资源环境及促进相关产业发展的政策要求。

对于需要占用重要资源或消耗大量资源的建设项目，应阐述项目需要占用的资源品种和数量，提出资源供应方案；涉及多金属、多用途化学元素共生矿、伴生矿以及油气混合矿等情况的，应根据资源特征提出合理的综合利用方案，做到物尽其用；通过单位生产能力主要资源消耗量、资源循环再生利用率等指标的国内外先进水平对比分析，评价拟建项目资源利用效率的先进性和合理性；分析评价资源综合利用方案是否符合发展循环经济、建设节约型社会的要求；分析资源利用是否会对地表（下）水等其他资源造成不利影响，以提高资源利用综合效率。

在资源利用分析中，应对资源节约措施进行分析评价。本章主要阐述项目方案中作为原材料的各类金属矿、非金属矿及水资源节约的主要措施方案，并对其进行分析评价。对于耗水量大或严重依赖水资源的建设项目，以及涉及主要金属矿、非金属矿开发利用的建设项目，应对节水措施及相应的金属矿、非金属矿等原材料节约方案进行专题论证，分析拟建项目的资源消耗指标，阐述工程建设方案是否符合资源节约综合利用政策及相关专项规划的要求，就如何提高资源利用效率、降低资源消耗、实现资源能源再利用与再循环提出对策措施。

五、"生态环境影响分析"的编写说明

为保护生态环境和自然文化遗产，维护公共利益，对于可能对环境产生重要影响的企业投资项目，应从防治污染、保护生态环境等角度进行环境和生态影响的分析评价，确保生态环境和自然文化遗产在项目建设和运营过程中得到有效保护，并避免出现由于项目建设实施而引发的地质灾害等问题。

生态和环境现状。应通过阐述项目场址的自然生态系统状况、资源承载力、环境条件、现有污染物情况、特殊环境条件及环境容量状况等基本情况，为拟建项目的环境和生态影响分析提供依据。

拟建项目对生态环境的影响。应分析拟建项目在工程建设和投入运营过程中对环境可能产生的破坏因素以及对环境的影响程度，包括废气、废水、固体废弃物、噪声、粉尘和其他废弃物的排放数量，水土流失情况，对地形、地貌、植被及整个流域和区域环境及生态系统的综合影响等。

生态环境保护措施的分析。应从减少污染排放、防止水土流失、强化污染治理、促进清洁生产、保持生态环境可持续能力的角度，按照国家有关生态环境保护修复、水土保持的政策法规要求，对项目实施可能造成的生态环境损害提出保护措施，对环境影响治理和水土保持方案的工程可行性和治理效果进行分析评价。治理措施方案的制定，应反映不同污染源和污染排放物及其他环境影响因素的性质特点，所采用的技术和设备应满足先进性、适用性、可靠性等要求；环境治理方案应符合发展循环经济的要求，对项目产生的废气、废水、固体废弃物等，提出回收处理和再利用方案；污染治理效果应能满足达标排放的有关要求。涉及水土保持的建设项目，还应包括水土保持方案的内容。

对于历史文化遗产、自然遗产、自然保护区、森林公园、重要湿地、风景名胜和自然

附件2　国家发展改革委关于发布项目申请报告通用文本的通知

景观等特殊环境，应分析项目建设可能产生的影响，研究论证影响因素、影响程度，提出保护措施，并论证保护措施的可行性。

六、"经济影响分析"的编写说明

企业投资项目的财务评价，主要是进行财务盈利能力和债务清偿能力分析。而经济影响分析，则是对投资项目所耗费的社会资源及其产生的经济效果进行论证，分析项目对行业发展、区域和宏观经济的影响，从而判断拟建项目的经济合理性。

对于产出物不具备实物形态且明显涉及公众利益的无形产品项目，如水利水电、交通运输、市政建设、医疗卫生等公共基础设施项目，以及具有明显外部性影响的有形产品项目，如污染严重的工业产品项目，应进行经济费用效益或费用效果分析，对社会为项目的建设实施和运营所付出的各类费用以及项目所产生的各种效益，进行全面的识别和评价。如果项目的经济费用和效益能够进行货币量化，应编制经济费用效益流量表，计算经济净现值 ENPV、经济内部效益率 EIRR 等经济评价指标，评价项目投资的经济合理性。对于产出效果难以进行货币量化的项目，应尽可能地采用非货币的量纲进行量化，采用费用效果分析的方法分析评价项目建设的经济合理性。难以进行量化分析的，应进行定性分析描述。

对于在行业内具有重要地位、影响行业未来发展的重大投资项目，应进行行业影响分析，评价拟建项目对所在行业及关联产业发展的影响，包括产业结构调整、行业技术进步、行业竞争格局等主要内容，特别要对是否可能形成行业垄断进行分析评价。

对区域经济可能产生重大影响的项目，应进行区域经济影响分析，重点分析项目对区域经济发展、产业空间布局、当地财政收支、社会收入分配、市场竞争结构等方面的影响，为分析投资项目与区域经济发展的关联性及融合程度提供依据。

对于投资规模巨大、可能对国民经济产生重大影响的基础设施、科技创新、战略性资源开发等项目，应从国民经济整体发展角度，进行宏观经济影响分析，如对国家产业结构调整和升级、重大产业布局、重要产业的国际竞争力以及区域之间协调发展的影响分析等。

对于涉及国家经济安全的重大项目，应从维护国家利益、保证国家产业发展及经济运行免受侵害的角度，结合资源、技术、资金、市场等方面的分析，进行投资项目的经济安全分析。内容包括：（1）产业技术安全，分析项目采用的关键技术是否受制于人，是否拥有自主知识产权，在技术壁垒方面的风险等；（2）资源供应安全，阐述项目所需要的重要资源来源，分析该资源受国际市场供求格局和价格变化的影响情况，以及现有垄断格局、运输线路安全保障等问题；（3）资本控制安全，分析项目的股权控制结构，中方资本对关键产业的资本控制能力，是否存在外资的不适当进入可能造成的垄断、不正当竞争等风险；（4）产业成长安全，结合我国相关产业发展现状，分析拟建项目是否有利于推动国家相关产业成长、提升国际竞争力、规避产业成长风险；（5）市场环境安全，分析国外为了保护本地市场，采用反倾销等贸易救济措施和知识产权保护、技术性贸易壁垒等手段，对拟建项目相关产业发展设置障碍的情况；分析国际市场对相关产业生存环境的影响。

七、"社会影响分析"的编写说明

对于因征地拆迁等可能产生重要社会影响的项目，以及扶贫、区域综合开发、文化教育、公共卫生等具有明显社会发展目标的项目，应从维护公共利益、构建和谐社会、落实以人为本的科学发展观等角度，进行社会影响分析评价。

社会影响效果分析，应阐述与项目建设实施相关的社会经济调查内容及主要结论，分析项目所产生的社会影响效果的种类、范围、涉及的主要社会组织和群体等。重点阐述：（1）社会影响区域范围的界定。社会评价的区域范围应能涵盖所有潜在影响的社会因素，不应受行政区划等因素的限制；（2）区域内受项目影响的机构和人群的识别，包括各类直接或间接受益群体，也包括可能受到潜在负面影响的群体；（3）分析项目可能导致的各种社会影响效果，包括直接影响效果和间接影响效果，如增加就业、社会保障、劳动力培训、卫生保健、社区服务等，并分析哪些是主要影响效果，哪些是次要影响效果。就业效果分析要具体分析就业岗位、人数、来源、社保福利和素质提升等内容。

社会适应性分析，应确定项目的主要利益相关者，分析利益相关者的需求，研究目标人群对项目建设内容的认可和接受程度，评价各利益相关者的重要性和影响力，阐述各利益相关者参与项目方案确定、实施管理和监测评价的措施方案，以提高当地居民等利益相关者对项目的支持程度，确保拟建项目能够为当地社会环境、人文条件所接纳，提高拟建项目与当地社会环境的相互适应性。

社会风险及对策分析，应在确认项目有负面社会影响的情况下，提出协调项目与当地的社会关系，避免项目投资建设或运营管理过程中可能存在的冲突和各种潜在社会风险，解决相关社会问题，减轻负面社会影响的措施方案。社会稳定风险分析篇章的编写请参照《国家发展改革委办公厅关于引发重大固定资产投资项目社会稳定风险分析篇章和评估报告编制大纲（试行）的通知》（发改办投资〔2013〕428号）。

八、关于境外投资者并购境内企业项目申请报告

境外投资者并购境内企业项目申请报告应重点包括以下内容：

并购方情况，包括近年投资人或企业基本情况、在中国大陆投资情况及拥有实际控制权的同行业企业产品或服务的市场占有率、公司业绩等。

被并购方情况，包括近年企业基本情况、生产经营现状、业务和产品结构、债权债务关系和资产评估情况等。

并购方案，包括并购理由、并购方式、股权结构及实际控制权变化、债权债务关系变化、融资安排、职工安排、资产处置等。

并购后企业的治理结构、经营方式、业务范围、产品结构，被并购方及其股东所得收入的使用安排。

有关法律法规和规章要求的其他内容。

复利系数表（表1~表8）

表1　　　　　　　　　　　　　　　　　5%复利系数表

年数	已知P 求F $(1+i)^n$	已知F 求P $\dfrac{1}{(1+i)^n}$	已知F 求A $\dfrac{1}{(1+i)^n-1}$	已知P 求A $\dfrac{i(1+i)^n}{(1+i)^n-1}$	已知A 求F $\dfrac{(1+i)^n-1}{i}$	已知A 求P $\dfrac{(1+i)^n-1}{i(1+i)^n}$	年数
1	1.050	0.5924	1.00000	1.05000	1.000	0.952	1
2	1.103	0.9070	0.48780	0.53780	2.050	1.859	2
3	1.158	0.8838	0.31721	0.36721	3.153	2.723	3
4	1.216	0.8227	0.23201	0.28201	4.310	3.546	4
5	1.276	0.7835	0.18097	0.23097	5.526	4.329	5
6	1.340	0.7462	0.14702	0.19702	6.802	5.076	6
7	1.407	0.7107	0.12282	0.17282	8.142	5.786	7
8	1.477	0.6768	0.10472	0.15472	9.549	6.463	8
9	1.551	0.6446	0.09069	0.14069	11.027	7.108	9
10	1.629	0.6139	0.07950	0.12950	12.578	7.722	10
11	1.710	0.5847	0.07039	0.12039	14.207	8.306	11
12	1.796	0.5568	0.06283	0.11283	15.917	8.883	12
13	1.886	0.5303	0.05646	0.10646	17.713	9.394	13
14	1.980	0.5051	0.05102	0.10102	19.599	9.899	14
15	2.079	0.4810	0.04634	0.09634	21.579	10.380	15
16	2.183	0.4581	0.04227	0.09227	23.657	10.838	16
17	2.292	0.4363	0.03870	0.08870	25.840	11.274	17
18	2.407	0.4155	0.03555	0.08555	28.123	11.690	18
19	2.527	0.3957	0.03275	0.08276	30.359	12.085	19
20	2.653	0.3769	0.03024	0.08024	33.069	12.462	20

续表

年数	已知P 求F $(1+i)^n$	已知F 求P $\dfrac{1}{(1+i)^n}$	已知F 求A $\dfrac{1}{(1+i)^n-1}$	已知P 求A $\dfrac{i(1+i)^n}{(1+i)^n-1}$	已知A 求F $\dfrac{(1+i)^n-1}{i}$	已知A 求P $\dfrac{(1+i)^n-1}{i(1+i)^n}$	年数
21	2.786	0.3589	0.02800	0.07800	35.719	12.821	21
22	2.925	0.3418	0.02597	0.07597	38.505	13.163	22
23	3.072	0.3256	0.02414	0.07414	41.430	13.483	23
24	3.225	0.3101	0.02247	0.07247	44.502	13.799	24
25	3.386	0.2953	0.02095	0.07095	47.727	14.094	25
26	3.556	0.2312	0.01056	0.06826	51.113	14.375	26
27	3.733	0.2678	0.01829	0.06823	54.639	14.648	27
28	3.920	0.2551	0.01712	0.06612	58.403	14.898	28
29	4.250	0.2429	0.01605	0.06605	62.323	15.141	29
30	4.322	0.2314	0.01505	0.06505	66.439	15.372	30
31	4.538	0.2204	0.01413	0.06413	70.761	15.593	31
32	4.765	0.2099	0.01328	0.06328	75.299	15.803	32
33	4.003	0.1099	0.01249	0.06249	80.064	16.003	33
34	5.253	0.1094	0.01176	0.06176	85.067	16.193	34
35	5.516	0.1010	0.01107	0.06107	90.320	16.374	35
40	7.040	0.1420	0.00828	0.05828	120.800	17.159	40
45	8.985	0.1116	0.00626	0.05626	159.700	17.774	45
50	11.467	0.0872	0.00478	0.05478	209.348	18.256	50
55	17.686	0.0686	0.00367	0.05667	272.716	18.633	55
60	18.679	0.0535	0.00283	0.05283	353.584	18.929	60
65	23.840	0.0419	0.00219	0.05219	456.798	19.161	65
70	30.426	0.0329	0.00170	0.05170	588.529	19.348	70
75	33.333	0.0258	0.05132	0.05132	756.654	19.485	75
80	49.561	0.0202	0.00103	0.05103	971.299	19.956	80
85	63.254	0.0158	0.00080	0.05080	1 245.087	19.684	85
90	80.730	0.0124	0.00063	0.05063	1 594.607	19.752	90
95	103.035	0.0097	0.05046	0.05049	2 040.694	19.806	95
100	131.501	0.0076	0.05038	0.05038	2 610.025	19.848	100

附件3 复利系数表（表1~表8）

表2   6%复利系数表

年数	已知P 求F $(1+i)^n$	已知F 求P $\dfrac{1}{(1+i)^n}$	已知F 求A $\dfrac{1}{(1+i)^n-1}$	已知P 求A $\dfrac{i(1+i)^n}{(1+i)^n-1}$	已知A 求F $\dfrac{(1+i)^n-1}{i}$	已知A 求P $\dfrac{(1+i)^n-1}{i(1+i)^n}$	年数
1	1.060	0.9434	1.00000	1.06000	1.000	0.943	1
2	1.124	0.8900	0.48544	0.54544	2.060	1.833	2
3	1.191	0.8396	0.31411	0.37411	3.184	2.873	3
4	1.262	0.7921	0.22859	0.28859	4.375	3.465	4
5	1.338	0.7473	0.17740	0.23740	5.637	4.212	5
6	1.419	0.7050	0.14336	0.20336	6.975	4.917	6
7	1.504	0.6651	0.11914	0.17914	8.394	5.582	7
8	1.594	0.6274	0.10104	0.16104	9.897	6.210	8
9	1.689	0.5919	0.08702	0.14702	11.491	6.802	9
10	1.791	0.5584	0.07587	0.13587	13.181	7.360	10
11	1.898	0.5268	0.06679	0.12679	14.972	7.887	11
12	2.012	0.4970	0.05928	0.11928	16.870	8.384	12
13	2.133	0.4688	0.05296	0.11296	18.882	8.853	13
14	2.261	0.4423	0.04758	0.10758	21.015	9.295	14
15	2.397	0.4173	0.04296	0.10296	23.276	9.712	15
16	2.540	0.3936	0.03895	0.09805	25.673	10.106	16
17	2.693	0.3714	0.03544	0.09544	28.213	10.477	17
18	2.854	0.3503	0.03236	0.09236	30.906	10.828	18
19	3.026	0.3305	0.02962	0.08962	33.760	11.158	19
20	3.207	0.3118	0.02718	0.08718	36.786	11.470	20
21	3.400	0.2942	0.02500	0.08500	39.993	11.764	21
22	3.604	0.2775	0.02305	0.08305	43.392	12.042	22
23	3.820	0.2618	0.02128	0.08128	46.996	12.303	23
24	4.049	0.2470	0.01968	0.07968	50.816	12.550	24

续表

年数	已知P 求F $(1+i)^n$	已知F 求P $\dfrac{1}{(1+i)^n}$	已知F 求A $\dfrac{1}{(1+i)^n-1}$	已知P 求A $\dfrac{i(1+i)^n}{(1+i)^n-1}$	已知A 求F $\dfrac{(1+i)^n-1}{i}$	已知A 求P $\dfrac{(1+i)^n-1}{i(1+i)^n}$	年数
25	4.882	0.2330	0.01888	0.07823	54.865	12.783	25
26	4.549	0.2198	0.01690	0.07600	59.155	13.003	26
27	4.822	0.2074	0.01570	0.07570	63.706	13.211	27
28	5.112	0.1956	0.01459	0.07459	68.528	13.406	28
29	5.418	0.1846	0.01358	0.07358	73.640	13.591	29
30	5.744	0.1741	0.01265	0.07265	79.058	13.765	30
31	6.088	0.1643	0.01179	0.07179	84.802	13.929	31
32	6.453	0.1550	0.01100	0.07100	90.800	14.084	32
33	6.841	0.1462	0.01027	0.07027	97.343	14.230	33
34	7.251	0.1379	0.00960	0.06960	104.184	14.368	34
35	7.686	0.1301	0.00897	0.06897	111.435	14.498	35
40	10.286	0.0972	0.00646	0.06646	154.702	15.046	40
45	13.765	0.0727	0.00470	0.06470	212.744	15.456	45
50	18.420	0.0543	0.00344	0.06344	290.336	15.762	50
55	24.650	0.0406	0.00254	0.06254	394.172	15.991	55
60	32.988	0.0303	0.00188	0.06188	533.128	16.161	60
65	44.145	0.0227	0.00139	0.06139	719.083	16.280	65
70	59.076	0.0169	0.00103	0.06103	967.932	16.385	70
75	79.057	0.0126	0.00077	0.06077	1 300.949	16.456	75
80	105.796	0.0095	0.00057	0.06057	1 746.600	16.509	80
85	141.579	0.0071	0.00043	0.06043	2 342.982	16.549	85
90	189.465	0.0053	0.00032	0.06032	3 141.075	16.579	90
95	253.546	0.0039	0.00024	0.06024	4 209.104	16.601	95
100	339.302	0.0029	0.00018	0.06018	5 638.368	16.618	100

附件3　复利系数表（表1~表8）

表3　　　　　　　　　　　　7%复利系数表

年数	已知P求F $(1+i)^n$	已知F求P $\dfrac{1}{(1+i)^n}$	已知F求A $\dfrac{1}{(1+i)^n-1}$	已知P求A $\dfrac{i(1+i)^n}{(1+i)^n-1}$	已知A求F $\dfrac{(1+i)^n-1}{i}$	已知A求P $\dfrac{(1+i)^n-1}{i(1+i)^n}$	年数
1	1.070	0.9346	1.00000	1.07000	1.000	0.936	1
2	1.145	0.8734	0.48309	0.55309	2.070	1.806	2
3	1.225	0.8163	0.31105	0.38105	3.215	2.624	3
4	1.311	0.7629	0.22523	0.29523	4.440	3.387	4
5	1.403	0.7130	0.17389	0.24389	5.751	4.100	5
6	1.501	0.6663	0.13980	0.20980	7.153	4.767	6
7	1.606	0.6227	0.11555	0.18555	8.654	5.389	7
8	1.718	0.5820	0.09747	0.16747	10.260	5.971	8
9	1.838	0.5439	0.08349	0.15349	11.978	6.515	9
10	1.967	0.5083	0.07238	0.14238	13.816	7.024	10
11	2.105	0.4751	0.06336	0.13336	15.784	7.499	11
12	2.252	0.4440	0.05590	0.12590	17.888	7.943	12
13	2.410	0.4150	0.04965	0.11965	20.141	8.358	13
14	2.579	0.3878	0.04434	0.11434	22.550	8.745	14
15	2.759	0.3624	0.03979	0.10979	25.129	9.108	15
16	2.952	0.3387	0.03586	0.10586	27.888	9.447	16
17	3.159	0.3166	0.03243	0.10243	20.840	9.763	17
18	3.380	0.2959	0.02941	0.09941	33.999	10.059	18
19	3.617	0.2765	0.02676	0.09675	37.379	10.336	19
20	3.870	0.2584	0.02439	0.09439	40.995	10.594	20
21	4.141	0.2415	0.02229	0.09229	44.865	10.836	21
22	4.430	0.2257	0.02041	0.09041	49.006	11.061	22
23	4.714	0.2109	0.01871	0.08871	53.436	11.272	23
24	5.072	0.1971	0.01719	0.08719	58.177	11.469	24

年数	已知P 求F $(1+i)^n$	已知F 求P $\dfrac{1}{(1+i)^n}$	已知F 求A $\dfrac{1}{(1+i)^n-1}$	已知P 求A $\dfrac{i(1+i)^n}{(1+i)^n-1}$	已知A 求F $\dfrac{(1+i)^n-1}{i}$	已知A 求P $\dfrac{(1+i)^n-1}{i(1+i)^n}$	年数
25	5.427	0.1842	0.01581	0.08581	63.249	11.654	25
26	5.807	0.1722	0.01456	0.08456	68.676	11.826	26
27	6.214	0.1609	0.01343	0.08343	74.484	11.987	27
28	6.649	0.1504	0.01239	0.08239	80.698	12.137	28
29	7.114	0.1406	0.01145	0.08145	87.347	12.278	29
30	7.612	0.1314	0.01059	0.08059	94.461	12.409	30
31	8.145	0.1228	0.00980	0.07980	102.073	12.532	31
32	8.715	0.1147	0.00907	0.07907	110.218	12.647	32
33	9.325	0.1072	0.00841	0.07841	118.933	12.754	33
34	9.978	0.1002	0.00780	0.07780	128.259	12.854	34
35	10.677	0.0937	0.00723	0.07723	138.237	12.948	35
40	14.974	0.0668	0.00501	0.07501	199.635	13.332	40
45	21.002	0.0476	0.00350	0.07350	285.749	13.606	45
50	29.457	0.0339	0.00246	0.07246	406.529	13.801	50
55	41.315	0.0242	0.00174	0.07174	575.929	13.940	55
60	57.946	0.0173	0.00123	0.07123	813.520	14.039	60
65	81.273	0.0123	0.00087	0.07087	1 146.755	14.110	65
70	113.989	0.0088	0.00062	0.07062	1 614.134	14.160	70
75	159.876	0.0063	0.00044	0.07044	2 269.657	14.196	75
80	224.234	0.0045	0.00031	0.07031	3 189.063	14.222	80
85	314.500	0.0032	0.00022	0.07022	4 478.576	14.240	85
90	441.103	0.0023	0.00016	0.07016	6 287.185	14.253	90
95	618.670	0.0016	0.00011	0.07011	8 823.854	14.263	95
100	867.718	0.0012	0.00008	0.07008	12 381.662	14.269	100

附件3 复利系数表（表1~表8）

表4 8%复利系数表

年数	已知P 求F $(1+i)^n$	已知F 求P $\dfrac{1}{(1+i)^n}$	已知F 求A $\dfrac{1}{(1+i)^n-1}$	已知P 求A $\dfrac{i(1+i)^n}{(1+i)^n-1}$	已知A 求F $\dfrac{(1+i)^n-1}{i}$	已知A 求P $\dfrac{(1+i)^n-1}{i(1+i)^n}$	年数
1	1.080	0.9259	1.00000	1.00000	1.000	0.926	1
2	1.166	0.8573	0.48077	0.56077	2.080	1.783	2
3	1.260	0.7938	0.30803	0.38803	3.246	2.577	3
4	1.360	0.7350	0.22192	0.30192	4.506	3.312	4
5	1.469	0.6806	0.17046	0.25046	5.867	3.993	5
6	1.587	0.6302	0.13632	0.21632	7.336	4.623	6
7	1.714	0.5835	0.11207	0.19207	8.923	5.206	7
8	1.851	0.5403	0.09401	0.17401	10.637	5.747	8
9	1.999	0.5002	0.08008	0.16008	12.488	6.247	9
10	2.159	0.4632	0.06903	0.14903	14.487	6.710	10
11	2.332	0.4289	0.06008	0.14008	16.645	7.139	11
12	2.518	0.3971	0.05270	0.13270	18.977	7.536	12
13	2.720	0.3677	0.04652	0.12652	21.495	7.904	13
14	2.937	0.3405	0.04130	0.12130	24.215	8.244	14
15	3.172	0.3152	0.03683	0.11683	27.152	8.559	15
16	3.426	0.2919	0.03298	0.11298	30.324	8.851	16
17	3.700	0.2703	0.02963	0.10963	33.750	9.122	17
18	3.996	0.2502	0.02670	0.10670	37.450	9.372	18
19	4.616	0.2317	0.02413	0.10413	41.446	9.604	19
20	5.661	0.2145	0.02185	0.10185	45.762	9.818	20
21	5.034	0.1987	0.01983	0.09983	50.423	10.017	21
22	5.437	0.1839	0.01803	0.09803	55.457	10.201	22
23	5.871	0.1703	0.01642	0.09642	60.893	10.371	23
24	6.341	0.1577	0.01489	0.09468	66.765	10.529	24

续表

年数	已知P 求F $(1+i)^n$	已知F 求P $\dfrac{1}{(1+i)^n}$	已知F 求A $\dfrac{1}{(1+i)^n-1}$	已知P 求A $\dfrac{i(1+i)^n}{(1+i)^n-1}$	已知A 求F $\dfrac{(1+i)^n-1}{i}$	已知A 求P $\dfrac{(1+i)^n-1}{i(1+i)^n}$	年数
25	6.348	0.1460	0.01368	0.09368	73.106	10.575	25
26	7.396	0.1352	0.01251	0.09251	79.954	10.675	26
27	7.988	0.1252	0.01145	0.09145	87.351	10.810	27
28	8.627	0.1159	0.01049	0.09049	95.339	11.935	28
29	9.317	0.1073	0.00962	0.08882	103.966	11.051	29
30	10.063	0.0994	0.00883	0.08883	113.283	11.258	30
31	10.868	0.0920	0.00811	0.08811	123.346	11.350	31
32	11.737	0.0852	0.00745	0.08745	134.214	11.435	32
33	12.676	0.0789	0.00685	0.08685	145.951	11.514	33
34	13.690	0.0730	0.00630	0.08630	158.627	11.587	34
35	14.785	0.0676	0.00580	0.08580	172.317	11.655	35
40	21.725	0.0460	0.00386	0.08386	259.057	11.925	40
45	31.920	0.0313	0.00259	0.08259	386.506	12.108	45
50	66.902	0.0212	0.00174	0.08174	573.770	12.233	50
55	68.914	0.0145	0.00118	0.08118	848.923	12.319	55
60	101.257	0.0099	0.00080	0.08080	1 253.213	12.377	60
65	148.870	0.0067	0.00054	0.08054	1 847.248	12.416	65
70	218.606	0.0046	0.00037	0.08037	2 720.080	12.443	70
75	321.205	0.0031	0.00025	0.08025	4 002.557	12.461	75
80	471.955	0.0021	0.00017	0.08017	5 886.935	12.474	80
85	693.465	0.0014	0.00012	0.08012	8 655.706	12.482	85
90	1 081.915	0.0010	0.00008	0.08008	12 723.939	12.488	90
95	1 497.121	0.0007	0.00005	0.08005	18 701.507	12.492	95
100	2 199.761	0.0005	0.00004	0.08004	27 484.516	12.494	100

附件3 复利系数表（表1~表8）

表5 10%复利系数表

年数	已知P 求F $(1+i)^n$	已知F 求P $\dfrac{1}{(1+i)^n}$	已知F 求A $\dfrac{1}{(1+i)^n-1}$	已知P 求A $\dfrac{i(1+i)^n}{(1+i)^n-1}$	已知A 求F $\dfrac{(1+i)^n-1}{i}$	已知A 求P $\dfrac{(1+i)^n-1}{i(1+i)^n}$	年数
1	1.100	0.9091	1.00000	1.10000	1.000	0.909	1
2	1.210	0.8264	0.47619	0.57819	2.100	1.736	2
3	1.331	0.7513	0.30211	0.40211	3.310	2.487	3
4	1.464	0.6830	0.21547	0.31547	4.641	3.170	4
5	1.611	0.6209	0.16380	0.26380	6.105	3.791	5
6	1.772	0.5645	0.12961	0.22961	7.716	4.355	6
7	1.949	0.5132	0.10541	0.20541	9.487	4.868	7
8	2.144	0.4665	0.08744	0.18744	11.436	5.335	8
9	2.358	0.4241	0.07364	0.17364	13.579	5.769	9
10	2.594	0.3855	0.06275	0.16275	15.937	6.144	10
11	2.853	0.3505	0.05369	0.15396	18.531	6.495	11
12	3.138	0.3186	0.04676	0.14676	21.384	6.814	12
13	3.452	0.2897	0.04078	0.14078	24.523	7.103	13
14	3.797	0.2633	0.03575	0.13575	27.975	7.367	14
15	4.177	0.2394	0.03147	0.13147	31.772	7.606	15
16	4.595	0.2176	0.02782	0.12782	35.950	7.824	16
17	5.054	0.1978	0.02466	0.12466	40.545	8.022	17
18	5.560	0.1799	0.02193	0.13193	45.599	8.201	18
19	6.116	0.1635	0.01955	0.11955	51.159	8.365	19
20	6.727	0.1486	0.01746	0.11746	57.275	8.514	20
21	7.400	0.1351	0.01562	0.11562	64.002	8.649	21
22	8.140	0.1228	0.01401	0.11401	71.403	8.772	22
23	8.954	0.1117	0.01257	0.11257	79.543	8.883	23
24	9.850	0.1015	0.01130	0.11130	88.497	8.985	24

年数	已知P 求F $(1+i)^n$	已知F 求P $\dfrac{1}{(1+i)^n}$	已知F 求A $\dfrac{1}{(1+i)^n-1}$	已知P 求A $\dfrac{i(1+i)^n}{(1+i)^n-1}$	已知A 求F $\dfrac{(1+i)^n-1}{i}$	已知A 求P $\dfrac{(1+i)^n-1}{i(1+i)^n}$	年数
25	10.838	0.0923	0.01017	0.11017	98.347	9.077	25
26	11.918	0.0839	0.00916	0.10916	109.182	9.161	26
27	16.110	0.0780	0.00326	0.10826	121.100	9.227	27
28	14.421	0.0693	0.00745	0.10745	134.210	9.307	28
29	15.863	0.0830	0.00673	0.10673	148.631	9.370	29
30	17.449	0.0573	0.00608	0.10608	164.494	9.427	30
31	19.194	0.0521	0.00550	0.10550	181.943	9.479	31
32	21.114	0.0474	0.00497	0.10497	201.138	9.526	32
33	23.225	0.0431	0.00450	0.10450	222.252	9.569	33
34	25.548	0.0391	0.00407	0.10407	245.477	9.609	34
35	28.102	0.0356	0.00369	0.10369	271.024	9.644	35
40	45.259	0.0221	0.00226	0.10226	442.593	9.779	40
45	72.890	0.0137	0.00139	0.10189	718.905	9.863	45
50	117.391	0.0085	0.00038	0.10086	1 162.900	9.915	50
55	183.059	0.0053	0.00053	0.10053	1 880.591	9.947	55
60	304.482	0.0033	0.00033	0.10033	3 034.816	9.967	60
65	490.371	0.0020	0.00020	0.10020	4 893.707	9.980	65
70	789.747	0.0013	0.00013	0.10013	7 887.470	9.987	70
75	1 271.895	0.0008	0.00008	0.00008	12 780.854	9.992	75
80	2 048.400	0.0005	0.00005	0.00005	20 474.002	9.995	80
85	2 398.969	0.0003	0.00003	0.00003	32 979.690	9.997	85
90	3 513.023	0.0002	0.00002	0.00002	53 120.226	9.998	90
95	8 556.676	0.0001	0.00001	0.10001	85 556.760	9.999	95
100	13 780.612	0.0001	0.00001	0.10001	137 796.123	9.999	100

附件 3　复利系数表（表1~表8）

表6　　　　　　　　　　　　　　　　　12%复利系数表

年数	已知P 求F $(1+i)^n$	已知F 求P $\dfrac{1}{(1+i)^n}$	已知F 求A $\dfrac{1}{(1+i)^n-1}$	已知P 求A $\dfrac{i(1+i)^n}{(1+i)^n-1}$	已知A 求F $\dfrac{(1+i)^n-1}{i}$	已知A 求P $\dfrac{(1+i)^n-1}{i(1+i)^n}$	年数
1	1.120	0.8929	1.00000	1.12000	1.000	0.893	1
2	1.254	0.7972	0.47170	0.59170	2.120	1.690	2
3	1.405	0.7118	0.29635	0.41635	3.374	2.402	3
4	1.574	0.6355	0.20923	0.32923	4.779	3.037	4
5	1.762	0.5674	0.15741	0.27741	6.363	3.605	5
6	1.974	0.5066	0.12323	0.24323	8.115	4.111	6
7	2.211	0.4523	0.09912	0.21912	10.098	4.564	7
8	2.476	0.4039	0.08130	0.20130	12.300	4.968	8
9	2.773	0.3606	0.06768	0.18768	14.776	5.328	9
10	3.106	0.3220	0.02682	0.17698	17.549	5.650	10
11	3.479	0.2855	0.04842	0.16842	20.655	5.938	11
12	3.896	0.2567	0.04144	0.16144	24.133	6.194	12
13	4.363	0.2292	0.03568	0.15568	28.029	6.424	13
14	4.887	0.2046	0.03087	0.15087	32.393	6.628	14
15	5.474	0.1827	0.02682	0.14682	37.280	6.811	15
16	6.130	0.1631	0.02339	0.14339	42.753	6.974	16
17	6.866	0.1456	0.02046	0.14046	48.884	7.120	17
18	7.690	0.1300	0.01794	0.13794	55.750	7.250	18
19	8.613	0.1161	0.01576	0.13576	63.440	7.366	19
20	9.646	0.1037	0.01388	0.13383	72.052	7.469	20

续表

年数	已知P 求F $(1+i)^n$	已知F 求P $\frac{1}{(1+i)^n}$	已知F 求A $\frac{1}{(1+i)^n-1}$	已知P 求A $\frac{i(1+i)^n}{(1+i)^n-1}$	已知A 求F $\frac{(1+i)^n-1}{i}$	已知A 求P $\frac{(1+i)^n-1}{i(1+i)^n}$	年数
21	10.804	0.0926	0.01224	0.13224	81.699	7.562	21
22	12.100	0.0826	0.01081	0.13081	92.502	7.645	22
23	13.552	0.0738	0.00956	0.12956	104.603	7.718	23
24	15.179	0.0659	0.00846	0.12846	118.155	7.784	24
25	17.000	0.0588	0.00750	0.12750	133.334	7.843	25
26	19.040	0.0525	0.00665	0.12665	150.334	7.896	26
27	21.325	0.0469	0.00590	0.12590	169.374	7.948	27
28	23.884	0.0419	0.00524	0.12524	190.699	7.984	28
29	26.750	0.0374	0.00466	0.12466	214.582	8.022	29
30	29.960	0.0334	0.00414	0.12414	241.332	8.055	30
31	33.555	0.0298	0.00369	0.12369	271.292	8.085	31
32	37.582	0.0266	0.00328	0.12328	304.817	8.112	32
33	42.091	0.0238	0.00292	0.1229	342.429	8.135	33
34	47.142	0.0212	0.00260	0.12260	384.520	8.157	34
35	52.799	0.0189	0.00232	0.12232	431.663	8.176	35
40	93.051	0.0107	0.00130	0.12130	767.088	8.244	40
45	163.987	0.0061	0.00074	0.12074	1 358.224	8.283	45
50	289.001	0.0035	0.00042	0.12042	2 400.008	8.305	50
∞				0.12000		8.333	∞

附件3 复利系数表（表1~表8）

表7   15%复利系数表

年数	已知P 求F $(1+i)^n$	已知F 求P $\dfrac{1}{(1+i)^n}$	已知F 求A $\dfrac{1}{(1+i)^n-1}$	已知P 求A $\dfrac{i(1+i)^n}{(1+i)^n-1}$	已知A 求F $\dfrac{(1+i)^n-1}{i}$	已知A 求P $\dfrac{(1+i)^n-1}{i(1+i)^n}$	年数
1	1.150	0.8696	1.00000	1.15000	1.000	0.870	1
2	1.322	0.7561	0.46512	0.61512	2.150	1.626	2
3	1.521	0.6575	0.28798	0.43798	3.472	2.283	3
4	1.749	0.5718	0.20026	0.35027	4.993	2.855	4
5	2.011	0.4972	0.14832	0.29832	6.742	3.352	5
6	2.313	0.4323	0.11424	0.26424	8.754	3.784	6
7	2.660	0.3759	0.09306	0.24036	11.067	4.160	7
8	3.059	0.3269	0.07285	0.22285	13.727	4.487	8
9	3.518	0.2843	0.05957	0.20957	16.786	4.772	9
10	4.046	0.2472	0.04925	0.19925	20.304	5.019	10
11	4.652	0.2149	0.04107	0.19107	24.349	5.234	11
12	5.350	0.1869	0.03448	0.18448	29.002	5.421	12
13	6.153	0.1625	0.02911	0.17911	34.352	5.583	13
14	7.076	0.1413	0.02469	0.12469	40.505	5.724	14
15	8.137	0.1229	0.02102	0.17102	47.580	5.847	15
16	9.358	0.1069	0.01795	0.16795	55.717	5.954	16
17	10.761	0.0929	0.01537	0.16537	65.075	6.047	17
18	12.375	0.0808	0.01319	0.16319	75.836	6.128	18
19	14.232	0.0703	0.01134	0.16134	88.212	6.198	19
20	16.367	0.0611	0.00976	0.15976	102.443	6.259	20

续表

年数	已知P 求F $(1+i)^n$	已知F 求P $\dfrac{1}{(1+i)^n}$	已知F 求A $\dfrac{1}{(1+i)^n-1}$	已知P 求A $\dfrac{i(1+i)^n}{(1+i)^n-1}$	已知A 求F $\dfrac{(1+i)^n-1}{i}$	已知A 求P $\dfrac{(1+i)^n-1}{i(1+i)^n}$	年数
21	18.821	0.0531	0.00842	0.15842	118.810	6.312	21
22	21.645	0.0462	0.00727	0.15727	137.631	6.359	22
23	24.391	0.0402	0.00628	0.15618	159.276	6.399	23
24	28.625	0.0349	0.00543	0.15543	184.167	6.434	24
25	32.919	0.0304	0.00470	0.15470	212.293	6.464	25
26	37.857	0.0204	0.00407	0.15407	245.711	6.491	26
27	43.535	0.0230	0.00353	0.15353	283.568	6.514	27
28	50.065	0.0200	0.00306	0.15306	327.103	6.534	28
29	57.575	0.0174	0.00265	0.15265	377.169	6.551	29
30	66.212	0.0151	0.00230	0.15230	434.744	6.566	30
31	76.143	0.0131	0.00200	0.15200	500.956	6.579	31
32	87.565	0.0114	0.00173	0.15173	577.099	6.591	32
33	100.700	0.0099	0.00150	0.15150	664.664	6.600	33
34	115.805	0.0086	0.00131	0.15131	765.364	6.609	34
35	133.175	0.0075	0.00113	0.15113	881.168	6.617	35
40	297.862	0.0037	0.00056	0.15056	1 779.1	6.642	40
45	538.767	0.0019	0.00028	0.15028	3 585.1	6.654	45
50	1 088.652	0.0009	0.00014	0.15014	7 217.7	6.661	50
∞				0.15000		6.667	∞

附件 3　复利系数表（表 1~表 8）

表 8　　　　　　　　　　　　　　20%复利系数表

年数	已知 P 求 F $(1+i)^n$	已知 F 求 P $\dfrac{1}{(1+i)^n}$	已知 F 求 A $\dfrac{1}{(1+i)^n-1}$	已知 P 求 A $\dfrac{i(1+i)^n}{(1+i)^n-1}$	已知 A 求 F $\dfrac{(1+i)^n-1}{i}$	已知 A 求 P $\dfrac{(1+i)^n-1}{i(1+i)^n}$	年数
1	1.200	0.8333	1.00000	1.20000	1.000	0.833	1
2	1.440	0.6944	0.45455	0.65455	2.200	1.523	2
3	1.728	0.5787	0.27473	0.47473	3.640	2.106	3
4	2.074	0.4823	0.18629	0.38629	5.368	2.589	4
5	2.488	0.4019	0.13438	0.33438	7.442	2.991	5
6	2.986	0.3349	0.10071	0.30071	9.930	3.326	6
7	3.583	0.2791	0.07742	0.27742	12.916	3.605	7
8	4.300	0.2326	0.06061	0.26061	16.499	3.837	8
9	5.160	0.1938	0.04808	0.24808	20.799	4.031	9
10	6.192	0.1615	0.03852	0.23852	25.959	4.192	10
11	7.430	0.1346	0.03110	0.23110	32.150	4.327	11
12	8.916	0.1122	0.02526	0.22526	39.580	4.439	12
13	10.699	0.0935	0.02062	0.22062	48.497	4.533	13
14	12.839	0.0779	0.01689	0.21689	59.196	4.611	14
15	15.407	0.0649	0.01388	0.21388	72.036	4.674	15
16	18.488	0.0541	0.01144	0.21144	87.442	4.730	16
17	22.186	0.0451	0.00944	0.20944	105.931	4.775	17
18	26.623	0.0376	0.00781	0.20781	128.117	4.812	18
19	31.948	0.0313	0.00646	0.20646	154.740	4.844	19
20	38.338	0.0261	0.00536	0.20536	186.688	4.870	20

年数	已知P 求F $(1+i)^n$	已知F 求P $\dfrac{1}{(1+i)^n}$	已知F 求A $\dfrac{1}{(1+i)^n-1}$	已知P 求A $\dfrac{i(1+i)^n}{(1+i)^n-1}$	已知A 求F $\dfrac{(1+i)^n-1}{i}$	已知A 求P $\dfrac{(1+i)^n-1}{i(1+i)^n}$	年数
21	46.005	0.0217	0.00444	0.20444	225.025	4.891	21
22	55.206	0.0181	0.00369	0.20369	271.031	4.903	22
23	66.247	0.0151	0.00307	0.20307	326.231	4.925	23
24	79.497	0.0126	0.00255	0.20255	392.484	4.937	24
25	95.396	0.0105	0.00212	0.20212	471.282	4.942	25
26	114.475	0.0087	0.00175	0.20176	567.377	4.956	26
27	137.370	0.0073	0.00147	0.20147	681.352	4.962	27
28	164.845	0.0061	0.00122	0.20122	819.223	4.970	28
29	197.813	0.0051	0.00102	0.20102	984.067	4.975	29
30	237.376	0.0042	0.00085	0.20085	1 181.881	4.979	30
31	284.851	0.0035	0.00070	0.20070	1 419.257	4.982	31
32	341.822	0.0029	0.00056	0.20059	1 704.108	4.985	32
33	410.186	0.0024	0.00049	0.20049	2 045.930	4.988	33
34	492.223	0.0020	0.00041	0.20041	2 456.116	4.990	34
35	559.363	0.0017	0.00034	0.20034	2 948.339	4.992	35
40	1 469.771	0.0007	0.00014	0.20014	7 348.3	4.997	40
45	3 657.258	0.0003	0.00005	0.20005	18 281.3	4.999	45
50	9 100.427	0.0001	0.00002	0.20002	45 497.1	4.999	50
∞				0.20000		5.000	∞

附件4

市场准入负面清单（2022年版）

《市场准入负面清单（2022年版）》的具体内容可扫下面二维码阅读。

主要参考文献

［1］习近平. 决胜全面建成小康社会夺取新时代中国特色社会主义伟大胜利——在中国共产党第十九次全国代表大会上的报告［Z］. 2017.

［2］习近平. 高举中国特色社会主义伟大旗帜为全面建设社会主义现代化国家而团结奋斗—在中国共产党第二十次全国代表大会上的报告［Z］. 2022.

［3］习近平. 继往开来，开启全球应对气候变化新征程——在气候雄心峰会上的讲话［Z］. 2020.

［4］李克强. 政府工作报告——2022年3月5日在第十三届全国人民代表大会第五次会议上［Z］. 2022

［5］国家发展和改革委员会. 关于发布项目申请报告通用文本的通知［Z］. 2017.

［6］国务院.中华人民共和国国民经济和社会发展第十四个五年规划和2035年远景目标纲要［Z］. 2021.

［7］国家发展和改革委员会. 产业结构调整指导目录（2019年本）［Z］. 2020.

［8］国家发展和改革委员会. 企业投资项目核准和备案管理办法［Z］. 2017.

［9］国家发展和改革委员会，商务部. 外商投资准入特别管理措施（负面清单）（2021年版）［Z］. 2021.

［10］国家发展和改革委员会，商务部. 自由贸易试验区外商投资准入特别管理措施（负面清单）（2021年版）［Z］. 2021.

［11］国家发展和改革委员会，商务部. 关于印发《市场准入负面清单（2022年版）》的通知（发改体改规〔2022〕397号）［Z］. 2022.

［12］国务院. 关于实行市场准入负面清单制度的意见［Z］. 2015.

［13］国家发展和改革委员会，建设部. 建设项目经济评价方法与参数［M］. 北京：中国计划出版社，2006.

［14］《投资项目可行性研究指南》编写组. 投资项目可行性研究指南［M］. 北京：中国电力出版社，2002.

［15］李开孟. 建设项目规划背景及产业政策和行业准入的分析解读［J］. 北京：中国投资，2008（6）.

［16］中国国际工程咨询公司. 中国投资项目社会评价指南［M］. 北京：中国计划出版社，2004.

［17］周惠珍. 现代投资项目管理手册［M］. 北京：中国电力出版社，2007.

［18］周惠珍. 投资项目评估方法与实务［M］. 北京：中国计划出版社，2003.

［19］周惠珍. 投资项目经济评价［M］. 北京：中国审计出版社，1997.

［20］国家发展和改革委员会. 关于企业投资项目咨询评估报告的若干要求，企业投资项目咨询评估报告编写大纲［Z］. 2008.

［21］国务院. 国务院关于投资体制改革的决定［Z］. 2004.

［22］联合国气候变化框架公约参加国三次会议. 联合国气候变化框架公约的京都议定书［Z］. 1997.

［23］国务院. 关于加快建立健全绿色低碳循环发展经济体系的指导意见（国发〔2021〕4号）［Z］. 2021.

［24］国家发展和改革委员会. 关于修订印发《国家发展改革委投资咨询评估管理办法》的通知（发改投资规〔2022〕632号）［Z］. 2022.

［25］国家发展和改革委员会. 国家发展改革委投资咨询评估管理办法［Z］. 2022.